立命館大学人文科学研究所研究叢書第20輯

# 新自由主義的
# グローバル化と東アジア

連携と反発の動態分析

中谷義和
朱 恩佑
張 振江

編

法律文化社

## 刊行の辞

　立命館大学人文科学研究所は「地域・グローバル研究」を重点プログラムのひとつに設定している。この課題には東アジアにおける「国家」の変容の実態分析も含まれる。この課題の設定は、「グローバル化」のなかで現代世界が大きな転換期にあるだけに、政治的にも社会経済的にも密接な関係にある東アジアの相互連関化と反撥の動態分析が現在の認識と将来の展望にとって不可欠であるとする理解に発している。

　本学人文科学研究所付置の「グローバル化と公共性」チームは、すでに、その研究成果を公刊しているだけでなく、曁南大学（Jinan University：中国・広州）・中央大学（Chung-Ang University：韓国・ソウル）・ランカスター大学（Lancaster University：英国・ランカシャー）と共同研究チームを編成し、当番校を交替しつつ、東日本大震災の年度を除いて毎年、シンポジュームを開催してきている。本書は、こうした積年の学際的・国際的共同研究の成果であり、「人文科学研究所研究叢書第20輯」として公刊される。

　本書が流動的な歴史的現代の一端を照射し、越境規模の協力と相互理解を深める一助となり得るなら、当初の企画の意図を果たし得たことになる。本書に対する諸賢の批判的検討を期待してやまない。

　2016年9月25日

　　　　　　　　　　　　　　　　　　　立命館大学人文科学研究所所長

　　　　　　　　　　　　　　　　　　　　　　小 関 素 明

まえがき

　「グローバル化」や「新自由主義(ネオリベラリズム)」という用語は学界に限らず、"はやり言葉"として人口に膾炙している。だが、特定の単語や語彙が時空間を異に多義性を帯びざるを得ないし、とりわけ、移行期や流動的局面においては、その性格を強くせざるを得ない。これは「グローバル化」や「新自由主義」という言葉にも妥当することである。とはいえ、現代世界が「IT革命」に触発され、新自由主義を展開軸として相互依存性を強めているという点については広い合意を認めることができる。こうした相互依存性の深化過程は越境規模に及び、その作用は多面的・複合的であるだけに伝統的「国民（的）国家」が変容するなかで"連携と反発"という「傾向と対抗傾向」を呼んでもいる。
　本書は、このような「新自由主義的グローバル化」状況を踏まえて、その理論化と東アジアの実態分析の国際的・学際的研究を目的として14本の論文を収め、これをⅢ部に編成している。第Ⅰ部は政治学・社会学サイドから「新自由主義的グローバル化」について検討することを目的とし、「国家」論の視点から、その理論化に関する論文を巻頭とし（第1・2章）、続いて、韓国における「グローバル化」（「世界化」）のインパクトについて（第3章）、また、「"中国の道"学派」の台頭の背景とその論調について検討している（第4章）。さらには、"グローバル・サウス"という「地域比較」論の視点から、東アジアのグローバル化の分析視座を提示している（第5章）。
　第Ⅱ部は、主として、社会学サイドから東アジアの「社会経済構造の変容」について分析することを目的とし、「改革開放」以降の中国社会の階層変化と格差の固定化傾向について実証的に分析するとともに（第6章）、韓国における労働組合と市民社会組織との提携関係の変化を政治史と結びつけて論じている（第7章）。また、新自由主義のヘゲモニー化状況における韓国の「性売買特別法」を事例として、その意義と限界を指摘している（第8章）。この視点は、日本の「新自由主義」下の社会分析にも共有され、不安定雇用の急増と社会的組織体の脆弱化について論じ（第9章）、さらには、超高齢化社会とボランタ

リー・セクターの運動実体を分析し、これを踏まえて、その課題を提示している（第10章）。

　第Ⅲ部は、主として、国際経済学と国際関係論の視点からリージョナル・ガヴァナンスと地域統合の現状を整理し、その方向について論ずることを目的とし、まず、ASEAN 経済共同体を中心に経済的地域統合の現状を分析するとともに、その展望を提示している（第11章）。続いて、地政学的・経済地理学的視点からアメリカの東アジア回帰政策（第12章）とアメリカの東アジア戦略について論じている（第13章）。さらには、「グローバルなヘゲモニー」の言説の生産という視点からアジアにおける「知識ブランド」の展開について分析している（第14章）。

　以上のごく短い紹介からもうかがい得るように、本書は分析の主対象を東アジアに据え、政治学・社会学・経済学・国際関係論の視点から「新自由主義的グローバル化」の動態と実態を明らかにするとともに、諸問題と諸課題を提示しようとする国際的・学際的研究である。グローバル化とは越境規模の多面的で多次元的現象であり、なお、流動的現象でもあるだけに、分析視座も越境的視座が求められる。本書が、こうした動態の理論的・実証的分析を共通の課題としつつも、研究領域の視座を異にしていることもあり、所期の課題にどの程度に応えているかとなると読者の判断にゆだねざるを得ないが、所収論文の多くが新しい展望を模索していることにもうかがい得るように、この論集の分析が東アジアの協力関係の設定という点で、ひとつの"たたき台"となり得ることを期待したい。

　　　　2016年9月25日

　　　　　　　　　　　　　　　　　　　　　　　　　　　編　者　一　同

# 目　　次

刊行の辞
まえがき

## 第Ⅰ部　新自由主義的グローバル化

### 第1章　新自由主義国家の系譜 ─────── 中谷義和　3

1　はじめに──国家の編成原理　3
2　リベラリズムの系譜　6
3　ネオリベラリズム　13
4　レジーム転換　18
5　結　　び　22

### 第2章　国家の役割変化：新自由主義的グローバル化の推進と抵抗 ────── ボブ・ジェソップ（中谷義和訳）　26

1　新自由主義とその多様性　26
2　ネオリベラリズムの経済的意味　30
3　他の資本諸分派を凌ぐ金融資本の優位　31
4　金融支配型蓄積の制約　36
5　新自由主義の推進と抵抗に占める国家の役割　37
6　結　　論　40

## 第3章 新自由主義的転換と社会的危機:経済の自由化、通貨危機、そして二極化を越えて
—————————— 申 光栄(呉 仁済訳) 42

    1 はじめに 42

    2 準備不足の世界化 43

    3 通貨危機と社会危機 47

    4 代案の模索 54

    5 結論 57

## 第4章 「『中国の道』学派」の台頭と西側イデオロギー言説への挑戦
—————————— 荘 礼偉(菊地俊介訳) 63

    1 「『中国の道』学派」の勃興 66

    2 「『中国の道』学派」と国際イデオロギー言説権の争奪 76

    3 国際政治における「中国モデル」問題 82

    4 結語——「中国モデル」普遍化の道? 86

## 第5章 流動化するグローバル・サウスと新自由主義
—————————— 松下 冽 91

    1 はじめに 91

    2 新自由主義の問題群 92

    3 地域比較考察の諸要素および論点 94

    4 ラテンアメリカと新自由主義 101

    5 中国と新自由主義 104

    6 グローバル化とグローバル・サウス 108

    7 終わりに 112

# 第Ⅱ部 社会経済構造の変容

## 第6章 改革開放以後の中国社会階層の変化とその問題点 ──── 鄧 仕超（菊地俊介訳） 121

1 改革開放前の中国社会階級と階層構造の概要 122
2 改革開放以後の中国社会階層の変化 125
3 中国社会階層の変化に内在する問題 132

## 第7章 韓国における労働組合と市民社会組織との運動間提携の変化 ──── 李 秉勲（中谷義和訳） 139

1 序 論 139
2 労働組合と市民社会組織との運動間連携に関する文献の検討 140
3 労働者活動主義と市民社会運動との抵抗連携：開発国家期（～1987年） 143
4 労働組合と市民社会組織との連携の多岐化：民主化後の時期（1988-97年） 146
5 労働組合と市民社会組織の連携の空洞化：新自由主義的再編期（1998年～） 149
6 結論──要約と判断 153

## 第8章 新自由主義時代における韓国の「性売買特別法」：争点とフェミニスト的代案 ──── 李 娜栄（呉 仁済訳） 158

1 序論、そして問題提起 158
2 性売買特別法制定の意義 159

  3 性売買特別法の限界および効果 161

  4 近年のフェミニストたちの論争と代案としての
    「ノルディック」モデル 165

  5 新自由主義時代におけるジェンダー暴力の観点からの
    性売買の再考 169

  6 おわりに 173

## 第9章 社会的包摂に向けた日本の政策課題：
### 生活困窮者自立支援制度を中心に ——— 櫻井純理 177

  1 本章のテーマと背景 177

  2 大阪府・地域就労支援事業における「自治体間格差」 181

  3 生活困窮者自立支援制度の導入と経過 184

  4 政策の揺れをもたらす「小さな政府」化の圧力 192

## 第10章 超高齢社会に直面する日本と
### ボランタリー・セクター ——————— 小澤　亘 197

  1 はじめに 197

  2 日本におけるボランタリー・セクターと地域ケア制度 200

  3 高齢者見守りに向けた地域ボランティアの可能性と
    直面する課題 203

  4 結びに代えて——課題の乗り越えに向けて 215

# 第Ⅲ部 リージョナル・ガヴァナンスと地域統合

## 第11章　ASEAN経済共同体（AEC）とリージョナル・バリュー・チェーン（RVC）────西口清勝　223

1. 問題の所在──AECによるASEAN経済統合の現状　223
2. GVCの基礎的概念と理論　226
3. AECとRVCの関係　235
4. 展望──今後ASEANが採用すべき政策　244

## 第12章　アメリカの東アジア回帰：成果、原因、影響
　　　　　────張　振江（菊地俊介訳）　252

1. 政策とその成果　252
2. 原因の分析　256
3. 今後起こりうる調整　260
4. 影　響　262

## 第13章　アメリカと東アジア経済の一体化：国際政治経済学の視角──陳　奕平（菊地俊介訳）　267

1. 東アジア経済の一体化のプロセス　267
2. 東アジア一体化の進展過程におけるアメリカの重要性　269
3. 東アジア一体化に対するアメリカの態度の変遷　271
4. 中国とその他の東アジア諸国の政策選択　279

## 第14章　グローバル・ヘゲモニー言説の生産：知識ブランドとしての"競争力"と東アジアへの（再）脈絡化
────────────── ナイ－リン・サム（中谷義和訳）　286

1　序　　文　286

2　グローバル・ヘゲモニー言説の生産
　　――知識ブランドとしての"競争力"　287

3　知識ブランドの展開と東アジアへの再脈絡化
　　――レポート、インデックス、クラスター、チェーン　293

4　結　　論　301

あとがき

# 第 I 部

# 新自由主義的グローバル化

# 第1章
# 新自由主義国家の系譜

中谷義和

## 1　はじめに――国家の編成原理

　社会経済関係は結合の性格を異にしつつも、個別の「関係」が有機的に「関係間」化し、分節することで構造化する。これは、「現実的なもの」とは「関係」の具象であることを意味する。また、「関係」の有形化は自発的・自生的契機に発するのみならず、「国家」における政治的契機を媒介とせざるをえないし、持続的でありうるためには、一定の合理的原理や原則が求められる。だが、「関係」は不断の変化の過程に服しているから、理念や原理の変更を迫られることにもなる。これは「関係」の組織化とそのイデオロギーとは「共生」と「共進化」の関係にあるにせよ、相即的ではありえないだけに、「共変動」を繰り返しうるには既存のイデオロギーの修正ないし鋳直しが求められることを意味する。というのも、社会経済関係が機制化し、行動として作動しうるには、何らかのイデオロギーや言説を所与の社会経済関係に埋め込み、その（再）編成を期すことが求められるからである。イデオロギーとは「社会的観念形態」であって、社会的必要と目的意識に発して、中心理念を軸に隣接概念を選択的に収集し、系統化することで体系化する。「社会」は、特定のイデオロギーが「ヘゲモニー効果」を帯び、社会規範として共有されることで秩序化する。それだけに、支配的イデオロギーは所与の歴史状況を反映せざるをえないし、所与の相貌に自らの系譜を刻印しているという点では経路依存性と「歴史的（被）拘束性」に服している。

　資本主義社会とは、商品の生産と交換を駆動力とする社会経済体制であって、この体制においては、商品経済の原理と論理が社会経済関係を基本的に規

制する。この経済は労働力と土地や貨幣のみならず、技術や意匠を含む「知識」も商品に擬制化し、その交換を軸とする市場媒介型経済関係である。また、「資本主義国家（capitalist state）」とは、少なくとも理念型としては、この体制が「領域」規模で政治的に編成された社会経済関係の分節システムであって、「国家権力」（「国家装置」）がこの体制を法制化と統治機能をもって凝集化している。この「国家」編成の基軸的イデオロギーが「リベラリズム（liberalism, Liberalismus, libéralisme）」であって、この理念が「基底価値」として社会に扶植されることで、あるいは、「半宗教的信条体系」（K. ポラニー）となることで資本主義的社会経済「関係」は体制化する。だが、「自由（liberty）」という言葉自体は即自的自立性を帯びえず、「合理性」や「個人性」と、あるいは、「解放」や「社会進歩」などの鍵的概念と複合することで有意性を留めうる。すると、「自由」の理念は社会経済関係の変化との対応やその再編成の必要の認識において多義化せざるをえないことになる。それだけに、この言葉にどのような理念を含ましめ、いずれの契機を重視するかとなると争点化せざるをえない問題であったし、現況でもある。これは、消極的自由と積極的自由の理念に、あるいは、「自由」には"不自由の平等"ないし"自由の不平等"を不可避とするという社会経済観にも端的に認めうることである。すると、資本主義は「自由」という言葉を基底価値としつつも、その内実は時空間を異に、その構成要素の接合形態を変えていることになる。これは、リベラリズムに限らず、同一の言葉で表現されているにせよ、表象を媒介とする表徴が時空間を異に多義性を帯びざるをえないことにもうかがいうることである。

　リベラリズムという「社会的観念形態」は「自由（フリーダム）」という抽象を理念としていて、これを基軸的媒介概念とすることで「資本主義国家」が組成されている。これは「自由」の理念が経済と政治の両レベルにおける社会的結合関係を、また、両者の相関性を表象する観念形態であることを意味する。リベラリズムが「資本主義国家」の基軸的組織原理となりえたのは、社会経済関係の基本原理として「根茎」化し、個別局面における社会の歴史的膨圧に耐えることで、あるいは、その必要に応えることで可鍛性を発揮しえたことによる。換言すれば、リベラリズムは、経済的には、「所有」と「利潤」の追求の"自由"を経済的合理性の原理として措定し、これを規範的合理性として（再）生産シ

ステムに埋め込むとともに、歴史の脈絡において機能的合理性が問われるや、その構成要素の接合様式を変えることで、あるいは、潮流を異にする理念を包摂ないし再脈絡化することで可塑性を発揮しえたことになる。

　資本主義社会の経済システムは労働力の所有者のみならず、「法人」（社会経済組織の人格的擬制化）をも「主体（subjects）」とし、その「自律（立）性」と「契約自由」の原理を原則とすることで社会的結合関係を設定し、社会的規模の分業と協業をもって（再）生産関係を位階的に組織している。これは、経済的「法人」（「企業」）が事業の主体となり、その利潤の増殖に被雇用者が従事するという体制が社会化されることで、「法人」型社会編成が経済活動の基軸となることを意味する。だが、この体制は「主体」間の形式的「等価交換」や「契約自由」を結合原理としつつも、所有「商品」の質的・量的差異のゆえに労働過程と流通過程は実質的「従属化（subjection）」の関係と過程となって現れざるをえない。これは、自然人と法人が経済合理性の機能システムの担い手である限り「主体（サブジェクト）」ではあるが、同時に、このシステムの「従者（サブジェクト）」となることで「主体化」しうることを意味する（「サブジェクト」の社会経済的二重性）。

　経済関係自体は、形式的には「脱政治化（depoliticalization）」しているにせよ、社会経済レベルにおける実践の「主体」は資本主義システムの構造に制約されている。これは、社会経済的「権力」がヘゲモニー機能を帯び、強制の契機がミクロレベルでは権力関係として「政治化（politicization）」していることを意味する。すると、実存形態を問わず、「主体」がシステムの「従者」となるだけに、労働運動や市民社会組織の活動に端的にうかがいうるように、抵抗と反抗を、あるいは、「対抗イデオロギー」を呼ばざるをえないことにもなる。また、「資本主義的生産関係」は諸矛盾を内在しているし、その展開は諸矛盾の胚胎と増殖の過程でもあるだけに、「政府」は権力機能と法制をもって社会経済関係が「再政治化（re-politicalization）」しうる経済外的条件を整えるとともに、この条件に適合的イデオロギーを社会に埋め込むことで「秩序」を創出するという政治機能を不可避とせざるをえない。この脈絡において、「国家」の機構は一定の「相対的自立（律）性」において所与の社会経済関係を政治的に総括する組織的実体として現れる。

　リベラリズムという「言説」が"ヘゲモニー・ヴィジョン"として間主観的

に共有されることで資本主義社会の理念的"毛細管"として網状化し、その合理性が基底価値として規範化されることでリベラリズムは社会化する。また、「関係」化と「関係」間の分節化において社会構成体が組成されることで所与のレジームが成立するにせよ、「関係」間化とその変容は自動的修正力に服しているわけではなく、「必要」の意識と企図に発している。とりわけ、社会経済の諸関係と諸過程が変化するなかで諸矛盾も浮上せざるをえないだけに、規模と範囲を、あるいは、形態を異にしつつも、「権力装置」による介入と対応を不可避とする。そのためには、支配的イデオロギーの修正と補正が求められることにもなる。すると、リベラリズムが資本主義の支配的イデオロギーとして機能的適合性を維持しうるためには、再帰的に"編曲"されることで「資本主義」の構造的変化と共変動を繰り返さざるをえないことになる。というのも、所与の「関係」に内在する諸矛盾は「対抗イデオロギー」とも結びついて機能の不全化を呼びかねないからである。それだけに、リベラリズムは「国家企図」として、その様態を変えつつ社会経済構造に埋め込まれる必要に迫られる。これは、リベラリズムが資本主義の"メタ・イデオロギー"であり、この体制のイデオロギー装置として「規律効果」を持続しうるには、祖型をとどめつつも、その構成要素の接合様式を意図的に組み替えることが求められることを意味する。

## 2　リベラリズムの系譜

### 1　古典的自由主義(クラシカル・リベラリズム)

　近・現代西欧の政治理念には、生物学的「個人」とその社会的存在との関係の考察が色濃く底流している。政治的リベラリズムは絶対主義国家との、あるいは、「国家」の絶対性や封建的階統制との対抗理念として登場し、「国家権力」を制限することで個人と社会の自律性を拡大しようとする思想に発している。リベラリズムは封建的共同体に埋没していた「個人」を封建制の軛から"解放 (liberation)"し、「個人主義的自由主義」の理念として登場している。だが、この理念だけでは政治社会の構成原理とはなりえず、「個人」間の「社会契約」の理念を嚮導概念とすることで「政治社会」像を導出しえた。これは

個人の自律性から政治社会の構成原理を導いたことを、換言すれば、各人の「合意」と「契約」という「擬制概念」をもって社会的水平関係を設定するとともに、この擬制を政治的垂直関係にも転化することで政治社会の機制を敷いたことになる。この社会的・政治的擬制には、個人の「自律性」と社会的「強制」という緊張関係が内在しているにせよ、リベラリズムは体制の機制化の「イデオロギー装置」となるとともに、「法治国家」の理念をもって政治権力を掣肘するという「立憲主義」的憲政の隅石を据えたことになる。こうして、リベラリズムは「政体」の編成原理の柱石となることで、近代の国家権力は統治の正統性を制度化しえたのである。

リベラリズムは、また、資本主義の「自生哲学」とも言える「功利の原理」と「所有的個人主義」を支配的イデオロギーとし、これが経済の"内発的作動メカニズム"として社会経済構造に埋め込まれることで市場媒介型社会経済関係が形成されることになった。だが、その展開過程は「利潤」の増殖を駆動力としているだけに社会経済関係の再編過程を不可避としているだけでなく、「自由帝国主義（liberal imperialism）」という世界規模の外延的蓄積様式とも結びつくことになった。これは内的矛盾の外的解消策でもあっただけに、帝国主義的列強間の膨張主義を呼ばざるをえなかった。

局地的生産・消費の体制の広域化と脱人格的相互依存化は国家機能の「国民」的規模の監視と規制を媒介とする。こうした生産関係の脱人格的結合関係（「交換の共同体」）の紐帯理念がリベラリズムである。「国民（的）国家」が"幻想の共同体"化するのは、リベラリズムを結合原理とする生産・消費関係の現実的共有に負い、この関係が脱人格化され、法制をもって予見の前提が設定されることで「関係」の共通性が「国民」的規模で仮想視されることによる。だが、「自由市場型資本主義」とは、ひとつの"ユートピア的抽象"に過ぎず、経済外的強制を含めて「治安」（「安全」）の維持機能を不可避としている。というのも、「自由主義国家（リベラル・ステイト）」がレッセ・フェールを理念としつつも、経済の「自動調整」機能にのみ依拠しうるわけではないからである。これは「安価な政府」といえども徴税と幣制を媒介とする軍事・治安機能にとどまらず（「パノプティコン型"監視"体制」）、経済活動の外的条件の設定という政治機能を必要としていることにも認めうることである。いわゆる「消極的自由（ネガティブ）」観と「積極的（ポジティブ）

自由」観との理念的対抗は、こうした治安の維持と社会の自律（立）性の保持との緊張関係に発している。

　また、資本主義の目的合理性が"鉄の檻"のごとく行動を強制するにせよ、「所有的個人主義」に発する個別的合理性の追求は社会的非合理性に転化しかねない。資本主義社会における「統治術」の合理性（「統治性」ガヴァナビリティ）は社会的再生産と蓄積条件の維持を政策課題とし、これが作動することで目的合理性を帯びうる。「程度と範囲」の点で"強弱"と"広狭"の差異を不可避とせざるをえないにせよ、また、軸心は移動するだけに相対的概念にすぎないにせよ、資本主義国家が「最小国家（minimum state）」と「介入主義国家（interventionist state）」との"振り子運動"を繰り返さざるをえなかったのは、社会諸勢力の"力関係"の変動とも結びついて、社会経済関係の変容への対応とその必要の認識に発している。

　リベラリズムが資本主義の「メタ・イデオロギー」として「ヘゲモニー効果」を発揮し、政治的・経済的規則策の「言説」となりえたのは、羈絆からの解放という自らの「出生証明」に依拠しつつ、資本主義の歴史的条件と「共変動」を繰り返すことで展性と可鍛性を発揮しえたことによる。だが、この言説には「自由」の名において社会的条件の「平等」を掣肘することで「自己展開」の「自由」が制約されるという矛盾も伏在していたし、現況でもある。また、「自由権的基本権」は「政治的自由権」と結びつくことになっただけに、リベラリズムは所与の権力関係の保守との緊張内統一において民主主義の理念との親和性を模索せざるをえず、「自由民主主義リベラル・デモクラシー」原理に政治権力の正統性を求めざるをえないことにもなった。だが、「自由主義的資本主義」の展開は再生産関係と社会関係の構造的変化を呼び、諸矛盾の噴出に体制の不安定化が感知され、あるいは、予期されると、リベラリズムの基本原理は一定の意味転換を経ざるをえなくなった。19世紀から20世紀への転換期は、こうした状況に見舞われていた。

## 2　社会的自由主義 ソシャル・リベラリズム

　「古典的自由主義」は社会における「原子論的アトミック」個人を析出するとともに、「商品」所有者の市場媒介型結合関係に「社会」の組織原理を求めている。こ

うした「古典的自由主義」の「社会的自由主義」への移行は19世紀の中期に緒につき20世紀への転換期に始動している。この「自由主義」が、少なくともアメリカにおいては"改革的<sup>プログレッシブ</sup>"と呼ばれているのは、社会経済の構造的変貌期に至って「新しいリベラリズム」観によって「資本主義国家」の政治システムと社会経済関係の再編が期されたことによる。この「自由」観においても「所有的個人主義」像が消滅したわけではないにせよ、「組織化の時代」において「法人」化が趨勢化するなかで所有の主体の転換が迫られただけでなく、「個人」の存在を社会的諸関係に結びつけるという発想を強くせざるをえなかった。

　世紀転換期の英米社会は、産業化と都市化のなかで社会的分業と組織内協業が複合的に亢進するという「組織化の時代」（「大社会」化状況）にあっただけでなく、帝国主義が重畳するという激変期にもあたっていた。それだけに、通常時には「伝統的イデオロギー」が所与性を帯びることで統治の機能的合理性が保持されているにせよ、社会経済構造の転換期と帝国主義的膨張期に至って支配的イデオロギーの変更と修正が求められることになった。これは、所与の支配的イデオロギーの構成要素を鋳直すことで「対抗イデオロギー」に対処するとともに、多様な社会カテゴリーにおいて新しい「支配的イデオロギー」が間主観的に共有され、社会経済組織に埋め込むことで統治の合理性を創出する必要に迫られたことを意味する。

　アメリカの政治理念史からすると、「自由主義<sup>リベラリズム</sup>」という言葉が明示的に使われだすのは20世紀に至ってのことである。これは「自由（liberty）」という言葉や理念が存在してはいなかったということではなく、体制原理として所与性を帯びていただけに「主義（ism）」として相対化する必要にはなかったということである。だが、「自由」の観念を客体化し、歴史的条件に適合的な国民規模の体制原理として共有されるべき局面が訪れていた。アメリカ社会が構造的変貌期にあたっていたことは、R. ホーフスタッター（Richard Hofstadter, 1916-70）が1890年から第二次大戦に至る局面を「改革の時代（Age of Reform）」と呼んでいることにもうかがいうることであって、「組織化の時代」と社会経済的諸矛盾の噴出状況に対応し、体制の「改革的保守」を期さねばならない局面を迎えていた。この脈絡において「個人主義的リベラリズム」の「利益集団（圧力

団体）リベラリズム」へのパラダイム転換が起こっている。こうしたリベラリズムの視座転換と結びついて、アメリカン・リベラリズムの言説は「社会制御（social control）」の概念を共通項とし、「集団主義的個人主義（collectivistic individualism）」と「国民主義的介入主義（nationalistic interventionism）」との複合的理念として浮上する。というのも、前者において「個人」の目的団体型結合関係を社会の基軸的構成原理とし、後者においては、この体制が国民レベルで作動しうる政治的メカニズムが設定されることになったからである。この脈絡において、両者の複合的パラダイムがアメリカの"リベラリズム"であるとする認識を強くすることになった。

　都市化と工業化のなかで「職能集団」化が社会的趨勢となるなかで、相互間の対立も先鋭化している。この状況に至って、国民統合の精神的支柱とも言える「自由」の理念の再確認の必要と結びついて、「集団主義的個人主義」観が浮上している。これは、「集団」を「社会」の基礎単位に措定し、これを政治的にコントロールすることで社会秩序を再編すべきであるとする「社会統合」論に発している。換言すれば、私的利益の「集団」化ないし「団体」化が不可避であるとする認識において、その競合関係にアメリカの多元主義的社会像を設定し、「社会集団」間の対抗と競合の"自由"がリベラリズムであるとされたことになる。この社会的"コスモス"像は、「集団（組織）」の多元的競合関係に社会秩序の原理を措定したわけであるから、社会的"圧力"の「政治システム」への"入力"化のパラダイムとも結びつかざるをえなかった。この発想は私的利益の「集団」化を積極視するとともに、その活動を政治過程に回路化し、行政機能をもってコントロールするという「社会統合」論にほかならない。だから、選挙型代表制と並んで「利益集団」型代表制が正統性を帯びざるをえないことにもなった。こうして、個人主義的リベラリズム観を「集団」活動の"自由"に転成することで、アメリカの政治学においてリベラリズムとは、「利益（関心）集団自由主義（インタレスト・グループ・リベラリズム）」のことであると見なされることになった。これは、「個人的代表制」と並んで、「集団」を「自由主義的資本主義（リベラル・キャピタリズム）」に組み込み、個人と集団との複合的代表制にアメリカ「民主政」像を設定し、「資本主義的自由民主政（キャピタリスティック・リベラル・デモクラシー）」の体制原理を敷いたことを意味する。「入力−出力−フィードバック」の循環型政治過程をパラダイムとする「政治システム」論の

系譜は、こうしたリベラリズム観の経験主義的範式化に負っている。

　こうしたリベラリズム観は「団体」型社会編成論であるという点では、いわゆる「コーポリット・リベラリズム」論者が指摘してきたように、主要利益中心の「団体間競合型協調主義体制」論であると言えるにせよ、制度化された「コーポラティズム」ではなくて、顕在的「集団」の活動の"自由"にとどまらず、潜在的「集団」の組織化の"自由"に社会の活性化を展望するという点では、リベラリズムの修正版であって、「組織化の時代」におけるアメリカ社会の多元主義的構成に適合的ヴィジョンでもある。

　だが、社会的「関心（インタレスト）」の「団体化（インコーポレーション）」は「利益法人」（会社）の設立を呼ぶだけでなく、「自由競争」の原理は資本の「集積と集中」を、また、トラストの形成とコンツェルン化を不可避ともする。こうした経済の「団体化」も組織化の所産であって、20世紀への転換期の経済独占が競争の"自由"を阻害するという状況も現実化していた。すると、利潤型「法人」の組織化と営業の「自由」を基本原則としつつも、巨大企業の経済独占をルール化し、「自由競争」を維持しようとすると、経済的アクターの行動を一定の方向に誘導することで経済のルール化が求められることになる。これは経済的合理性の枠内に活動のルールを設定しようとする政治的企図に発していて、この脈絡において「社会制御」の概念が揚言され、そのコード化が連邦政府の基本的路線に組み込まれることになった。「革新主義期」のアメリカの政治が「改革的保守主義」の基本路線を敷いたとされるのは、構造的変貌期の政治社会に「社会制御」の概念をもって体制の安定を期すことで資本主義の活路を開いたと見なされているからである。こうして、社会集団の「圧力」の"入力"化のシステムを敷くとともに、経済活動を法的にルール化することで連邦政府を中心とする政治的磁場が形成され、アメリカ政治は「行政国家」化の方向を強くすることになった。すると、「国民主義的介入主義」は経済の組織化を不可避と認識しつつも、経済活動にガイドラインを設定することで「市場」中心型経済活動の"自由"を保守するという路線が敷かれたことになる。こうした「改革」的介入主義路線は、「州際通商委員会（ICC）」や「連邦取引委員会（FTC）」などの各種の「独立行政委員会」の設置に、また、「連邦準備制度理事会（FRB）」の設立（1913年）に認めうることである。こうして、「革新主義期」の保守的改革路線に

よって巨大企業を中心とするアメリカ経済の「秩序」化の軌道が国民的規模で敷かれることになった。

　両大戦間期は"繁栄の20年代"にもあたる。この局面において「フォーディズム」体制が始動したとされるが、この体制は「第二次産業革命」とも呼ばれているように、生産の組織と技術の合理化を、あるいは、生産過程と経営技術への科学技術の応用を媒介とする大量生産と大量消費との結合型蓄積体制が形成され、この体制において「アメリカ的生活様式」が謳歌されることになった。だが、この「相対的安定期」の蓄積体制は29年の大恐慌で破綻する。「ニューディール」とは文字通り、「国家権力」を媒介とする資本主義の"危機突破"型「立て直し」体制であった。この体制は「ニューディール・リベラリズム」とも呼ばれているように、生産システムの麻痺状況に対応するための社会経済関係の再編体制であり、公共投資のみならず、失業対策や福祉政策も必要とされるなかで「社会民主的」傾向も帯びざるをえないことにもなった。この社会経済の構造的再編策は大戦期の「反枢軸型軍事体制」と結合することで軍需型経済に埋め込まれることになった。こうして、「ニューディール・リベラリズム」が戦後の「戦争・福祉（warfare-welfare）」型国家体制の礎石を据えることになった。

　以上の史的脈絡に鑑みると、資本主義の内発的力学を駆動力として「個人主義」の「集団主義」への、また、社会経済の"監視"体制の"管理"体制へのパラダイム転換が起こり、この脈絡において、非介入主義的リベラリズム観は「保守主義」ないし「古保守主義（paleo-conservatism）」と見なされ、「社会的自由主義」体制が戦後の「冷戦リベラリズム」に継承されることになったと言える。この体制は「フォード主義的・ケインズ主義的」社会経済体制と反ソ"冷戦"型軍事体制との一体化を政策基調とし、資本主義諸国の再興と再編策の隅石として定礎されることになった。この体制は、また、通貨・金融・貿易の国際的協調システム（「ブレトンウッズ体制」）とも複合しつつ、アメリカのヘゲモニー下で戦後"黄金"期が謳歌されたが、60年代に至ってベトナム戦争と企業の「多国籍」化のインパクトも受けて、その内的諸矛盾が顕在化しだすだけでなく、73年と79年の「石油ショック」にもうかがいうるように、途上諸国の反発が重畳化することで、"ネオリベラリズム"の理念を呼び出さざるをえ

ない局面を迎えることになった。

## 3 ネオリベラリズム

### 1 転換期

「新自由主義的介入主義」政策は「脱規制型規制（deregulative regulation）」策であって、「社会民主的」政治経済構造を「市場」媒介型「分配」構造に再編成しようとする「国家企図」と国際的調整策に発している。「新自由主義（ネオリベラリズム）」の"相貌"は時空間を異に多様であるにせよ、「新（ネオ）」という接頭語が付されるのは、戦後の「ケインズ主義的・フォード主義的リベラリズム」が1970年代を画期として、リベラリズムの理念が、また、これに依拠した体制が変化しだしたとする認識に負っている。というのも、先進資本主義国において「社会的自由主義（ソシャル・リベラリズム）」的福祉国家の転換が起こり、「新自由主義」をガヴァナンスと社会経済政策の基軸原理に設定し、この原理を軸に社会経済関係を「市場中心型」構成に再編するとともに、市場中心型グローバル・システムの構築が期されたからである。この脈絡において、社会経済関係の「新自由主義」化が起こっただけでなく、「グローバル化」に弾みがつくことにもなった。

「国家」規模の政策は「国家企図」として政策化されることで実践に転化する。「新自由主義」は「リベラリズム」の転化形態であり、政策立案集団や国際機関によって政策ヴィジョンとして設定され、「ヘゲモニー効果」を帯びることで現実化している（新自由主義の新自由主義的体制化）。また、新自由主義路線の国際化は主要資本主義諸国間の国際的政策調整を踏まえ、個別国家の基軸的政策として導入されることで社会経済関係のレジーム転換を呼ぶとともに、越境規模の相互依存関係を深化させることにもなった。

「ネオリベラリズム」という言葉が欧米規模で組織的に検討されることになったのは、W. リップマンの『善き社会（The Good Society）』（1937年）がアメリカ社会の「全体主義」化の趨勢を指摘していることに触発されて、この書をめぐるシンポジュームが1938年にパリで開催されたことを端緒としている。[1] また、戦中期から戦後期にかけて、ポパーの『開かれた社会とその敵（The Open Society and Its Enemies）』（1945年）やミーゼスの『官僚制（Bureaucracy）』

(1944年)が、あるいは、ハイエクの『隷従への道 (Road to Serfdom)』(1944年)が相次いで公刊され、「新自由主義」の基本的論調が浮上している。というのも、ポパーは経験主義的「科学」観からプラトンを鼻祖とする「歴史主義」の潮流を"全体主義"の概念で括り、ミーゼスは官僚制の硬直化との対比において市場の分配機能の「民主的」有効性を指摘し、ハイエクは国家介入による集産主義化に「隷従」と「全体主義」化の危険を読み取り、その体制化に警告を発していたからである。こうした「全体主義」論には、フライブルク学派とフランクフルト学派とのファシズムとリベラリズムとの関係をめぐる論争も強い影を落としていた。

「市場型自由主義」観は1947年の「モンペルラン協会 (Mont Perlein Society, Société du Mont Pèrerin)」の設立をもって認識の国際的共有と組織化の方向を強くしている。だが、この理念が潮流化しだすのは70年代末のことであって、「ベトナム戦争」の余波にアメリカ社会の混乱とスタグフレーションなどの資本主義の諸矛盾が輻輳するなかで、ジョンソン民主党政権（1963-69年）の"偉大な社会"路線が、また、ウィルソン労働党政権（1964-70年）の「バッケリズム (Butskellism)」型福祉政策や労働組合との同意媒介型「社会契約論」の批判が新自由主義の積極的評価と結びつくことになった。この脈絡においてネオリベラリズムの政策化が70年代の実験的局面において始動し、80年代には「サッチャー（英）／レーガン（米）政権」の「新保守主義 (neoconservatism)」政策と一体化しつつ英米の保守的政権の政策基調となり、90年代において盛期を迎えている。また、3次にわたる中曽根政権（1982-87年）においては国際的政策調整を踏まえて、新自由主義的行革と社会経済関係の再編化が進められている。その後、内外関係が変化するなかで新自由主義路線は一定の矛盾を表面化させることになり、その対応の必要から「クリントン（米）／ブレア（英）政権」期には、いわゆる「第3の道」路線が敷かれることになった。この路線は社会民主的「脱商品化」を志向したが、結局、持続的展開を期しえないままに手詰まり状態に陥っている。そして、1997-98年の「アジア危機」や2007-8年の国際金融危機を経て、新自由主義の路線は資本主義国家の政策として踏襲され、基本的には、今日に及んでいる。[2]

## 2　新保守主義

　伝統的保守主義（ないし「古典的保守主義(クラシック・コンサーヴァティズム)」）とは、一般的には、理性に懐疑的で「秩序」に占める伝統や習慣を重視する精神状況（「自然主義的保守主義」）を基盤とし、所与の「現実」の有意性を思考の中心に据える思想のことを指している。また、アメリカの保守主義は、ピューリタン的宗教倫理を背景としていて、倹約生活や自立的で自恃型の個人像を重視する道徳的観念の強いイデオロギーとして政治文化に底流している。この政治文化においては個人主義的「経済自由主義」がエトス化し、潜勢力を宿しているだけに、「国家」による社会経済関係への福祉主義的介入策や「社会工学」的編成策に消極的姿勢を強くすることになる。

　「新保守主義派（neoconservatives）」といっても、その理念は、とりわけ、アメリカにおいては他の思潮と截然と区別しうる潮流にあるとは言えないにせよ、基本的には、「個人主義的自由主義」という理念の保守を信条とし、自らのイデオロギーの支柱としている。60年代のアメリカ社会の混迷と国際的ヘゲモニーの相対的低下を背景として、「新保守主義派」は「見えざる手」の機能不全化からの脱却を伝統的「道徳的価値」の再生に求めざるをえないと認識し、そのためには「個人的自由主義」を回復する必要があるとした。この認識からすると、「新保守主義」は「新自由主義」の市場原理主義的経済観とも共鳴しうる立場にあり、両者は反共主義やリバタリアニズムとのアマルガムにおいて戦略的に収斂しうることになる。これは、いわゆる「冷戦リベラル派」の「新保守主義派」への移行にもうかがいうることである。こうした戦略的収斂化のなかで、市場原理主義的経済合理性の原理をもってアメリカ資本主義の社会経済構造を再構築しようとする「国家企図」が潮流化しだしただけでなく（「新自由主義的資本主義国家（neoliberal capitalist state）」化）、この企図を国際秩序の再編原理とすることで、自らのヘゲモニーを維持しようとされることにもなった。[3)]

## 3　新自由主義

　1970年代の国家財政のひっ迫状況において、「統治能力の欠如（ungovernability）」と「危機管理の危機」論が浮上している。その脱出策として、経済的に

は「3E（経済性・能率性・有効性）原理」を強化することで経営の合理化が求められることになった。また、政治的には「入力」を規制することで政府の「過剰負担」を軽減するとともに、行政の効率化と公民協力型"ガヴァナンス"の構築を期すべきとされた。この脈絡において、「利益集団」の政治的"圧力"の「社会」内転化を期すことで利益媒介システムを改変すべきであるとされることにもなった。これは市場原理主義的合理性に立脚したガヴァナンスの構築と経済社会システムの自恃型再編論であって、戦後体制に埋め込まれていたリベラリズムのパラダイム転換が求められたことを意味する。換言すれば、資本主義の「半宗教的信条体系」であるリベラリズムの市場原理主義的修正が志向されたことになり、こうした理念の政策化において、福祉関連経費は不生産的社会経費と見なされる傾向を強くしただけでなく、「社会関係資本」の「経済開発関係資本」への転換も起こった。また、労働者は需要の源泉であり、消費財商品の購買者というより労働力の供給者であって、その労働力は生産のコストに過ぎないと見なされることで雇用形態の柔軟化と「フレキシュリティ」化や機械化（コンピューター化）による労働力代替化が図られた。[4] さらには、NIESにうかがいうるように「輸出志向型工業化」への転換ともあいまって、国際交易の「競争優位（competitive advantage）」と自由貿易システムの国際化のなかで「競争国家」化に弾みがつくことにもなった。現代の「グローバル化」は、こうした脈絡において起こり、「国民経済」の国際化と社会経済関係の越境化と連鎖化の深化をみることになった。

## 4　知的系譜

「新自由主義（ネオリベラリズム）」の知的系譜となると、オイケン（Walter Eucken, 1891-1950）やレプケ（Wilhelm Röpke, 1899-1966）などを中心に『オルド（Ordo）』誌（1948年創刊）に結集した「オルドリベラル派（Ordoliberalens）」を、また、サイモン（Henry C. Cimons, 1889-1946）に発しハイエク（Friedrich von Hayek, 1899-1992）とフリードマン（Milton Friedman, 1912-2006）に連なる「シカゴ学派」を挙げないわけにはいかない。両派は本拠地を異にし、また、ファシズムと大戦のなかで破綻した「国民経済」の再建という西独の課題と戦後レジームの国際的再構築というアメリカの世界戦略とでは課題を異にしつつも、全体主義的「社会国

家(social state, Sozialstaat)」の"自由主義"的転換の必要という点では認識と課題を共通にしていた。

「オルドリベラル派」は経済の作動原理を「市場と競争」に求めるとともに、それが経済発展に結びつくためには政治介入が必要であると判断している[5]。すると、資本主義的経済の価値合理性に依拠し、その合目的行為によって資本主義経済を政治的に整備することで、その展開を期すべきであるとしたことになる。これは、オイケンが「国家は経済の諸形態に影響を与えるべきであるとしても、自らが経済過程となるべきではない」と述べていることにもうかがいうることであって、政府には一定の社会・経済の誘導と規制策が求められるにせよ、自らが経済活動の主体となるべきでないとする点では中央管理型全体主義経済とは、また、ケインズ主義的有効需要論とは立論を異にし、「経済的分権化」と企業間競争を主軸とする「社会的市場経済(Soziale Marktwirtschaft)」を展望し、その政策化を志向していたことになる。この路線はアデナウアー政権[6](1949-63年)とエアハルト政権(1963-66年)の基本的社会経済路線に組み込まれ、戦後ドイツの再建設の政策的基調となった。そして、フランスでは、すでに、「ディリジスム(国家主義経済)」の新自由主義的改革が試みられていたし、「ミッテラン社会党政権(1981-88年)」においては、従来の「一国ケインズ主義」政策を放棄するという「転回」(1983年)をもって新自由主義的経済政策の路線が敷かれている。

他方、「シカゴ学派」は利潤志向型合理主義的選択論から社会経済関係の市場原理主義的再編策を提唱している。これは「損益計算」型経済合理性を統治の原理にすることで、公営事業などの「社会資本」を"民営化"するという政策路線と結びつくことになった。すると、「オルド学派」と「シカゴ学派」は自由主義的市場原理を軸に社会経済関係の再編を志向したという点では認識を共通にしていたことになるが、戦後の再建とグローバル・ヘゲモニーという状況の違いもあって、前者が社会経済関係の政治的再編を求めたのにたいし、後者は「社会構成体」の諸関係と接合様式を経済合理主義的に再編し、政治社会関係を経済システムに埋め込むことで「自由主義的資本主義」に適合的な体制(「経済主義的憲政論、economic constitutionalism」)の構築を求めたことになる。

「シカゴ学派」のシュルツ(Theodore W. Schultz, 1902-98)の「人的資本論

(human capital theory)」は労働力を"資本"に擬制化し、労働者を含む経済活動の主体を"企業家"型「経済人（*homo-economicus*）」に包括している。この「労働」観においては、労働力というプロパティをもって労働者と「企業家」とが等視されることで雇用関係は自立的アクター間の契約関係であると（「市場民主政」観）、また、「市場」は"自由競争"の実践の「場」であると見なされることになった。この経済観は「バージニア学派」の「合理的選択者」像や「合理的公共選択」論とも結びついて、競争的「市場主義」が政治・社会関係の規範原理であると想定されることになった。こうした企業家型「経済人」像は「自恃」という自立的個人主義的エトスの琴線にも触れることで「孤立化効果」（あるいは、「分断効果」）を呼ぶという点では「イデオロギー効果」を帯び、経済活動が秤量主体の決定と責任に求められることで「福祉国家」の転換を呼び得るための起動力のひとつともなった。さらには、労働者が個人的「経済人」視されることで「非正規雇用」が一般化するとともに、「団体交渉」型労使関係は"労働独占"と見なされ、批判の対象とされることで労働組合の弱体化と潜在的対抗集団の「脱政治化」が趨勢化することにもなった。こうした「新自由主義」路線の脈絡からすると、経済的合理性の追求が行為の準則と見なされ、これが社会的規範として扶植されることで社会経済関係の作動メカニズムに組み込まれたことになる。

## 4 レジーム転換

### 1 新自由主義のヘゲモニー化

社会経済関係への政治介入の「程度と規模」は所与の歴史的条件に左右されるだけに、その形態を異にせざるをえない。移行期や転換期とは潜在的諸矛盾が輻輳し、その顕在化が意識される局面にあたる。この認識が"危機"感と結びつくと、対応策が模索され、諸矛盾を時空間レベルに転移しようと試みられる。これを「国家企図」として実現しようとなると、既存の「規範」原理と「秩序枠組み」（「レジーム」）の転換が求められることになる。前世紀の転換期が「新自由主義革命（neoliberal revolution）」期にあたると、あるいは、「新自由主義世界秩序（neoliberal world order）」の編成期にあたるとされるのは、戦後

の「ケインズ主義的・フォード主義的福祉国家」体制の構造的転換が起こったとする認識に発している。このレジーム転換は、資本主義経済の基底価値である市場原理主義的言説が実効性を帯び、「ヘゲモニー効果」を発揮することで社会経済関係が再編成されたことによる。これは、日本の「会社主義社会」において伝統的雇用形態のリストラと労働組合の組織率の低下が起こったことにうかがいうることでもある。こうした雇用形態と就労構造の再編（「労働力市場」と労働過程の柔軟化）と伝統的団体交渉型労使関係の弱体化が「競争国家」化と一体化しつつ展開しえたのは、市場原理主義的合理性という言説が「ヘゲモニー効果」を帯びえただけでなく、国際的競争力の強化が「国富」の増大を呼び、その"滴下"と均霑効果に与りうるとする「言説」が説得力を持ちえたことにもよる。これは、「国家」間の協調的競争が資本主義の弾性となりうるとするパラダイムに負うだけに、その障害は外敵とならんで内敵に、とりわけ、労働組合に向けられることを意味する。

　レジーム移行には知的パラダイムの転換が求められるし、それが時代思潮となるには、ブレーン・トラストによる「国家企図」の設計や「有識界（epistemic communities）」の構想が流布され、「時代精神」となる必要もある。この点では、1960年代の社会的混迷状況と「ニューレフト運動」の分裂も背景として、一部の「冷戦リベラル派」は「ニクソン共和党政権」（1969-74年）や「レーガン共和党政権」（1981-89年）のブレーン・トラストとして参画している。また、「ヘリテジ財団」が大部の『リーダーシップの要綱（Mandate for Leadership）』（1980年）を編み、レーガン政権の政策的方向を提示している。そして、イギリス保守党の経済政策の宣言とも言うべき『至当な経済アプローチ（The Right Approach to Economy）』（1977年）が「サッチャー政権」（1979-90年）の政策基調とされ、混合経済型福祉国家からの脱却と国営企業の民営化が強力に推進されるとともに、「クワンゴ（quango, quasi-autonomous nongovernmental organization）」型ガヴァナンスが構築されている。ブレア労働党政権（1997-2007年）も、この路線からの脱出を期しえず、金融資本主導下の「勤労福祉国家〈ワークフェア・ステイト〉」が体制化することになった。こうした政策転換は英米に限られたわけではなく、G7構成国に広く見られたことでもある。[7)]

　新自由主義の国際的潮流化には英米政権の指導力のみならず、主要資本主義

諸国間の"構造的調整"も必要とされる。この点では、「モンペルラン協会」には閣僚を含む主要資本主義諸国の政治経済集団が参画しているし、「世銀（WTO）」や「国際通貨基金（IMF）」などの超国民的機関が国際的金融・経済政策の新自由主義路線を敷くとともに、日米欧の「三極委員会（Trilateral Commission）」（1973年発足）や「国際民主連合（International Democratic Union）」（1983年に創設）において「構造的調整」が期されてもいる。さらには、「経済問題研究所（IEA）」と「政策研究センター（CPS）」（英）や「アメリカ企業研究所（AEI）」と「ヘリテジ財団」（米）などのシンクタンクが、また、「外交関係評議会（Council on Foreign Relations）」などの国際的コンセンサス形成機関が新自由主義的国際秩序を構想している。「新自由主義」的国際協調体制は「ワシントン・コンセンサス」と呼ばれて、中米や南米にも「輸出」されることでネットワーク化しただけでなく、金融資本主導型の「コーポレート・ガヴァナンス」の国際的連鎖が形成されることにもなった。[8]

## 2 「ワシントン・コンセンサス」と新世界秩序論

　アメリカの「新保守主義」派と「新自由主義」派とは商品社会の原理を"共通善"（「公益」）とすることで国民的規模の「国益」感を喚起すべきであるとする点では共鳴しえたと言える。これは「新保守主義派」の『公益（*The Public Interest*）』と『国益（*The National Interest*）』という2つの雑誌名にもうかがいうることである。だが、「国益」は同質的構成において成立しているわけではなく、対立的な個別的「利益（関心）」を「公益」の概念で包括するという点では「擬制概念」であって、「国民経済」間の競合関係において成立しうることである。これは、位階的な経済関係の受益者観と政治的ヘゲモニーとの複合的所産であって、この体制が「国民的関心」として受容されることで「国益」視されることになる。

　アメリカ的基底価値が普遍視されると「善悪」という道徳的修辞や「友敵」という政治的修辞が訴求力を帯び、自らの「国益」の保守が国民的「関心」となりうる。これは、アメリカのリベラリズムの個別性を一般性に翻案するという、あるいは。自らの「優位」の保持とグローバルな安定とを同視するという修辞を宿していることを意味する。それだけに、自らのヘゲモニーを所与と、

あるいは、世界秩序の礎石にあたるとする意識と結びつきうることにもなる。いわゆる「覇権安定論 (theory of hegemonic stability)」は、「覇権国」の存在が世界秩序の条件であるとする「安全」のパラダイムであるだけに、国際関係においてアメリカが相対的優位にある現況に鑑みると、その覇権が正当視されるだけでなく、アメリカ指導型「国際秩序」への追随が現実的対応策と見なされることにもなる。すると、第 2 次大戦後に限っても、アメリカは社会主義体制の「ドミノ化」の修辞をもって軍事介入を繰り返し、「権威主義国家」を支援してきたが、これは地政学的理由に負うのみならず、「自由主義的国益」論と「覇権安定論」との複合的・補完的視点を背景としていることにもなる。

　個人の「集団」が数的「集塊」ではなく、一定の定形性を帯びた「集合体」となるためには、目的意識ないし存在意識が共有される必要にある。また、この集塊が「関心(インタレスト)」の共通性を認識し、行為と規範を共有しえたとき、無定形の「大衆(マス)」は「公衆(パブリック)」に転化する。これは、「関心」が規範として「国民」的規模で共有されると、「公益 (public interest)」観は経済的関心と連動することで「国益 (national interest)」観と同視されることを意味する。この擬制が成立するためには、政治過程を媒介とする「国民的利益（関心）」の形成と扶植という政治機能が求められることにもなる。「国益」とは、住民を「国民」に包摂し、その個別の「関心」を「公的関心（公益）」として擬制化しうることで成立する抽象概念であり、基底的価値や文化的伝統が「国益」観において間世代的に共有されることで「ヘゲモニー効果」を帯び、「規律効果」を発揮しうることになる。戦後アメリカ外交は軍事介入にすら訴えることで「権威主義国家」を支援してきたが、その外交は自らの「国益」観を「世界秩序」論に敷衍し、あるいは、「再脈絡化」し地政学的・経済地理学的秤量から政策と戦略を練ってきたと言える。

　「権威主義 (authoritarianism)」とは、社会心理学的には「権威」への追随と権威による支配という非自律的パーソナリティの心性と体制のことである。この点で、J. リンス (Linz) は「権威主義体制」を複数政党制の欠如と限定的多元主義との複合的政治体制であると、あるいは、民主政と全体主義との中間形態にあたると位置づけている。この体制は、資本主義経済が「上から」組織されたり、それが未成熟である場合には、権力との対抗意識の弱い政治文化を宿

すことになるだけに、カリスマ的指導者や軍部独裁による統治に傾きがちで、「似非立憲主義的議会主義体制」や「開発独裁」型資本主義体制として現れる場合が多い。また、「通常国家」といえども危機局面では、「権威主義的国家主義」(N. プーランザス)によって突破しようとする可能性が伏在している。アメリカが「独裁型権威主義体制」を支援したのは、自らの覇権の保持の意図と経済地理学的・地政学的企図に発し、この体制を自らのヘゲモニー下に糾合する必要があると判断したことによる。

　新自由主義論者が中南米や東南アジアの権威主義体制を支援し、その体制化の立案にも参加しているが、その正当化論をハイエクの「自由主義政治体制」論に読み取ることができる。というのも、彼は「自由主義」(リベラリズム)と「全体主義」とを、また、「民主主義」と「権威主義」とを対極概念に設定し、この4概念を組み合わせ、「民主主義的全体主義」の批判をもって「権威主義的自由主義」を擁護しているからである。これは、「自由主義」を基底価値とすることで、民主主義とではなく「権威主義」との両立性を主張していることになる。それだけに、「シカゴ学派」の一部はチリの「ピノチェト軍事独裁政権」(1974-90年)のブレーン・トラストとして参画し、知的助言者や政策立案機関の諮問委員を務めることができたのである。こうした脈絡において、「新自由主義」が権威主義体制の弁護論となることで、南米諸国は「ワシントン・コンセンサス」の"実験場"と化したのである。また、アメリカの自由主義的「国益」論と国際的"使命"観とが一体化することで、少なくとも修辞の点では、その複合的言説が東南アジアの「開発独裁」型権威主義体制の支援策となりえたのである。[10]

## 5　結　び

　IT革命を媒介技術としてリージョナル化とリージョン間化を呼ぶことになった。グローバル化とは、こうしたナショナルな関係のマクロ・リージョナル化とリージョン間の複合的接合過程のことである。この過程は、必ずしも地理的連接関係において生起しているわけではなく、マクロ・リージョン間においても生成している。すると、疎密を異にしつつも、政治・経済社会関係がグ

ローバルな規模で越境化することで相互依存関係が深まっていることになる。こうした社会経済関係の「脱領域化 (deterritorialization)」を背景として「帝国」論 (Hardt and Negri) が、あるいは、「グローバル準国家 (global quasi-state)」論が浮上することになった。こうした理論は、グローバル化のなかで「国家」が"空洞化"しているという認識に発していて、「資本空間」の国際的流動性から「国家空間」の現代的位相を帰納するという特徴を帯びている[11]。だが、この方法は、歴史的事実と現況に鑑みると、また、民主化の課題という視点からしても、理論的・現実的難点を含んでいる。というのも、「資本空間」は、原理的には、「脱領域」性を帯びているにせよ、超国民的国家的存在とは言えず、拠点「国家」と進出「国家」の援助と承認において、また、為替と関税や政治的安定性の制約を受けつつ活動しているからである。とりわけ、政治的・社会経済的関係が「越境化」しているからといって「国家」の"空洞"化を意味することにはならないからである。というのも、「国家装置」が所与の「領域」内諸関係を政治過程と正統化機能において凝集していることに、また、「国民国家」が社会経済関係の基本的政治空間であることに鑑みると、資本の運動が「関係」の「脱領域」化を呼ぶからといって、「国家空間」の空洞化と結びつかざるをえないことにはならないし、「資本空間」の「脱領域」化に占める「国家」の役割も看過すべきではない。この視点を踏まえると、「新自由主義」という国家イデオロギーは社会経済関係を再編するための政治的言説であり、この企図が国際的に機能しうるためには、少なくとも、主要「資本主義国家」間の調整を媒介とせざるをえないことになる。また、存在論的視点からすると、「国家」とは「領域」に有界化した諸関係の総体にほかならないから、「思考実験」であるにせよ、「グローバル民主政」論においては、民主化の主体は"マルチチュード"ではなく、第一義的には「国民」に求められ、その「国家」（政治・経済社会関係）の民主化を基礎に「世界秩序」論を展望すべきことにもなる。そうでないと、民主政の理論化と実践の現実的地平を失うことになる。

　資本主義と「経済的自由主義」とは不可分の関係にあるだけに、資本主義的社会経済関係の接合様式の再編の必要はリベラリズムの変容を求めたことになる。資本主義はリベラリズムを鋳直すことで存続に耐え、両者の共変動におい

て内在的諸矛盾を時空間のレベルに転移ないし転置してきたし、「自然」の商品化にも及んでいる。また、新自由主義的グローバル化のなかで、国内的にも国際的にも階級間と階層間の格差の拡大や「間接（社会）賃金」の低下を呼ぶことにもなっただけでなく、「ポピュリスト的ナショナリズム」が台頭してもいる。そして、ラ米諸国では「ワシントン・コンセンサス」からの離脱が試みられただけでなく、その巻き返しも起こっているし、アラブ世界の混迷状況はテロリズムをグローバル化したにとどまらず、「エスノ・リージョナリズム」も強力に浮上している。さらには、アジアでは、北朝鮮の挑発的戦略によって軍事同盟の強化が志向され、「領域」をめぐる対抗関係も起こっている。こうした現状に鑑みると、現代は流動化のなかで新しい世界「秩序」を模索していることになる。それだけに、東アジアは「正と負」の歴史的遺産を踏まえ、どのような民主的「地域統合」論を構築し、民主的グローバル・ガヴァナンス像と結びつけうるかが問われていることになる。

### 【注】

1) この集会には次の研究者も参加したとされる。F. Hayek, L. Mises, W. Röpke, A. Rüstow, M. Aron, B. de Jouvenel, J. Rueff.
2) Daniele S. Jones, *Masters of the Universe : Hayek, Friedman, and the Birth of Neoliberal Politics*, Princeton : Princeton University Press, 2014 : 6-10.
3) G. H. Nash, *The Conservative Intellectual Movement in America Since 1945*, Wilminton, Intercollegiate Studies Institute, 1996 : xv-xvi.
4) 「フレキシュリティ（flexicurity）」とは、「柔軟性（flexibility）」と保障（security）を結合した造語であり、不安定雇用と社会保障制度との複合政策であるとされる。次を参照のこと。福原宏幸・中村健吾・柳原剛司編著『ユーロ危機と欧州福祉レジームの変容』明石書店、2015年、17-18頁。
5) フーコーのネオリベラリズム論については次を参照のこと。Thomas Lemke, "'The birth of bio-politics': Michel Foucault's lecture at the collège de France on neo-liberal governmentality," *Economy and Society* 30(2), May 2001 : 190-207.
6) 次に引用。Nicholas Gane, *Max Weber and Contemporary Capitalism*, Palgrave Macmillan, 2012 : 78. C. J. フリードリッヒは、「社会的市場経済」型新自由主義の性格を規定して、「応急の変化を目的としている限り、政府の介入を求めることになる」と指摘している。C. J. Friedrich, "The Political Thought of Neo-Liberalism," *American Political Science Review*, 49, 1955, 509-25, at511. また、ドイツの「新自由主義派」については次を参照のこと。A. Peacock and H. Willgerodt, eds., *German Neo-Liberals and the*

*Social Market Economy*, Macmillan, 1989.
7) アングロ・アメリカン諸国における社会経済関係の新自由主義的再編については次を参照のこと。Jonathan Swarts, *Constructing Neoliberalism : Economic Transformation in Angro-American Democracies*, University of Toronto Press, 2013 : ch.3.
8) J. Williamson, "What Washington Means by Polity Reform," in *Latin American Adjustment : How Much Has Happened?* ed., J. Williamson, Washington, D. C., Institute for International Economics, 1989 : ch.2.
9) F. A. von Hayek, *Studies in Philosophy, Politics and Economics*, University of Chicago Press, 1967 : 161. ハイエクの民主的福祉国家批判に与えたシュミットの知的インパクトと両者の思想的連関性については、次を参照のこと。William E. Scheuerman, "The Unholy Alliance of Carl Schmitt and Friedrich A. Hayek," *Constellation* 4(2), 1997 : 172-188.
10) 例えば、50年代から60年代におけるタイのサリット、フィリピンのマルコス、インドネシアのスハルト、シンガポールのリー・クァンユー、マレーシアのマハティールの各政権下の「開発主義国家」に認めうる。
11) Sebnen Oguz, "Rethinking Globalization as Internationalization of Capital : Implications for Understanding State Restructuring," *Science and Society* 79(3), July 2015 : 336-362.

第**2**章

# 国家の役割変化
―― 新自由主義的グローバル化の推進と抵抗

ボブ・ジェソップ

　新自由主義(ネオリベラリズム)の知的・政治的企図は1938年に発し、1970年代には政治と経済の戦略として定着する方向を強くした。当時は「北大西洋金融危機(North Atlantic Financial Crisis, NAFC)」の渦中にあり、その対応として新自由主義の企図と政策課題が浮上したことは明らかである。というのも、この危機に際し、ニューヨークとワシントンで会議がもたれ、金融機関を救済するには大規模な国家介入が必要であるとされたからである。また、近年に至って、危機の重大化を避けるには「実業の平常化」が求められているし、新自由主義を強化することで緊縮財政を常態化すべきであるとされてもいる(Streeck 2013 ; Jessop 2015)。この章では、こうした事態を踏まえて、新自由主義的グローバル化の推進と抵抗という視点から、ローカル・ナショナル・リージョナル・グローバルなレベルで国家がどのように対応しているかについて検討する。そのためには、まず、新自由主義の基本的特徴を明示したうえで、批判的政治経済学の視点から新自由主義の4つの基本的タイプを類別し、これを世界市場、地政学、グローバル・ガヴァナンスと結びつけ、さらには、資本主義の現実において新自由主義がどのような矛盾をはらんでいるかを明らかする。以上を踏まえて、最後に国家の役割について検討する。

## 1　新自由主義とその多様性

　新自由主義は多様な相貌を帯びているだけに、パースペクティブを異に多様な解釈が成り立ち得る。ここでは批判的政治経済学に依拠し、新自由主義の政治と経済の次元に、また、その形状の変化に焦点を据えることにする。そし

て、「新自由主義の時代」が第二次大戦後の経済発展モデルの危機に触発されて1970年代に緒に就いたことを踏まえて、新自由主義レジームの4つの主要な形態を確認する（より詳細については次を参照のこと。Jessop 2012）。このモデルには次が含まれる。それは、（ア）先進資本主義経済におけるアトランティック・フォーディズム、（イ）ラ米とサハラ以南のアフリカの輸入代替型工業化、（ウ）東アジアの輸出志向型成長、（エ）ソ連ブロック・中国・インドシナの国家社会主義、である。この新自由主義の4形態は危機との対応のなかで浮上していて、空間的には、重なっている部分もある。

　新自由主義的システム転換の試みという点では、旧ソ連の継承国が最もラディカルであったと言えるにせよ、その事例と推移に鑑みると、多様であったことになる（例えば、ロシアとポーランド）。

　第2のタイプは新自由主義的レジーム転換である。戦後のアトランティック・フォーディズムは資本-労働の妥協体制を基礎としていたが、新しく権限を委ねられたエリート間同盟はこの体制と袂を分かち、新自由主義の政策方針を設定した。これには次が含まれる。

　①自由化：これは（独占的ないし国家独占的形態とは類型を異にし）市場諸力のもっとも有効な基盤として自由市場型競争形態を強化することを目指している。あるいは、経済的と政治的とのいずれの理由からであれ、独占ないし国家独占型競争を排除することが困難な場合には、少なくとも、市場型競争を強化することを目的としている。

　②規制緩和：これは経済活動の主体を国家のコントロールと法的規制から解放することであって、市場の有効性の仮説に、また、企業と金融機関の慎重な自己維持の習性という仮説に依拠している。

　③民営化：これは国営企業の私営化と公的サービスの外注化のことであって、公共部門による財とサービスの直接的ないし間接的供与の範囲を見直し、資源の実効的配分と技術革新の潜勢力に訴えることで市場経済の活性化を目的としている。

　④市場代替化と残留国家部門の使用者負担、あるいは、いずれかの政策の導入：これは公的サービスの能率的・効果的・経済的供与の強化を目指すものであって、この政策が、とりわけ国家予算の削減策と結びつけられる場合には、

公的部門の非市場の論理の範囲を縮減することを目的としている。

⑤企業所得・個人財産・個人所得（とりわけ、「企業家」所得）の直接税の軽減：これは、国家が国民的規模の産出量の水準と内実を調整するというより、個人と法人が富の利得と貯蓄を増やすとともに、そのための投資と技術革新や蓄積の意欲を高めることを目的としている。

⑥国際化の推進：これは商品とサービスの、また、利潤生産型投資と技術移転の自由なフローを活性化し、利子生み資本の流動性を刺激することで競争型世界市場の構築を目指している。

サッチャー主義とレーガン主義は、周知のように、こうした新自由主義の事例にあたるが、同様の転換は右派と中道左派政権下のオーストラリア、カナダ、ニュージーランド、アイルランド、アイスランドの諸国でも起こったことである。

第3のタイプは経済の再編とレジーム転換である。こうした再編と転換は、主要資本主義列強に、また、国内の政治と経済のエリートとの連携に支えられつつ、主として、超国民的規模の経済機構と機関によって外から押し付けられるなかで浮上している。このタイプは「ワシントン・コンセンサス」に沿った新自由主義政策に認め得ることであって、アフリカ、アジア、東欧と中欧、ラ米の危機に瀕した地域に金融援助を与える条件として新自由主義政策を採用することを求めるものである。第2と第3のタイプの政策はグローバル経済の（半）周辺地域において重なっている場合が多いが、分析的には、背景と教訓や抵抗形態という点では様相を異にしている。

第4に、新自由主義には、もっとプラグマティックな、また、部分的であるにせよ、反転可能な一連の新自由主義的政策調整が含まれ得ることである。上記の6つの基本的な新自由主義的経済政策の全てが導入されたわけではないし、より控えめで漸次的変化の過程を辿った場合もある。これは、統治エリートとその社会的（諸）勢力が特定の危機傾向に、また、グローバル化によって浮上した一般的課題に直面するなかで既存の経済的・社会的モデルを維持すべきであると判断したことによる。こうした政策調整に鑑みると、北欧の社会民主政の諸国やライン地域の資本主義はシカゴ学派の新自由主義よりもオルドリベラル派の新自由主義と親和性を帯びていると言える。とはいえ、こうした調

整策は累積し得ることでもあるだけに、国際化の深化と近時の NAFC の波及効果と結びつくことで逆転困難な状況を強くしている。だが、この状況においては逆説状況も起こっている。というのも、オルドリベラル型のドイツは新重商主義的輸出先導型成長を維持するために新自由主義政策調整を基本政策としつつも、超国民的金融資本がギリシアとスペインにテクノクラート的新自由主義型レジーム転換をもって財政の緊縮化を求めるにおよんで、これを支持せざるを得なくなっているからである。

第2・3・4の事例として、ネオリベラリズムの展開を期そうとする試みが 2007-8年の NAFC まで続いたことを挙げることができる。この試みには失敗の徴候が浮上し抵抗運動も台頭したが、この状況や局面においても、あるいは、いずれかの状況に至ってもネオリベラルの勢いを維持しようとする政策に訴え、これを補強しようと試みられている。さらには、既述のように、新自由主義的レジーム転換が起こっていたにせよ、この危機後も、なお、大規模な国家介入によって新自由主義的「事業の通常」化を期すための諸条件が整えられている。そして、大陸ヨーロッパに即してみると、プラグマティックな新自由主義的政策調整が一般的であったが、この危機に触発されてオルドリベラル型の政策調整が試みられている。これは自由貿易を維持するだけでなく、それをサービス部門にも広げ、非投機的資本フローの活動を強化するものであるが、この過程において気候変動などのグローバルな課題を市場型解決に求めようとする方向も強まっている。この危機は新自由主義的緊縮型の政策と政治とのみならず、緊縮財政を定着させようとする試みとも結びついている。

実際、金融危機は2007-8年に浮上し、現局面（2015年夏）に至っても続いているが、新自由主義の企図は、なお、世界経済を支配している。これは、その盛期に導入された政策と戦略や構造転換の経路依存型所産に負っているにせよ、その影響は政治とイデオロギーに、また、経済にも及んでいる。その主要な要因として、アメリカ経済（中国との異常な共存関係を含む）のグローバルな重みを挙げることができる。また、アメリカ国家が新自由主義の諸矛盾を他国に、さらには、将来に転移するという役割を果たしていることを、あるいは、いずれかを挙げることができる。すると、新自由主義の政治と政策は、その枠内に入ることを求められなかったり、あるいは、強制されたわけではなく、自

覚しないままに受け入れることになった諸国をも（広い意味で）経済危機の形態とタイミングや力学に巻き込んだことになる。これには、NAFC の波及効果や政治的不安定性が含まれていて、ローカル・リージョナル・ナショナルなレベルの経済に、より広くはグローバル市場にも及ぶ新自由主義的グローバル化の不均等なインパクトに負っている。

## 2 ネオリベラリズムの経済的意味

　グローバル経済は寄せ木細工のような世界市場であって、ローカル・リージョナル・ナショナルな「多様な資本主義」の不均等な相互作用を、また、フローの力学的空間における他の経済形態を基礎としている。すると、新自由主義的グローバル化がグローバル経済にどのように作用しているかという問題が浮上せざるを得ない。というのも、新自由主義的グローバル化は、ナショナルな「権力容器」や同種の空間と結びついていた軋轢を軽減することになっただけでなく、世界市場において利潤志向的で市場媒介型の競争の論理を、また、世界社会に占める世界市場の力学の影響力を強くすることにもなったからである。こうした傾向は、新自由主義的政策アジェンダが、また、シェアホルダーの価値が強調されたこととも結びついている。こうした要因が作動することで、超流動的金融資本と超国民的利潤生産資本の利益に大きく資することになったが、これは、グローバルな競争を激しくし、諸問題を他の経済アクターや利益層に、さらには、他のシステムや自然環境に転移し得る能力を高めることにもなった。

　新自由主義のパラダイムにおいては、すべての経済活動がグローバルなレベルで支配的な平均利潤率から、また、全ての社会活動が資本蓄積にどのように寄与しているかという視点から評価されがちである。このようなパラダイムがどうして支配的になったかとなると、トランスアトランティックな新自由主義の権力ブロックを、また、英米両国家がその主要な位置にあることを、さらには、最もグローバルな経済的ガヴァナンス・レジームにおいてアメリカが支配的位置にあることを挙げないわけにはいかない。新自由主義は、総じて、世界市場を開放し、ナショナルな「権力容器」に起因する軋轢を軽減しようとす

る。そのことで、資本関係の多様な形態のなかでも、実践的・実質的特徴である使用価値よりも交換価値が重視され、その収益性の強化が期されることになる。これは、資本関係のもっとも抽象的表現である貨幣資本を開放し、世界市場において、より自由に動き得る余地を広めることで利潤の機会を最大にしようとする運動を呼ぶことになる。すると、利子生み資本が資本主義社会における交換価値のもっとも抽象的で一般的表現であるだけに、金融支配型蓄積が台頭することになる。新自由主義は世界市場を開放し、拡大しようとするだけでなく、ナショナルな「権力容器」の軋轢を軽減しようともする。さらには、別の社会的組織の原理や視点から、あるいは、いずれかにおいて、蓄積に抵抗しようとする能力の弱体化を期そうとする。それだけに、シェアホルダーの利益が強調され、超流動的金融資本の活性化を呼ばざるを得ないことにもなる。この資本はもっとも流動的で抽象的な、また、一般的な資本主義的資源をコントロールし、自らの競争力のみならず、固有の問題を他の経済アクターと利益層や他のシステムに、さらには、自然環境に転化し、あるいは、転移する能力を高くする。それだけに、相対的に自由な（あるいは、埋め込まれてはいない）資本主義の他の諸システムが機能し得る様式に影響を与えるので、諸矛盾とジレンマを高め、蓄積にとって死活的な経済外的条件を切り崩しかねないことにもなる。これは、より広く、新自由主義的システム転換と構造調整計画に失敗するなかで浮上した経済地理学的・地政学的効果に、また、分野を不均等にしつつも、新自由主義の経済的・政治的・社会的効果をめぐる対抗関係にも認め得ることである。

## 3　他の資本諸分派を凌ぐ金融資本の優位

　世界市場は現代資本主義の重要な実践的・分析的地平であって、この市場において金融支配型蓄積が最も重要なレジームとなることで、他の蓄積レジームがどのように世界市場に統合され、活動し得るかを規定している。とりわけ、金融の広域化は他のレジームの構造的統一性とその調整様式を切り崩す傾向を強くしている。また、所得と富の配分に与えるインパクトを強くすることで、伝統的に制度化されていた階級妥協体制を弱体化させてもいる。さらには、生

産的資本の優位性に依拠したレジームが定着性と流動性との諸矛盾を管理し、その影響を遅らせ、あるいは、転移することで相対的安定圏を生み出し得る時空間の次元を狭くしている。これは（ヨーロッパ圏を含む）アトランティック・フォーディズムの循環や東アジアの輸出志向型経済に、また、ラ米とアフリカの輸入代替型産業化の展開可能性に与えるインパクトに認め得ることである。そして、金融化の破壊的インパクトは新自由主義的蓄積アプローチによって強化されている。というのも、このアプローチは収奪（とりわけ、公的資産と知的共有財の略奪の政治的認可）を、また（特定の時空間において価値実現を期すべき生産的資本が金融化によって弱体化している場合には、金融資本が動き回るという）不均等発展の力学を媒介としているからである。さらには、この蓄積アプローチは、支配的資本の諸分派が個別の本拠地で「共生者と寄生者」になり得るための市場を拡大することで支援されてもいる。

　表1は思考実験であって、金融支配型蓄積レジームが相対的に安定するために必要な制度的・時空間的次元を示している。この表は現存のレジームを表現しているわけではなく、金融支配型蓄積の不安定性について考察するための手がかりを得ることを目的とし、その多様な構造的形態の相互関係を示している。主要な（あるいは、支配的な）構造的形態は（資本としての）貨幣と（社会的）賃金関係であり、他の2形態は両者に従属的であって、潜在的には不安定化の様相を帯びている。これは NAFC の生成とその影響に十分に例証されていることである。このレジームにおいて（資本としての）貨幣の主要な側面は（世界）貨幣であり、最も抽象的な資本の表現としてフロー空間における流動性として現れる（より領域的なアトランティック・フォーディズムの論理と、あるいは、生産主義的知識基盤型経済と対比して）。賃金形態の主要な側面は労働市場の柔軟性と不安定性を基礎とする労働の再商品化に求められる。貨幣の二次的側面（実物資産）は税引き利潤に対する新自由主義的政策効果によって支えられているにせよ、金融型新自由主義レジームにおける生産的投資に反映されるとは限らない。むしろ、新自由主義的脱規制策が「政治機関との異例の交渉」や寄生資本との取引を呼び、無謀な投機を煽ることで NAFC を誘発することになった。オルドリベラル派の枠組みによって固有の制度的・時空間的次元が成立することになったと想定されるが、これには新自由主義を新しい規律型立憲主義

と新しい倫理主義として国際的に埋め込むことも含まれる。また、オルドリベラリズムがイギリスとアメリカで実施されなかったことはいうまでもない。（社会）賃金関係の第2の側面は私的消費者クレジット（私化型ケインズ主義と呼ばれる場合もある）や貧弱な福祉国家をもって対処された。

表1　安定的金融資本蓄積型レジーム化か？

| | 基本形態 | 主要側面 | 2次的側面 | 制度的次元 | 時間的−空間的次元 |
|---|---|---|---|---|---|
| 主要な構造的形態 | 貨幣／資本 | 一般的形態：高速の超流動的貨幣（＋デリバティブ） | 資本の価値実現：グローバルな分業における固定資産 | 金融市場の脱規制、仕事ではなく、国家の価格安定目標 | ナショナルないしリージョナルな国家規制を解かれた自由なフロー：略奪的将来価値 |
| 主要な構造的形態 | （社会）賃金 | 私的賃金プラス家計クレジット（私的ケインズ主義の推進） | （グローバルな）生産コストとしての残余の社会賃金の削減 | 数量的＋時間的柔軟性：新しい家計クレジットの形態 | 能力戦争＋多くの労働者と「略奪された中間層」の底辺化のレース |
| 二次的な構造的形態 | 国　家 | オルドリベラル型憲政をもった新自由主義 | 新自由主義の安定化のための支援とソフト・ハードな規律策 | 自由市場プラス権威主義的「強力国家」 | 市場の出口としての多くの場と規模における不均等発展の深化 |
| 二次的な構造的形態 | グローバル・レジーム | 全ての資本形態のためのオープンなフロー空間の創出 | 不均等型成長の緩和、成長期経済への適応 | ワシントン・コンセンサスレジーム | アメリカの権力と結びついた周辺−中心、その同盟と連携 |

　金融蓄積は、短期的には、高割合の負債（ないし擬制資本）の擬似効力に依存しているにせよ、剰余価値が実現され、配分されるには、まず、生産される必要にあるから、金融資本（いわんや、資本一般）は、長期的には、物質的依存性を免れ得ない。また、他の制度的秩序（例えば、財産権と契約の保護、基礎教育、実効的立法、科学の発見）の成果にも依存せざるを得ない。これは、金融資本が、常に、自らの危機傾向の制約にも服していることを意味する。
　本論でNAFCが浮上した背景や原因について詳論する余地はないが、金融とは別の視点の説明も必要とする。というのも、この危機は、もっと複雑で、技術的・経済的・金融的・政治的・地政学的・社会的・環境論的側面の連鎖に

発しているからであるが、端的には、金融支配型経済の肥大化に起因する諸問題に負い、擬制貨幣と擬制信用が、また、擬制資本が経済力学において自律的機能を高くしたことによる（その特徴については次を参照のこと。Jessop 2013）。利子生み資本が資本関係の他のモメントから切り離されるとともに、この契機に無頓着となるなかで、利子生み資本の過剰蓄積が進み、これが、結局、世界中で金融のバブル化を呼ぶ決定的要因となった。こうしたバブルは既に起こっていたことであるにせよ、現局面の危機がもっと特殊で激しいものとならざるを得なかったのは、新自由主義経済の超金融化に、とりわけ、政治機関との腐敗の関係とも結びついて、脱規制型の不鮮明で、時には、不正すらをもいとわない金融機関の慣行に負っている。これは40年に及ぶ新自由主義化のなかで起こり得たことであり、中央銀行を政府の直接コントロールから解放し、新自由主義的政策によって経済政策を脱政治化することで貨幣政策と利率策や規制策が脱政治化していた。こうして、当然のことながら、金融バブルが爆発し、負債－債務不履行－デフレの力学が浮上する条件を高めることになった。

　表1は思考実験であるのにたいし、表2は現実の金融支配の蓄積危機の具体的特徴を示している。理念型的であるにせよ、制度的次元と時空間的次元によって、このレジームの部分的・暫定的・一時的安定が期されていたと想定されるが、この表は、この危機のなかで、この次元の諸特徴が反転していることを示している。固定資産投資が無視されるとともに、シェアホルダーの価値を高めるためにコスト削減が重視されることで、利子生み資本（ウォール・ストリート、ロンドンのシティ）と（一般的には、産業資本と等視されているが、より包括的な）利潤生産資本との対立関係が深まっている。これは英米においては、製造業を支援するには早急にインフラ投資を強化すべきであるとする要求に反映されている（とりわけ、現行利子率が現実的視点からネガティブに作用するので）。第2に、クレジット・クランチと失業者の増加や不安定雇用によって、私的ケインズ主義が反転し、私的金融のデレバレッジ効果によって危機が高まっていることである。新自由主義と新保守主義とが一体化することで福祉の削減や他の緊縮施策を呼び、負債－債務不払い－デフレの力学が強まり、景気後退と結びついて公的債務の対 GDP 率を下げるというより、高めることになった。実際、IMF の近時の計量経済分析は、政府の緊縮策の相乗効果が当初の予想よ

りもはるかに高く、逆効果を呼んでいることを明らかにしている。これは不均等発展の方向を強くするし、民衆の抵抗を高めるとともに、財政の規律化と治安活動を呼ばざるを得ないことにもなる。さらには、「脱民主政」と「権威主義的国家主義(ステイティズム)」と結びつくことにもなる。

表2　金融支配型蓄積の危機

| | 基本形態 | 主要側面 | 2次的側面 | 制度的次元 | 時間的－空間的次元 |
|---|---|---|---|---|---|
| 主要な構造的形態 | 貨幣／資本 | 「メイン・ストリート」と「ウォール・ストリート」(シティなど)との対立 | 負債－債務不履行－デフレ力学を基礎とする桁外れの景気後退(D4) | 脱規制→TBTFの危機、略奪型金融＋波及効果 | 中心経済における保護主義、周辺からの自由貿易に対する抵抗の高まり |
| | (社会)賃金 | クレジット・クランチによる私的ケインズ主義への反転 | 緊縮によるD4の強化、2重の異常な景気後退と連動 | 余剰予備軍の増大、不安定雇用 | グローバル危機と国内の平価切下げ→再生産危機 |
| 二次的な構造的形態 | 国　家 | 政治的資本主義によるオルドリベラリズムの蚕食 | 緊縮政策に対する抵抗、規律の強化 | 政治市場の危機による「脱民主政」の強まり | 多くの場＋規模における不均等発展の停止の困難化 |
| | グローバル・レジーム | 無規制のフロー空間による「3重危機」の強まり | 多面的・多規模的不均衡と底辺化競争 | 危機＋(脱)ワシントン・コンセンサスの拒否 | アメリカのヘゲモニー危機、危機と混乱のなかのBRICS |

　新自由主義は自由貿易と世界市場の統合を目指しているとはいえ、現実の金融支配型蓄積の危機のなかで、アメリカにおいては保護主義を求める声を強くした。これは米中経済の異常な相互依存関係を反映している。また、イギリスとEUとの関係の再交渉を求める声も高まっている(危機後の金融規制の分野に顕著で、国際的金融取引の主要な、また、驚くほどに脱規制された国際金融センターとしてのシティの地位に対する脅威を反映している)。

　この危機は、また、労働予備軍(失業者のプール)を増やし、賃金の停滞ないし下落を呼んでいる。さらには、社会賃金を削減させる圧力を呼び、公的支出の補完機能(新自由主義的権力ブロックによってタブー視されてきた施策)を欠くな

かで負債−債務不履行−デフレの力学に弾みをつけることにもなった。経済的緊急事態に対処するための諸施策が実施されるなかで、政府行政部と（ナショナルな、ヨーロッパ規模の、また、インターナショナルな）自立的金融機関とのあいだで政治権力の集権化が進むとともに、「政治機関との異常な結びつき」が強まるなかで救済体制は強化され、政治によって金融機関の結合関係が深まることになった。

　この事態は政治的正統性を弱め（占拠運動の99％のスローガンに、また、主要政党の支持率の低下に反映されている）、「脱民主政」ないし権威主義的国家主義の台頭を呼んでいる。さらには、この危機は（脱）ワシントン・コンセンサスの正統性を弱体化し、ラ米などにおいては脱新自由主義を求める方向を強くしただけでなく、部分的ではあれ、BRICS（ブラジル、ロシア、インド、中国、南アフリカ）間の経済・貿易・金融の協力体制の強化を基礎に多極型グローバル秩序を強化しようとする動きを呼ぶことにもなった。

## 4　金融支配型蓄積の制約

　金融化の論理は、とりわけ、擬制資本の蓄積は生産的資本の優位性を制約し得るにしても、短期的・中期的規模においてのことに過ぎない。生産的資本の優位性は、結局、自らを再び主張し、擬制資本と脱レバレッジ効果やデフレを媒介とすることで資本循環の統一性を再び課すことになる。この帰結には避けがたいものがあるが、これを回避するために現実経済の危機を遅らせようと試みられる。だが、この試みは危機の厳しさを強め、その範囲をグローバルに広げるだけでなく、持続的なものにもする。これは2013年以降の状況にも認め得ることであって、危機傾向はグローバルな規模で強まり、その影響は主要経済のすべてに及んでいる。実際、金融資本による資本循環の支配が長期化すると（また、その規模が、従来、利潤志向的で市場媒介型の蓄積から自由であった社会分野にも広がると）、その機能不全は広域化するだけでなく、影響はより深刻なものとならざるを得ない。

　とはいえ、金融支配型蓄積と他の経済レジームとを比べると、前者がより多くの諸問題の原因となるにせよ、その傾向は偶発的に過ぎず、他の蓄積レジー

ムの固有の属性と調整の様式に、また、他の非経済システムが個別の環境のなかで帯びざるを得ない性格や固有の偶発的特徴に左右される。というのも、他のシステムとそのアクターは、程度の差はあれ、商品化を制約し、これに抵抗し得るし、固有のシステムの優位性や秤量様式を経済に課すことで経済活動を操舵することもできるからである。とりわけ、新自由主義形態のグローバル化の台頭ないし再浮上は蓄積の範囲を広げることで、他のシステムがその活動を制約し得る条件を回避している。というのも、他のアクターの営為は、資本の活動が国民的国家によってコントロールされた領域に限られている場合には実効性を高くするからである。だが、逆説的ではあるが、金融資本や利潤生産的資本の流動性が高まると、資本や国家が蓄積にとって決定的な経済外的条件を供与し得る能力を弱めることにもなる。

## 5 新自由主義の推進と抵抗に占める国家の役割

　国家は、伝統的には、所与の領域において組織的暴力の正統的独占を主張し得る装置であって、これに依拠することで自らの意思を所与の領域の住民に課し得ると考えられている。この規定は多くの目的から有益であるにせよ、本章の目的からすると、そうとは言えない。そこで、アントニオ・グラムシの、より包括的国家規定を、つまり、「政治社会プラス市民社会」という規定を修正のうえ援用する。彼は、また、国家を「実践的・理論的活動の複合体であって、これをもって支配階級は自らの支配を正統化し、維持しているだけでなく、支配の対象である人々の積極的同意を調達している」と述べている（Gramsci 1971：244）。これは重要な規定であると言えるのは、国家権力と階級権力との連鎖を指摘しているからである。この包括的規定に依拠して、国家は「階統制に守られたガヴァメント・プラス・ガヴァナンス」からなると判断する（cf. Jessop 2015）。すると、国家によって推進され、指揮されるガヴァナンス・レジームがガヴァメンタリティの諸形態を媒介とすることで、どのように国家権力の範囲を広げているかという問題に光を当て得ることになる。というのも、ガヴァメンタリティの諸形態は多くの制度的秩序と政策分野や日常生活において作動することで個人の自己意識を変えているからである（cf. Foucault

2008)。

　この点を踏まえると、国家権力は相貌を多様にし、局面を異にしつつも新自由主義の展開にとって極めて重要な構成要素の位置にあることになる。

　①新自由主義の生成に即してみると、これは私的組織化の過程であって、知的陣地戦を準備することで新自由主義の理念を所与化するとともに、1960年代後期と70年代の経済的・政治的危機に乗じて新自由主義的解決策が「常識」であるかのような感を与え得ることになった。

　②広く選挙によって選ばれた政府であれ、あるいは、チリのピノチェト独裁政権のような場合であれ、新自由主義的レジームの転換という点で公的機関は極めて重要な役割を果たした。というのも、経済と政治のレジームを多様にしつつも、戦後体制に特徴的な諸制度と政策や妥協体制を巻き返したからである。これは、既述の新自由主義の6タイプの経済政策に反映されている。

　③新自由主義的システム変容という点で、国民的国家は主要な帝国型国家（アメリカ、イギリス、ある程度は、EU）の、また、より重要なことに、ブレトン・ウッズの国際機関（代表的には、IMF、世銀、WTO）の支援を受けて、新自由主義的ショック療法という施策に訴えた。これは収奪型慣行や政治機関との異常な取引と一体化している場合が多かったにせよ、こうした事例は新自由主義の公式原則とは矛盾していた。同様の事態は構造調整策による新自由主義強制策にも浮上したことである。

　④政府はプラグマティックな新自由主義的政策調整において、中心的役割を果たした。これは国家形態の断絶型変容というより、政治と政策形成の一般的手順の一部に過ぎなかったとはいえ、このプラグマティックな政策が長期に及ぶなかで、増幅効果を呼ぶことも多かった（ドイツが典型例にあたる）。

　⑤公的機関は、また、金融資本と利潤生産資本と一体化しつつ、従前のレジームから受け継いだ諸機関と政策や妥協体制を巻き返すことで、新自由主義の前進を期したという点で重要な役割を果たしたし、資本はすでに開かれていた空間を利用し得ることにもなった。こうして、新自由主義をグローバルな規模で広げるための弾みを得て、規模のグローバル化がさらに広がった。

　⑥選挙資金の供与とロビイングや天下りによって政治機関との癒着関係が強まったが、この構造を欠いては、金融の「脱規制、監視の緩和、事実上の解

禁」は容易なことではなかったし、これほど進みもしなかったと言えよう（Black 2011）。こうした体制が敷かれることで、貸付詐欺、差し押さえ詐欺、利子率スワップの売買、ライボーなどの利子率操作、外為市場と金銀売買などの偽装市場、闇カルテルなどの金融の略奪的営為が可能となった。

⑦「階統制に守られたガヴァメント・プラス・ガヴァナンス」の別の側面は、政府の行政部が（議会と選挙民の確かな同意を得ないままに）超国民的資本と結びついて、説明責任を欠いた経済的・法的レジームを確立しようとしていることである。これはナショナルな為政において超国民的資本の権力の安定を期そうとするものである。これには、トランスパシフィック・パートナーシップ、トランスアトランティックな貿易と投資のパートナーシップ、サービスの貿易協定が含まれる。貿易という名を修辞とすることで正当化されているにせよ、その施策の構想の多くは、国民的国家の主権のコントロールが及ばない超国民的資本の活動を強化することを目的としている。だが、国民的国家がこれを推進していることに鑑みると、この国家は狭い法的－政治的意味における自己保持とは別の利益を代表していることになる。

最後に、新自由主義的グローバル化に抵抗しようとすると、どの程度の余地が残されているかという問題について指摘しておこう。地域経済が世界市場の展開にとって死活的位置にはないとはいえ、短期と中期の抵抗の成功例は半周辺に認め得ることである。また、こうした抵抗にとって重要な民衆の支持基盤も存在していると言える（例えば、ボリビア、ベネズエラ、アイスランド、マレーシア）。だが、ある経済が帝国主義的利益にとって中心の位置にあり、戦略的資源をコントロールしている場合、あるいは、いずれかの場合には、抵抗の余地は限定されていて、ハードとソフトの権力が広く行使されることで、所与の政府は新自由主義の強制に服することが求められる。これは、2015年にギリシアのシリザ政権が直面した事態にもうかがい得ることであって、ドイツ・ヨーロッパ中央銀行・IMFの協調型対抗策のなかで抵抗は限定的なものに留まらざるを得なかった。また、3次の支援によって生活条件の改善をみたわけではいないし、金融市場と新自由主義機関のコントロールから脱し得たわけでもない。

実際、新自由主義的金融化に発する危機に触発されて、金融資本が世界市場

における支配的地位を強化することになったように思われる。すると、新自由主義の通俗的解釈は、大いに疑問視されるべきことになる。というのも、ヘゲモニーと支配との関係という、より重要な構図が無視され、カール・ドイッチュの指摘に従えば（Deutsch 1963：111）、権力を掌握している人々が間違いから学ぶ必要にはないからである。だから、支配的諸勢力は緊急事態にあると宣言し、例外的施策に訴えることで自らの権力と特権や富を回復し得るのであって、これが現下の状況でもある。

## 6　結　論

　ドイツは別にせよ、オルドリベラル派が、当初、構想したように、新自由主義が実現したかとなると、その例は乏しい。というのも、シカゴ学派の新自由主義やワシントン・コンセンサスのグローバルな影響がより強かったし、重要なことに、金融利益層が1970年代と80年代に経済的・政治的戦略を駆使し得たからである。1990年代の新自由主義の盛期と NAFC 後に、市場の挫折や新自由主義の逆流効果のなかで、市場経済が不安定化したり、市場社会の凝集力が切り崩されないための規制を強化するとともに、そのメカニズムを創出し、これを支える必要があるとする認識が強まっている。また、相対的に規制力の弱い新自由主義の諸形態が英米の本国で残存していることも明らかである。これは危機管理の過程と諸実践のなかで金融支配型蓄積が支配的になったことによる。この体制のなかで富と所得の不平等は拡大し、経済インフラと社会福祉が低落したにもかかわらず、世界市場と世界社会は展開過程にあり、新自由主義のレジーム転換が起こった局面の社会をはるかに超える規模に及んでいる。

　要するに、新自由主義の矛盾が、とりわけ、NAFC の局面で顕在化してからも、その論理は新自由主義の盛期の政策と戦略や構造的転換による経路依存効果のメカニズムを媒介とすることで世界社会を支配しているし、挫折を経つつも、なお、その論理を強制しようと試みられていることにもなる。また、この危機後も、金融支配型蓄積を回復し、新自由主義をグローバルに再生しようとする施策が続いていると言える。拠点地における抵抗の弱さに鑑みると、さらには、ヘゲモニーの衰えが見られるとはいえ、アメリカの経済と政治の力量

や軍事力に鑑みると、新自由主義の論理の破綻が実効的社会動員によるというより、環境の大変化によらざるを得ないとすると、これは由々しき展望と言わざるを得ない。

### 【参考文献】

Black, W. K. (2011) "Unless we fix the perverse incentives in our economy, we are rolling the dice every day," 20 August, www.FedUpUSA.org.

Deutsch, K. W. (1963) *The Nerves of Government*, New York : Free Press of Glencoe（ドイッチュ，K. W.（伊藤重行ほか訳）『サイバネティクスの政治理論』早稲田大学出版部、2002年）.

Foucault, M. (2008) *The Birth of Biopolitics : Lectures at the Collège de France, 1978-1979*, Basingstoke : Palgrave.

Gramsci, A. (1971) *Selections from the Prison Notebooks*, London : Lawrence & Wishart.

Jessop, B. (2012) "Neo-Liberalism," in Ritzer, G. ed., *The Wiley-Blackwell Encyclopedia of Globalization*, vol. 3, Chichester : Wiley-Blackwell, pp. 1513-21.

――― (2013) "Credit money, fiat money and currency pyramids : reflections on financial crisis and sovereign debt," in Harcourt, G. and J. Pixley eds., *Financial Crises and the Nature of Capitalist Money*, London : Palgrave-Macmillan.

――― (2015) *The State : Past, Present, Future*, Cambridge : Polity.

Streeck, W. (2013) *Buying Time : The Delayed Crisis of Democracy*, London : Verso.

（訳：中谷義和）

第**3**章

# 新自由主義的転換と社会的危機
―― 経済の自由化、通貨危機、そして二極化を越えて

申　光栄
シン・グァンヨン

## 1　はじめに

　20世紀後半からグローバリゼーションは、韓国のみならず全地球的レベルで生起する新たな社会変動を凝縮的に表現する唯一のキーワードとなった。韓国では「世界化」と翻訳され使用されているが、この訳語でグローバリゼーションという言葉の意味が十分に表現され得るわけではない[1]。グローバリゼーションとは、抽象的なレベルにおける時間と空間の圧縮により、国家単位で分節化された市場と文化が統合していく現象をさすが、地域や国によって、かなり異なる意味をもって使われている。

　韓国では、「世界化」という用語が1995年に初めて登場した。92年に第14代大統領に当選した金泳三は、93年の執権当初から新政府の国政のモットーとして国際化を掲げた。金泳三大統領は95年から国際化の代わりに世界化という用語を使い、それを国家戦略として位置づけた。95年1月、ただちに「世界化委員会」が設置され、政府の全般的な政策は世界化に焦点が据えられることになった。つまり、韓国では、「世界化」という言葉は社会科学の分析用語として生まれたわけではなく、国家戦略を標榜する政治用語として登場したことになる[2]。世界化とは「世界に進出しよう」という意味であり、その含意は、主として、世界市場に進出するという「攻撃的重商主義」にあった。

　「世界化」を掲げる前まで、韓国は経済的に海外市場に依存することで発展し続けて来た。その結果、海外輸出による経済成長が続くなかで、貿易不均衡に対する外国の不満が募りはじめた。さらに80年代末からは、国際的な貿易規範の遵守を掲げることで、韓国の OECD 加盟を求める圧力がアメリカなどの

OECD 加盟国から加えられはじめた。OECD 加盟国になるということは、OECD の基準を受け入れ、国家の市場規制を緩和し、商品市場と資本市場を開放し、OECD 加盟諸国の労使関係制度と規範を受け入れることで労働市場と労使関係を改革し、OECD 加盟諸国の経済制度と規範を受け入れることにほかならなかった。基本的には、OECD に加盟することは60年代以来の開発国家体制のもとで形成された国家中心の経済運営を市場中心へと転換することを意味した。韓国は96年9月12日に OECD に加盟した。労働法の改正を条件に加盟国として受け入れられたのである。先進国クラブに加入したことは、政権の業績になると同時に、韓国が誇らしい国になったことを国内外に知らしめることでもあった。

OECD 加盟を含む世界化の主な内容は、韓国の資本と企業が海外市場に進出するのみならず、外国の資本と企業に対して韓国市場を開放するという経済の自由化にあった。ヨーロッパとアメリカが求めたのは、1980年代の対韓国貿易赤字を克服できるよう韓国市場を開放することであった。長期間の開発国家体制に慣れてきた政府と企業は、国際的な水準の制度と慣行をよく理解していなかった。国際経済についての理解も低く海外地域の研究も日が浅かったので、国際的な慣行と規範は馴染みの薄いものであった。

準備の整っていない世界化の代償は厳しいものとなり、そのショックは現在も続いている。持続的な経済成長のなかで、経済力は通貨危機以前の水準をすでに超えているが、非正規雇用の急増、家族の解体・少子化・高齢化が同時進行するなかで韓国社会は新たな社会的危機に直面している。さまざまな危機が同時に発生し、進行している。このような危機を診断し、対応策を考えることが韓国の社会科学の何よりも重要な課題となっている。

## 2　準備不足の世界化

金泳三政権は OECD に加盟することで、先進国クラブへ加入したと自慢していたが、これは、実際には半強制的な加入にすぎなかった。80年代には韓国の経済規模が拡大していて、アメリカとヨーロッパから開放の圧力を受けていた。アメリカは外国との貿易赤字を拡大しつづけ、それを軽減するために攻撃

的な貿易政策を展開した。「スーパー301条」を掲げ、市場開放を要求した。すでに80年代末からOECDは韓国のOECD加盟を求めていたが、韓国は市場開放圧力が高まることを恐れ、加盟に積極的な態度を取っていなかった。しかし、次第に貿易摩擦が拡大してくると、韓国政府は90年代初めに世界経済の変化に能動的に対処することを名目としてOECD加盟のための具体的な準備を開始した。90年3月、OECDの非加盟国としては、初めて、アジアの新興工業国6か国を含むOECDの非公式経済協議会の会議をソウルに誘致した。そして、OECD傘下の30の委員会に参加し、活動を始めた。90年には、第7次5カ年計画の中盤以降にあたる94～95年頃にOECDに加盟する方針を発表した。韓国政府は91年4月にOECDへの加盟手続きについて議論するために調査団を派遣し、6年後の96年12月、ついに、政府は「先進国クラブ」と呼ぶOECDの会員国となった。

90年代の初め、韓国のOECD加盟は国内では大きな論争の的となった。OECD諸国は韓国の加盟を積極的に促し、90年3月18日に韓国を訪問したOECDのロバート・コーネル事務次長は、資本市場の開放とサービス市場を開放し、OECDに加盟するよう求めた。米国際経済研究所（IEI）のフレッド・バーグステン所長などは、OCED加盟とウルグアイ・ラウンドへの参加によって韓国経済はさらに成長するだろうとの見方を示した。韓国はそれまでOECDの加盟国ではなかったので、アメリカの301条の適用対象国のなかで、唯一、二国間交渉を行うことになる状況を避けるため、90年11月17日にOECDの造船部会に加入した。90年11月15日にはリチャード・ソロモン米国務次官補（東アジア・太平洋担当）が韓国を訪問し、韓国政府の推進する〈過消費追放運動〉による通商摩擦について指摘し、貿易報復措置についても言及した。しかし、長期間外国企業の国内市場進出を遮断してきた国内の経済アクターたちは、市場開放を恐れていた。そのためOECD加盟についての国内の議論は、「時期尚早論」が支配的であった。

韓国経済に対する国内と国外の認識の落差は大きかった。海外からは、韓国はもはや開発途上国ではなく第2の日本であると見なされていた。一方、韓国内では、当時の韓国経済は危機的状況にあるという見方が強かった。80年代とは異なり、90年代は韓国の経済成長は大幅に減速し、貿易収支の赤字も発生し

ていて、全般的に経済危機の状況にあるとの認識が強かった。そのような状況のなかで、韓国経済の開放を意味する OECD 加盟は無謀なものに思われた。開放によって肯定的な結果が得られるという確信がないまま OECD に加盟することは、南米経済のような没落を招くのではないかとの憂慮の声も高かった。そのため、OECD 加盟に先立ち、開放の副作用を防ぐため経済収支の黒字化を実現し、資本市場を開放することによって体質改善した後で OECD に加盟するという段階論が優勢を占めた。官治金融のような金融慣行が根絶されなければ経済を先進化することはできないという点で、最終的には資本市場と金融市場の開放が必要ではあるが、それをいつ、どのように行うかという問題に関しては、はっきりとした見解を持ってはいなかった。

　韓国経済に対する内外の認識は大きく異なっていた。韓国経済に対する認識は、韓国を含む東アジアの新興工業諸国に適用されていたアメリカの特恵関税（GSP）を撤回する決定がなされた1989年２月に、はっきりと表れた。アメリカは韓国、台湾、香港、シンガポールを対象に74年から適用していた特恵関税を撤廃した。レーガン政権のもとで始まった特恵関税の撤廃は、もはや韓国が開発途上国ではないという外部の視線を象徴すると同時に、冷戦体制の崩壊によってソ連との体制競争に必要な同盟国支援の意味も消失したことを物語っていた（Newman 1990；Cooper 2008：56-60）。

　特恵関税の適用廃止後も、韓国のそれ以上の市場開放を求める声が激しく起こった。1990年代に入り、外国から韓国の市場開放を求める圧力がより直接的に加えられた。例えば、アメリカの中央銀行（FRB）と OECD は、OECD 会議で韓国政府が提示した金利自由化の日程を前倒しするよう韓国側の参加者に要求した。アメリカ政府は92年の議会報告書において、韓国が OECD に加盟するよう誘導し、アメリカの商品およびサービスに対する関税・非関税障壁を撤廃させる意志を公式的に表明した[9]。

　これに対して91年10月韓国政府は、96年に OECD に加盟すると発表した[10]。それは韓国政府内部で議論されていた OECD 加盟に関する初の公式発表であった。OECD は韓国の金融市場と資本市場の開放を求め、韓国政府の計画よりも２〜３年前倒しして OECD に加盟するよう要求した[11]。しかし韓国政府は「第７次経済社会開発計画」が終わる96年の方が時期的に適切であると考え

た。92年5月18日にパリで開かれたOECD閣僚会議で発表された共同声明は、韓国のOECD加盟の努力を歓迎した[12]。翌月11日、韓国政府は96年のOECD加盟の意思をOECD事務総長に正式に伝えた。

OECD加盟はOECDの経済制度と規則の受け入れを加盟国に約束することであり、多くの制度的な変化を伴った。各種政府規制の撤廃・緩和が定められていた。例えば、資本市場の自由化やサービス市場の規制緩和などであった。資本市場の自由化は資本移動の規制撤廃をさし、政府の資本市場への統制力が弱まることを意味していた。ここには外国人の投資を制限する業種をなくすことも含まれていた。

92年の選挙に勝利した金泳三政権は、翌年4月、経済企画院対外経済調整室長を委員長とし、20の官庁の実務局長を委員とする「OECD加入実務委員会」を立ち上げた。そして96年のOECD加盟に先立ち、まず、94年までにOECDの26の委員会に加入するという日程を決めた。同時に金泳三政権は、「新経済5カ年計画」を発表し、経済改革を推進した。しかし、それは半年も続かず挫折した。既得権層の抵抗により改革が中断された。結果的に、開発期の遺産を改革できないままOECDに加盟することとなった。

しかし、金泳三政権は治績を誇示するために為替レートを人為的に調整し、95年の1人当たり国民所得1万ドルを達成させた。その翌年にOECDに加盟し、任期内に韓国は先進国になったという点を強調した。内部改革を達成しない状態で先進国の真似事をしたことは、惨憺たる結果を招いた。直後に通貨危機が訪れ、韓国経済はどん底に落ちた。

開発期に形成された経済的な制度と慣行の是正を求める圧力は、内部にも根強く存在していた。経済の民主化と労使関係の民主化などの要求はずっと存在していたが、そのような内部的な圧力は実質的な変化を引き出すことはできなかった。旧来の政治勢力が権力をそのまま維持することができたので、国民の経済改革の要求には消極的だった。OECD加盟圧力は外部からもたらされ、それによって開発期に形成された制度と慣行の撤廃圧力が外部から加えられはじめた。IMFが直接介入し追求した経済改革は、国民のための民主的改革ではなく、外国の金融機関、企業と投資家のための改革であった。韓国の経済危機が海外の経済的アクターにとっては良い投資の機会となり、それによって短

期間に超高収益を上げることができた。一方、大多数の韓国人にとって経済危機は苦難と試練であり、社会の二極化と貧困層の急増へとつながった。政治的民主化の失敗が経済的民主化の失敗を産み、ついには備えが不十分だった経済開放は破局を招いた。

## 3 通貨危機と社会危機

　韓国の OECD 加盟前後、東南アジア（マレーシア、タイ、インドネシア）経済は急速に不安定化した。韓国経済は東南アジア経済との直接的な関連性は低かったが、国内の経済的な状況とともに通貨危機が発生した。通貨危機の直接的な原因は、銀行と財閥企業の道徳的な弛緩にあった。「大石死せず」という政府の財閥支援政策と緩やかな金融規制が財閥の無分別な借金経営を強化し、OECD 加盟後もそのような形態の企業経営が変化することはなかった。1990年代財閥企業の収益率が減少して負債の返済能力がさらに低下するなか、外為市場の開放によるウォンの切り下げは、政府の支援なくしては破産を免れない状況を生んだ[13]。そのような状況においても銀行は、政府は経営不振に陥った企業を支援するはずだと信じていたので、そのような企業に貸し出しを続けた。それによって通貨危機は金融危機へと拡大した。具体的には、90年にわずか6行だった商業銀行はいずれも外国の金融機関と連携していたが、97年には商業銀行が30行に増え、うち16行が財閥所有であり、財閥とは関わりのない独立した商業銀行は12行に過ぎなかった。これらの商業銀行は金融市場の開放によって海外から直接借り入れを行うことができ、鉄鋼、自動車、化学分野への非生産的な投資を生み出した（Mishkin 2006：88）。

　通貨危機直後に政権交代があり、新たに登場した金大中政権が通貨危機の克服に取り組んだ。その後の韓国での通貨危機克服の事例は成功談として多くの経済学の教科書に掲載されているが（Mishkin 2006：165）、韓国社会のすべての領域に甚大かつ否定的な変化をもたらしたという意味で、成功したとは言いがたい。通貨危機後に深まった社会の二極化、貧困層の急増、家族の解体、自殺者の急増などによって2015年現在も深刻な社会的危機から抜け出せていない。

　通貨危機以降深まった社会的危機は、通貨危機の結果によるものだけではな

図1 ジニ係数と貧困率の推移

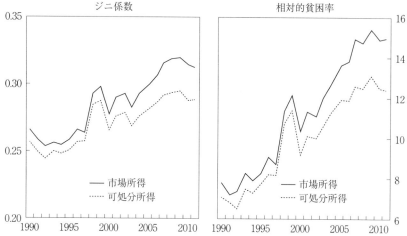

1. For urban households with at least two persons.
2. The Gini coefficient can range from 0 (perfect equality) to 1 (perfect inequality).
3. Relative poverty is defined as the share of the population that lives on less than half of the median income.
*Source:* Statistics Korea.

(出典) OECD 2012: 29.

い。通貨危機は進行しつづける人口構造の変化、家族構造の変化と結びつき、社会的危機を深刻化させた。通貨危機の直接的なショックは、労働市場内の不安定雇用 (precarious employment) の急増をもたらした。企業の構造調整と整理解雇が政労使の合意によって受け入れられ、98年から企業の大規模な構造調整が行われ、その結果、新たな失業者が毎月10万人も生まれる大量失業状態が発生した。失業保険制度が充分に整っていない状況で、200万人に上る失業者の所得獲得機会の喪失はただちに所得不平等の拡大と貧困層の増加をもたらした (図1参照)。不平等の拡大と貧困層の増加は90年代初期の金泳三政権の世界化政策とともに増加しはじめたが、97年の通貨危機を契機にその勢いは爆発的に強まった。

具体的な変化として、労働市場における正規雇用の減少と非正規雇用の拡大を挙げることができる。非正規雇用の規模は、被雇用者のうち2002年の27.4%から2004年の37.0%に急増した。企業の構造調整、整理解雇、非正規雇用が短

表1　雇用形態別の賃金格差（2003-2014）

| 類型 | | 2003 | 2004 | 2005 | 2006 | 2007 | 2008 | 2009 | 2010 | 2012 | 2014 |
|---|---|---|---|---|---|---|---|---|---|---|---|
| 正規職 | 男性 | 100.0 | 100.0 | 100.0 | 100.0 | 100.0 | 100.0 | 100.0 | 100.0 | 100.0 | 100.0 |
| | 女性 | 68.9 | 69.4 | 69.6 | 70.1 | 68.0 | 67.4 | 68.5 | 66.8 | 67.2 | 68.3 |
| 非正規職 | 男性 | 56.0 | 55.3 | 54.0 | 54.3 | 53.1 | 51.0 | 49.4 | 47.9 | 52.8 | 53.6 |
| | 女性 | 41.5 | 43.0 | 41.2 | 41.5 | 39.4 | 40.4 | 39.9 | 38.3 | 40.3 | 41.8 |

(出典) キム・ユソン 2011：26 および 2014：20。各年度はすべて8月の統計による。

期間に行われ、非正規雇用が2年間で10％近く増加した。非正規職の従事者数は、2003年の380万人から2004年には600万人に、つまり2年間で220万人の非正規職者が増えた。企業が整理解雇をして正規雇用を減らし、その空席を非正規職で埋めたり、新規採用を非正規雇用にすることで雇用の非正規職化が急速に進んだのである。非正規雇用は、労働力を利用する主体と賃金を支払う主体が一致する契約職や臨時職のような形態のみならず、仕事をさせる主体と賃金を支払う主体が異なる派遣労働のような間接雇用の形態でも行われた。

　正規職および非正規職へと雇用体制が二極化し、労働市場の賃金も二極化している。非正規職の平均賃金は男性の正規職者の50％に過ぎない。そして正規職と非正規職の内部でも、それぞれ男性と女性の賃金格差が明らかに存在し、雇用形態とジェンダーによる賃金格差は2000年代に入ってからも継続している。また、非正規職者たちは社会保障を受けられる割合も低く、頻繁な離職によって人的資本を蓄積する機会を持てず、正規職と非正規職とのあいだの低い移動率は労働市場の二極化をさらに強めている。その結果、労働者内部の賃金格差は継続して拡大し、2010年に入ってからは OECD 諸国のなかで最高水準を示した（OECD 2014：23）。

　より深刻な問題は自殺である。自殺率が高いのは、ハンガリーのように極端な体制移行によって激しい政治、経済的混乱を経験した国や、アイルランドのように経済危機によって深刻な生活苦を経験した国々である。2015年現在、韓国の自殺率は OECD 諸国のうち1位であり、世界では3位である（1位はガイアナ、2位は北朝鮮）。通貨危機直後から韓国の自殺率は急増し、2003年には OECD 加盟国のなかで1位となった。体制変化を経た東欧諸国も自殺率は高かったが徐々に減少してきた反面、韓国の自殺率は継続して増加し、2003年か

らは OECD 加盟国中第1位の地位を維持している。2014年の韓国の自殺率は、OECD 加盟国の平均自殺率の約3倍に達しており、毎日約42名が自殺をしている計算になる。特に80代以上の高齢者の場合、20〜30代に比べて約5倍もの高い自殺率を示しており、高齢者の自殺が極端なレベルに達していることが分かる（OECD 2014）。

　通貨危機による経済的問題の悪化のみならず、人口構造の高齢化が加速化し、社会的危機が深まっている。高齢者の貧困は深刻な水準に達しており、それは全般的な労働市場の変化とも直接関わっている。具体的には、高齢化が進行しているにもかかわらず退職年齢はむしろ過去よりも若年化しており、退職後の無収入状態が長期化しているからである。2015年現在、韓国の被雇用者の平均退職年齢は約49歳である。平均退職年齢は低年齢化しつづける傾向にあり、2005年の53歳から2015年5月には49歳に下がった。韓国人の平均寿命は高齢化しているが退職年齢は低年齢化し、結果的に所得のない老後が長期化している。当面の問題は老齢貧困層の急増である。韓国の老人の貧困問題は深刻なレベルに達している。2012年現在、65歳以上の老人の半分ほどが貧困層である。同年の65歳以上人口の相対的貧困率は49.6％に達しており、OECD 加盟国のなかで最も高い老人貧困率を示した。

　社会的危機のもう一つの側面は、人口危機である。人口危機は、少子化と高齢化によって社会を維持できない状態を惹起する人口の変化を意味する。少子化は社会を支えることのできる人口の再生産が持続的に行われないレベルを示す出産適齢期の女性1人当たりの出生率が2.1人以下になった状態を指す。少子化は児童人口の減少→労働力人口の減少→消費者の減少→慢性的な景気沈滞へとつながる。出生率が1.5人以下になると、それを再び1.5人以上に引き戻すのは困難という意味で、低出生率の罠にかかったと言う。問題は出生率が低下することだけでなく、その速度があまりに早いので、政策的対応が遅れた場合さらに回復が困難になるという点にある。図2に見られるように、韓国の出生率の低下は日本に比べ3倍ほどのスピードで進行してきた。戦後日本の出生率が4人以上から2人以下になるまで30年以上の時間がかかったが、韓国はわずか10年ほどしかかからなかった。韓国の場合、産児制限政策によって人口増加を防ぐ政策を国家が行った。そのため産児政策の成功例として言及されること

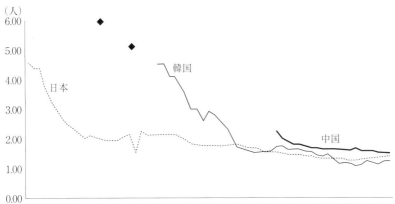

図2　韓中日合計特殊出生率の変化

(出典) イサムシク他『研究報告書 2013-31-01 韓・中・日の人口動向と人口戦略』
韓国保険社会研究院、2013年。

もあるが、少子化の泥沼にはまる危険性については、国家や UNCTAD のような国際機関は全く予想できなかった。

　少子化とともに平均寿命の伸長は、韓国の人口の高齢化を加速させた。現在韓国は世界で最も速く高齢化が進んでいる国である。端的に言って、高齢化は扶養を受けるべき人口が相対的に増加することを意味する。技術的には全人口のうち65歳以上の人口が占める比重が高まるような人口変化をさす。表2に見られるように、韓国の高齢化は世界の歴史のなかでも類例を見ないほど急速に進行している。65歳以上の人口が全人口の14％以上となる高齢社会に移行するまで18年、老人人口の比率が14％から20％になる超高齢社会に移行するまでわずか8年ほどしかかからないだろうと予想される。少子化と高齢化は連関している。少子化が続けば人口の高齢化は加速度的に高まるからである。

　人口の高齢化はこれまで経験したことのない未曾有の社会問題を引き起こすだろう。年金支出の増加、医療費の増加、労働力人口の減少、経済成長の鈍化、税収の減少、政府財政の赤字拡大、就職難の深刻化などである。それによって韓国は、長期的な社会経済的沈滞から抜け出すことは難しくなるだろう。そして被扶養人口の増加によって若い世代の負担が増加し、若い世代がさらに出産に消極的になり、未来世代の負担が拡大し続ける「低出生率の罠」か

表2　人口高齢化の推移比較

| 国家 | 到達年度 | | | 増加にかかる年数 | |
|---|---|---|---|---|---|
| | 7% | 14% | 20% | 7%→14% | 14%→20% |
| 韓国 | 2000 | 2018 | 2026 | 18 | 8 |
| 日本 | 1970 | 1994 | 2006 | 24 | 12 |
| フランス | 1864 | 1979 | 2018 | 115 | 39 |
| イタリア | 1927 | 1988 | 2006 | 61 | 18 |
| アメリカ | 1942 | 2015 | 2036 | 73 | 21 |
| ドイツ | 1932 | 1972 | 2009 | 40 | 37 |

（出典）統計庁 2005a：22。

ら抜け出せなくなる。人口学的に2050年に来ると予想される韓国の極端な状況は、まさにこのような「低出生率の罠」にはまったまま現在の少子化問題を解決できなかった時に予見される未来である[17]。

　所得の低い老人人口の増加は、ただちに老人貧困層の増加をもたらしている。2人以上の都市家計調査を基準にした中位所得50％以下の老人人口比率は、2000年の15.1％から2012年の24.5％に増加した。都市の1人世帯を含めると、貧困老人の比率は2012年の30.4％に増加した。そして農民世帯を含む全国の世帯を対象にしたとき、貧困老人の比率は2012年の48％とさらに高まった（イム・ノ 2013：82-83）。

　家族制度の変化も通貨危機後に新たな社会問題をもたらしている。家族制度の変化は2つのレベルで現れている。一つは家族の解体現象ともいえる離婚の増加である。通貨危機以降、離婚は急増した。中高齢世帯である45-59歳の1人世帯の構成要因のなかで最大の割合を占める原因は、離婚による1人世帯である（チョン他 2012：36）。特に50代の場合、95年の1人世帯の構成要因は死別が最大の要因であったが、2010年には離婚が1人世帯を構成する最大要因となった。2005年以降、離婚のケースは結婚生活が4年以下の場合に最も多く見られ、その次が20年以上の壮年や老年の離婚が多く増加した（ピョン・キム・イ 2010：38）。壮年・老年期の離婚は1人世帯を構成する主な要因であるだけでなく、所得喪失によって貧困老人となる主な要因でもある。定年によって労働市場から離脱した壮年や老人の場合、離婚による1人世帯化はただちに貧困層に転落する可能性があることを意味する。

　離婚以外の要因によっても1人世帯は持続的に増加している。1980年代には5人以上の世帯が全世帯の半分ほどを占め、1人世帯は4.8％に過ぎなかった。しかし2010年には5人以上の世帯は8.1％に減少する一方、1人世帯は23.9％と急増した。15歳以上の人口のうち1人世帯の居住者は80年の1.7％から2010年の11.1％に増加した。年齢別では15-39歳が9.6％、40-64歳が9.0％、65歳以

上が21.5％で、年齢によっても大きな違いが見られる（チョン他 2012：45-48）。年齢が高まるにつれて1人世帯の割合も増加するのである。

表3　世帯構成の推移

(単位：％、人)

| 年　度 | 1人世帯 | 2人世帯 | 3人世帯 | 4人世帯 | 5人以上の世帯 | 平均世帯人数 |
| --- | --- | --- | --- | --- | --- | --- |
| 1980 | 4.8 | 10.5 | 14.5 | 20.3 | 49.9 | 4.55 |
| 1985 | 6.9 | 12.3 | 16.5 | 25.3 | 39.0 | 4.09 |
| 1990 | 9.0 | 13.8 | 19.1 | 29.5 | 28.7 | 3.71 |
| 1995 | 12.7 | 16.9 | 20.3 | 31.7 | 18.4 | 3.34 |
| 2000 | 15.5 | 19.1 | 20.9 | 31.1 | 13.4 | 3.22 |
| 2005 | 20.0 | 22.2 | 20.9 | 27.0 | 10.0 | 2.90 |
| 2010 | 23.9 | 24.3 | 21.3 | 22.5 | 8.1 | 2.70 |

(出典) 統計庁、人口住宅総調査（全数）、該当年度。

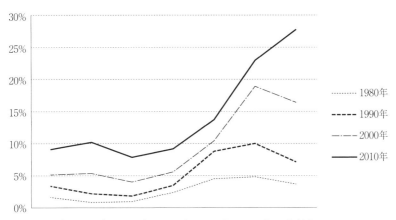

図3　年代別1人世帯の対人口比率

(出典) チョン他 2012: 48。

1人世帯の貧困率は、性別と雇用上の地位によって大きく異なる。正規職男性の場合、貧困率は13.32％に過ぎなかったが、正規職女性の場合は29.04％と2倍以上高かった。失業状態の場合はいずれも70％以上の高い貧困率を示した。1人世帯の非正規職男性の貧困率は22.77％で正規職男性より1.9倍高く、

非正規職女性は36.97％と非正規職男性より1.6倍高かった（Shin and Kong 2014）。このことは、世帯構成のみならず雇用形態によって経済状態が大きく変化することを示している。

## 4　代案の模索

　韓国は世界化による通貨危機を経験し、その経済的なレベルで危機を克服した代表的な事例として言及されているが、社会的なレベルでは深刻な社会の二極化と貧困の深刻化を経験した代表的事例でもある。世界化を本格的に推進しはじめて 3 年後の1997年に通貨危機を経験し、IMF から救済金融支援を受ける条件として推進した経済改革は IMF から借り入れた負債を当初の予定よりも早くに返済する成果を上げもした。しかし、IMF が求めた改革は、社会の二極化のような予想された変化を生み出しただけでなく、韓国社会に内在する人口構造や家族構造の変化と結びつき、全く予想できなかった新たな社会変化も生み出している。そして通貨危機以降の青年層の不安定雇用とワーキングプアの増加によって結婚年齢が遅れ、出生率はさらに低下し、韓国は世界で最も出生率の低い超低出産国家となった。それは世界で最も速い速度で進行する人口高齢化の動きと結びつき、複合的な社会問題を引き起こしている。特に高齢化は、明らかに老人の貧困率や自殺率と深く関わっている。

### 1　IMF の新自由主義的代案

　IMF は、通貨危機を克服するための政策として、いわゆる新自由主義的政策を韓国政府に押し付けた。金大中政権は政策的な自律性がひどく制限された状態で通貨危機克服のための政策を執行した。IMF が提示した政策は、大きく経済政策と社会政策に分けられる。経済政策には公共部門の改革、労働市場の改革、財閥の支配構造の改革が含まれており、社会政策は社会的なセーフティネットの拡充を主な内容としている。経済政策によって失業者と貧困層が大量に生まれるだろうから、IMF は彼らの不満と抵抗を抑えつけるために社会的セーフティネットの拡充を韓国政府に要求した。社会政策は危機管理政策の一環として提示された（申 2002）。つまり、社会政策は構造調整を成功に導

くのに必要な範囲内で社会的リスクを管理するレベルに止まっていたのである。そのため社会権的な市民権を拡大するためではなく、道具的な意味で最小限の福祉を提供するレベルに止まっていた。[18]

　具体的には1998年2月7日、IMFは社会危機を防ぐための最低限の社会的セーフティネットを導入しなければならないと主張し、それを財政援助の了解覚書に盛り込んだ。そうして、99年7月の雇用保険の拡大と同年9月の国民基礎生活保障制度が実施された。爆発的に増加する失業と貧困問題を解決するための最低限の政策であった。IMFは、いわゆる新自由主義的経済改革が大量の失業と貧困層を量産するであろうから、このような社会的セーフティネットを通じてショックを和らげなければ経済改革は成功しないということを数々の経験を通じて知っていた。そのため、労働市場を柔軟化させるための雇用保険の強化も97年12月5日の予備協定案に挿入した。そして98年2月7日の最終合意案では、雇用保険基金を7000億ウォンから2兆ウォンに増やし、貧困層の所得支援を含む公的扶助を前年度より13％増やすなどの具体的な内容も盛り込んだ。失業給付を受けることのできる条件も大幅に緩和された。そのような点で、99年と2000年に導入された福祉制度は、IMFが主導する経済改革を成功させるための方便であった。

　それにもかかわらず、失業者の保護水準はOECD諸国のうち最下位圏内にあり、貧困率は最上位圏内にあり、非正規職と正規職の格差も最高水準に達した。[19] 法的に制度化された失業給付のレベルとその期間がOECD基準に照らすと不十分であるのみならず、その制度が十分に執行されず、死角地帯が数多く存在している。例えば、経済的に弱い立場にある非正規職の場合、2010年の雇用保険加入率は43.3％に過ぎなかった（ソン 2013：58）。このことは雇用が不安定な非正規職の場合も半数以上が制度的な保護を受けられていないことを意味している。

　低賃金の非正規雇用の増加によって、勤労貧困層が大幅に増加した。人口学的には韓国人の寿命が急速に延びているが、労働市場における定年の平均年齢は逆に低くなり、退職後の無所得の期間は長くなった。結果的に老人福祉制度も十分に整備されないまま数多くの老人が貧困で苦しんでいる。2013年の韓国の老人貧困率は47.2％でOECD諸国のうち最高水準を示している。これは

OECDの老人貧困率平均の12.8％の約4倍に達する圧倒的な数値である。

## 2 反新自由主義的な代案

90年代の通貨危機以降、韓国社会が新たに直面している諸問題——広範な非正規雇用とワーキングプア、晩婚と低出生率、人口の高齢化と老人の貧困化——は、個別の政策によって解消される問題ではない。それらの諸問題は、異なる諸要因の複合的な相互作用を通じて生まれた結果だからである。そのため複合的な社会問題を解決するためのさまざまな政策が、一つのパッケージとして実施されて初めて効果を期待することができる。

また、十分に準備されないままの世界化によってもたらされた苦い経験から得られる教訓は、政策を立案する過程で長期的な効果を慎重に見極めなければならないということである。政策的な代案は現在の問題を解決するだけでなく、長期的な持続可能性も担保されなければならない。社会的な効果を考慮しない経済政策は持続可能ではなく、経済的な効果を考慮しない社会政策も長期にわたって維持することは難しいので、意図された、そして意図されない波及効果を多角的に考察する必要がある。

第1に、労働市場の柔軟化によって発生する失業や、不安定雇用による危険から包括的に保護される必要がある。失業や非正規雇用の増加による貧困問題を国家が福祉制度を通じて解決するならば、労働市場の不安定は大きな問題とはならない。非正規職を抜本的になくすことが不可能な場合、国家が正規職—非正規職の差別をなくす代わりに、非正規職による経済的な不安定さから労働者を保護するのである。デンマークやオランダで実施されている「柔軟安全モデル（flexicurity model）」がその代表例である。国家が失業者の生活保障を行うのみならず、積極的な労働市場政策によって失業者の再就職を支援する雇用活性化政策を同時に実施している。

第2に、共働き夫婦を家族モデルとする家族政策である。家族政策の焦点は、子どもをもつ女性が経済活動を行えるよう出産、保育、託児に関する福祉サービスを国家が包括的に提供し、女性が子どもを産んだ後も職場生活を送れるようにする政策である。韓国は女性が仕事もせず（できず）、子どもも産まない国家である。正反対のケースが出生率も高く、女性の経済活動参加率も高い

北欧諸国である。通常は出産と仕事を両立するのは困難だが、双方をいずれも可能にするのが家族福祉制度である。

　第3に、老人の貧困問題を解決するためには、何よりも定年年齢を引き上げる社会的合意が必要である。現在53歳の定年年齢を少なくとも60歳まで引き上げ、勤労による所得獲得の機会を増やさなければならない。つまり経済活動期間を7年程度延長し、自ら老後に備えられるようにしなければならない。企業はできる限り高齢の者を避けようとする。企業側は、持続可能な成長のためにも貧困層が増加すると需要不足による不況が避けられなくなるという点を認識する必要がある。しかし、個別の企業は依然として短期的な利潤の最大化を追求するので、国家的なレベルで労使政の合意による定年延長を実現しなければならない。

　最後に、老人や障碍者のように経済活動を行えない人々を対象とする福祉制度が整備されなければならない。老齢人口が爆発的に増加する一方で老人福祉が十分に整備されなければ、韓国は老人の貧困率第1位、老人の自殺率第1位の国家という不名誉な地位から抜け出すことは到底できない。韓国の老人福祉支出は、福祉の後進国であるトルコやチリよりもさらに少ない。[20]

　西欧は1人当たりの国民所得が1万ドルだった時代に福祉国家体制を完成させた。日本と韓国は1万ドル所得時代に福祉制度を充分に整備することができなかった。訪れる未来を予期することもできず、したがって備えもできなかった。福祉の根本はより多くの人々が働くことのできる制度にある。少子化と高齢化の問題を解決し、持続可能な経済成長を同時に実現する道は、新しく統合的な政策パッケージによってのみ可能となる。

## 5　結　論

　1990年代に金泳三政権が世界化を政策路線として打ち出したのも経済的な目的に沿ったものであり、金大中政権の世界化によるショックとそれを克服するための政策的対応も主に経済的なレベルに止まっていた。2000年を前後して制度的なレベルで社会政策が模索され、その結果、雇用保険、国民年金、老人長期療養保険などが導入され、新たな社会変化にともなう問題への対処が試みら

れたが、それらはあくまで経済的なレベルで行われる政策を補完するためのものに過ぎなかったので、生活の質と市民権を強化するための戦後ヨーロッパの福祉制度の発展過程とは異なる経路を辿った。

その結果、福祉制度が導入されたにもかかわらず、2000年代には世界化の影が深まり、社会問題が深刻な水準に達するという特徴が韓国社会に顕著に現れた。経済改革が主に労働市場の柔軟化を中心に行われ、非正規職の雇用が量産された。不安定雇用の増加は労働市場に二極化をもたらし、それはただちに所得不平等の拡大と貧困層の増加へとつながった。

また、新自由主義的な通貨危機克服政策は人口構造の変化と家族構造の変化のような内部的な変化と結びつき、社会危機を増幅させる否定的な結果を生み出した。通貨危機を克服するためにIMFが要求した短期的な経済政策は、新自由主義的政策を成功させるためのリスク管理のために行われたものなので、それによってもたらされる社会への長期的な波及効果については関心を向けなかった。

1995年に導入された雇用保険法である失業給付制度の対象者は徐々に広がっていった。98年10月には1人以上を雇用する事業場へと拡大し、2002年12月には雇用保険が日雇い、パートタイムを含む非正規労働者にまで拡大された。しかし、失業給付期間が短く、失業給付水準が低いので実質的な生活保護が十分に実現できていない。加えて保険に加入していない多くの人々が政策の死角地帯に置かれており、失業による社会的リスクからの保護機能はひどくぜい弱であった。

韓国の事例に見られる重要な点は、世界化とともに韓国社会で起こっているさまざまな社会変化が相互作用を起こし、さまざまな社会危機の兆候を生み出しているということである。急激な社会の二極化と貧困の拡大は、数ある社会危機の兆候の一部に過ぎない。すでに多く指摘されているように、出生率の低下と人口の高齢化のような構造的な変化に対して政策的対応は十分に図られていない。その結果、2000年代に入ってからも自殺と憎悪犯罪のような社会病理的な事件が減少する兆しは見えていない。急増する自己破壊的な自殺や外部に噴出する憎悪犯罪の増加問題に対して、社会病理としてではなく、治安問題としてアプローチする傾向からいまだに抜け出せていない。

世界化の影から抜け出すには、何よりも少子化、高齢化、社会の二極化と貧困の深刻化のような社会危機に内在する複合的因果関係を理解し、それに対処する総合的なアプローチが必要である。通貨危機以降、韓国社会で進行している社会の二極化と貧困化の原因を診断し、それを解消するための融合的・複合的なアプローチが必要である。それは端的に言って、教育と労働市場と福祉を統合する積極的な社会政策（active social policy）によってのみ可能である。積極的な社会政策とは、社会政策と労働市場政策を分離させるのではなく、統合し、政策効果を最大化する政策である。[21]

【注】
1) Globalization は、東アジア各国でも異なる言葉に翻訳されている。中国では「全球化」と訳されるが、日本では英語をそのまま日本語で表記しグローバリゼーションという。「世界化」よりは「地球化」の方が翻訳語として妥当であるが、すでに「世界化」が一般化しているので、これをそのまま使用することとする。
2) 「世界化」と「国際化」の違いについての議論は、当時国務総理であった李会昌（イフェチャン）の言葉に要約されている。国会質疑において世界化の意味が曖昧だったので、ある国会議員が李に世界化の意味を問うと、李は「国際化を強めたものが世界化」と答えて失笑を買うというハプニングがあった。「世界化」が政治的用語として導入されたことによって起こった一幕であった。
3) 1982年には364.5億ドルだった貿易赤字が87年には1588.8億ドルと、ほぼ5倍に膨れ上がった。貿易赤字の原因は、アメリカに輸出する国々が貿易障壁を設けてアメリカ商品の流入を防ぎ、開かれたアメリカ市場に進出ししたことにあると判断したのである。
4) スーパー301条とは、1974年の通商法（Trade Act）の条項で、88年の包括通商・競争力法（Omnibus Trade and Competitiveness Act）により改定され、改定された法律の301条がスーパー301条と呼ばれることになった。改定後の301条は不公正な貿易国に対して一方的な報復を加えることを許した内容になっていた。301条は GATT 双方の権利と義務を規定する一方、スーパー301条は一方的な調査と報復を法制化した。
5) 「海外で農事して搬入推進：7次5年計画国際協力部門、通商摩擦緩和策として」『東亜日報』1990年12月29日付。
6) 「韓米通商摩擦の極小化にとってもっとも重要なことは、UR が成功的に妥結することだ。そうでない場合『災厄』が来る。特に韓国のように世界経済に大きく依存する小規模な開放経済国家であるほど、もっと大きな災厄に直面するだろう」。キム・ホジュン「韓米通商セミナーで噴出した米側の主張」『ソウル新聞』1990年9月20日付。
7) 「OECD 造船部会／韓国正会員国加入」『京郷新聞』1990年10月24日付。
8) 「米、『対韓貿易報復』を警告／訪韓のソロモン次官補」『ソウル新聞』1990年11月16日付。

9） 南賛淳「先進国水準の通商義務／美、UR対韓圧力強化」『東亜日報』1992年2月29日付。
10）「OECDへの96年加入を推進／李外務明かす」『ソウル新聞』1991年10月17日付。
11）「OECDも開放圧力／資本取引自由化を通じた早期加入を要求」『国民日報』1991年11月28日付。
12） ムン・チャンジェ「『OECD 韓国加入を歓迎』／今日理事会で声明出るか／日誌」『韓国日報』1992年5月18日付。
13） アメリカ企業の平均収益率は15〜20％に上っていたが、韓国の5大財閥企業の収益率は3％に過ぎず、他の30大企業のうち25企業は実質的な収益率がマイナスとなった。
14） 世界保健機構によると、韓国の自殺率は世界第2位である。アルコール中毒による自殺が多い南米ガイアナの次に自殺率が高い（http://apps.who.int/gho/data/node.main.MHSUICIDE?lang=en 2015年6月20日アクセス）。
15） 統計庁によると、2005年の平均退職年齢は53歳（男性55歳、女性52歳）と低いが、近年ではさらに低年齢化して49歳（男性52歳、女性47歳）となっている。統計庁（2005b）と統計庁（2015：3-4）を参照。
16） OECD（2015：171）。韓国の高い老人貧困率は、OECD 諸国の平均より4倍ほど高い。
17） ナイスとシーバー（Nyce and Schieber 2007）は、ベビーブームと女性の経済活動への参加によって労働力の過剰状態が一時的に生まれたが、低い出生率によって労働力の不足状態へと急激に変化し、過去に経験したことのない経済的、社会的、政治的に新たな波及効果が生まれていると分析し、政策担当者たちがこのような問題について理解することがまず何よりも重要であると強調している。
18） 例えば、雇用保険のレベルは OECD 加盟国のうち最低で、実質的な生活保障とはなりえていない。政府の現金給付は3％程度で OECD 平均の27％に過ぎず、そのうち失業給付は OECD 平均の15％に過ぎない。
19） 失業保険の社会保障的効果は、失業手当の賃金代替効果と失業保険の支給期間によって異なる。韓国の失業保険の効果はアメリカとともに最低の水準にあり、失業前賃金の30％ほどの失業手当で6か月間のみ支給される。これはヨーロッパ諸国の7分の1から10分の1にとどまる低い水準である。具体的な内容については OECD（2016）を参照のこと。
20） 2013年の GDP において福祉支出の占める割合は、トルコが12.5％、韓国が10.2％、チリが10.0％の順であった。OECD 平均はこれらの国々の2倍程度と高く、フランスと北欧諸国では約3倍にも上った。OECD、https://stats.oecd.org/Index.aspx?DataSetCode=SOCX_AGG（2015年8月10日アクセス）。
21） このような考え方は2000年代のヨーロッパの政策路線であり、「社会的投資」「柔軟安全モデル」「第3の道」など多様な名称で呼ばれているが、その要点は労働市場政策と家族政策、福祉政策などを統合し、政策の効率性を最大化するという点にある（Bonoli 2013：11-12）。

## 【参考文献】

### 新 聞

「OECD 造船部会／韓国正会員国加入」『京郷新聞』1990年10月24日付。
「OECD も開放圧力／資本取引自由化を通じた早期加入を要求」『国民日報』1991年11月28日付。
キム・ホジュン「韓米通商セミナーで噴出した米側の主張」『ソウル新聞』1990年9月20日付。
南賛淳「先進国水準の通商義務／美、UR 対韓圧力強化」『東亜日報』1992年2月29日付。
「海外で農事して搬入推進：7次5年計画国際協力部門、通商摩擦緩和策として」『東亜日報』1990年12月29日付。
ムン・チャンジェ「『OECD 韓国加入を歓迎』／今日理事会で声明出るか／日誌」『韓国日報』1992年5月18日付。
「米、『対韓貿易報復』を警告／訪韓のソロモン次官補」『ソウル新聞』1990年11月16日付。
「OECD への96年加入を推進／李外務明かす」『ソウル新聞』1991年10月17日付。

### 論文・書籍

キム・ユソン（2011）「非正規職の規模と現実」『労働社会』153号、64-103。
─── （2014）「非正規職の規模と現実」『KLSI イシューペーパー』2014-22。
ピョン・ヨンチャン、キム・ドンヒ、イ・ソンヒ（2010）『結婚形態の変化と出産率の相関性研究』保健社会研究院、研究報告書 2010-30-3。
ソン・ジェミン（2013）「勤労形態の付加調査を通じて観た非正規職労働市場の推移」『労働政策研究』1月号、49-61。
申光栄（2002）「韓国の経済危機と福祉改革」『国家戦略』8(1)：57-75。
─── （2014）「現代韓国の福祉政治と福祉談論」『経済と社会』95：39-66。
イム・ワンソプ、ノ・デミョン（2013）『2013 貧困統計年報』保健社会研究院、研究報告書 2013-17。
チョン・ギョンヒ、ナム・サンホ、チョン・ウンジ、イ・ジヘ、イ・ユンギョン、キム・ジョンソク、キム・ヘヨン、チン・ミジョン（2012）『家族構造の変化と政策的含意：1人家口の増加現象と生活実態を中心に』韓国保健社会研究院、研究報告書 2012-47-25。
統計庁（2005a）『世界及び韓国の人口現況』統計庁人口動向課。
─── （2005b）「平均退職年齢53」政策ニュース、7月12日。
─── （2015）「2015年5月経済活動人口調査、青年層及び高齢層の付加調査結果」報道資料、統計庁社会統計局雇用統計課。
Bonoli, Giuliano (2013) *The Origins of Active Social Policy: Labour Market and Child Care Policies in a Comparative Perspective*, Oxford: Oxford University Press.
Cooper, Richard N. (2008) "Economic aspects of the Cold War," in Leffler, Melvyn P. and Odd Arne Westad eds., *The Cambridge History of the Cold War* Vol. II, Cambridge: Cambridge University Press, pp. 44-64.
Krugman, Paul ed. (2000) *Currency Crises*, Chicago: University of Chicago Press.

Mishkin, Frederic S. (2006) *The Next Great Globalization*, New Jersey: Princeton University Press.
Newman, Jay S. (1990) "Korea and the Generalized System of Preferences: Was Graduation a Proper Response?", *Journal of International Law* 11: 3: 687-709.
Nyce, Steven A. and Sybester J. Shieber (2007) *The Economic Implication of Aging: The Costs of Living Happily Even After,* Cambridge: Cambridge University Press.
OECD (2012) *OECD Economic Surveys: KOREA 2012*, OECD Publishing.
―――― (2014) *OECD Economic Surveys Korea 2014*, Paris: OECD.
―――― (2015) *Pension at a Glance*, Paris: OECD.
―――― (2016) *OECD Social Expenditure Statistics/* Taxes and Benefits (http://www.oecdilibrary. org/social-issues-migration-health/data/oecd-social-expenditure-statistics/ taxes-and-benefits_data-00201-en accessed by January 12, 2016)
Shin, Kwang-Yeong and Kong Ju (2014) "The Labor Market, Family Composition and Poverty in Korea and Japan," Paper presented at the Korea Sociology Forum at the World Congress of Sociology 2014, Yokohama, Japan.
World Health Organization. 2012. Global Health Observatory Data Repository (http://apps.who.int/gho/data/node.main.MHSUICIDE?lang=en accessed by June 20, 2015).

(訳：呉 仁済)

第**4**章

「『中国の道』学派」の台頭と西側イデオロギー
言説への挑戦

荘　礼偉<br><small>チュアン・リーウェイ</small>

　西側の学界とメディアにおける中国政治の特色と経済発展方式に対する関心と議論は、2004年の「北京コンセンサス」という概念が提起されて以来、ますます熱を帯びる傾向を呈しているが、この傾向は中国経済の持続的な急成長と並行するものである。2007年当時の胡錦濤中国共産党総書記は、中国共産党第17次全国代表大会報告で「現代中国と世界の関係には歴史的な変化が生じた。……中国の発展は世界から離れてはあり得ないし、世界の繁栄と安定も中国を離れてはあり得ない」と述べた。これは中国の指導者が現在の台頭しつつある中国に関して、世界の繁栄と安定は中国の支えと後押しと切り離すことはできない、これは歴史的な反転であると公に宣言したことになる。この十数年来、西側の学界、メディアでは次第に根気強く、興味を持って中国経済の持続的で急速な発展の背景にある要因を理解し始めており、西側の世界に対する統治はすでに終焉に近づいているという不吉な予断をも生み出している。もちろん、ここ十数年来、西側の学界、メディアでは中国の発展の代価は巨大であり、景気の発展は持続できないという「中国崩壊」論の観点もしばしば現れている。

　西側のメディアでは、「中国の特色ある社会主義」に言及されることは少なく（それがある種の規格に合った社会主義だと承認されることも少ない）、「中国モデル」が中国の政治の特色と経済発展モデルに対する最も流行した呼称となっている。しかし中国国内では、政府当局と学界の大半はこの傲慢で尊大な色彩を帯びた呼称を拒絶しており、「中国の道」という相対的に慎重で謙虚な語句を選んでいる。「モデル」という言葉は複製可能と対外輸出という意味を持つが、「道」は中国が導き出した1つの選択に過ぎず、ひいては1つのプロセスでしかなく、モデルのような確かな内容を備えてはいない。しかし、情勢の変化に

基づいて、随時、内容に修正を加えることができるのだ。このような予め固定規範を設定せずに時代とともに進む方法は、当然のことながら一種の「中国の経験」、「中国の特色」と呼ぶに値しよう。

2004年5月、かつて中国で長年仕事をしてきた週刊誌『タイム』の前上級編集者で、アメリカのゴールドマン・サックス上級顧問のジョシュア・クーパー・ラモは、ロンドンの外交政策センターで行った「北京コンセンサス」と題した報告で、国力と発展に関する新たな一種の物理学、即ち「北京コンセンサス」が存在することを提起した。北京コンセンサスは、広く質疑されていた「ワシントン・コンセンサス」に代わるものである。「ワシントン・コンセンサス」は、最善だと自認する国家統治計画を全世界に対して売りさばくが、全世界で多くの経済主体を破壊し、多くの負の印象をもたらしている。しかし中国が発展する新たな道の動力は、公平で平和的な良質の発展に対する渇望に由来する。こうした新たな道は柔軟性に満ちており、どこかの流派に帰属し難いのである。その内容は創造と挑戦に対する堅固な意志であり、国境と国益に対する積極的な防衛であり、さらには力量的にバランスの取れていない計画を実現する手段に対する、より一層深い熟慮の蓄積である。それは実用主義であるが、同時にある種のイデオロギーの固守でもある。[2)] 「北京コンセンサス」は「ワシントン・コンセンサス」の対抗的概念であり、注目と流行を得やすいが、国際学界、メディアからは受け入れられにくい。なぜなら、たとえ中国であっても、政治経済の発展に関するコンセンサスは存在しないからである。しかし「北京コンセンサス」の提起は「中国モデル」をめぐって西側のメディアの熱い議論を引き起こす重要な触媒となったのだ。

2007年以来、相次いで欧米を席巻した金融危機は多くの西側諸国の経済に重傷を負わせ、国家から民間まで広く富が収縮したものの、同じくグローバル市場ネットワークに身を置く中国経済は迅速に難関を乗り越えた。このことは西側諸国の多くの国民に「ワシントン・コンセンサス」への疑問を抱かせただけではなく、西側の学界とメディアにも「中国モデル」に対する注目度を向上させた。1997年、西側のメディアはかつて東アジア金融危機が生じたことで「東アジア発展モデル」（政府によるコントロールを主たる特徴とする）を厳しく批判した。現在、西側諸国自身にも金融危機が起こっており、応急処置の1つが政

府によるコントロールの強化であることは、実に皮肉なことだと言わざるを得ない。

　政治の発展の面では、2011年に中東で起こった「アラブの春」は、民主化のレベルをさらに一歩進めるだろうという予想は実現せず、却って民主化からの逆行と国家の分裂という苦境を生み出しており、そのため中国の特色である政治体制はより多くの開発途上国（とくにアフリカ）で推戴の動きを引き起こしており、同じく西側のその政治体制の普遍性に対する優越感も、挑戦にさらされることとなった。

　中国経済の急速な成長および西側モデルの欧米金融危機、「アラブの春」という連続的な挫折は、「中国モデル」を学術と現実政治の２つのレベルで、現在、中国と西側の双方の極めて論争的な熱い話題とさせたのである。本稿では、「中国モデル」、「中国の道」に賛同し、かつそれらが西側モデルに優越するものであると認識する１つのイデア群体、即ち、「『中国の道』学派」（China Path School）が存在すると考えている。このイデア群体の構成員は一部の中国の学者や官僚、海外の華人学者らであり、その観点の主な根拠は中国の現実における巨大な経済成長の成果と中国史に刻まれた深い文明の伝統である。「中国モデル」、「中国の道」に対する堅持と発揚を、中国と西側が国際メディアにおける言説権を争奪するレベルまで高めようという彼らの主張は、中国の政府当局が意気込んでいる対外戦略の理念と一致しているため、彼らは政府当局の黙認と支持を受けている。しかし「『中国の道』学派」が引き起こした「言説戦争」の先行きは結局どうなるのか。言説としての「中国モデル」、「中国の道」に内在する観念、論理は堅実か、矛盾はないかという点を見るだけではなく、実践としての「中国モデル」、「中国の道」の未来の発展の成否をも考えなければならない。

　「中国モデル」は中国を説明する概念フレームであり、西側と中国には非常に多種多様な認識と定義が存在し、探究してよい学術的命題である。だが「中国の道」と「中国の特色ある社会主義」については、いずれも政府当局が支持する主観的色彩を帯びたイデオロギー言説であるため、西側のメディア、学界に受け入れられ、議論されることもない。中国では、「中国の道」は政府当局によって「中国の特色ある社会主義の道」を指すと明確に認められている。筆

者は、「中国モデル学派」なるものは存在しないと考えている。なぜなら、何が「中国モデル」なのかについては多くの対立する見解があるからである。しかし「『中国の道』学派」は存在し、この学派が共有する基本的な観点は、中国政府当局の発展路線は合理的で、かつ西側モデルよりも優れているということである。

## 1 「『中国の道』学派」の勃興

　西側の学界とメディアには、「中国モデル」に対して多くの批判、ひいては道義的非難が存在するとはいえ、中国の政府当局の発展モデルを支持する一群の中国の学者と海外華人学者らが「中国モデル」に対する議論と擁護に参入する過程で、次第に系統的かつ堅実に自己観点を論じるようになり、国内外で徐々に多くのメディアの注目を集めるようになっていく。筆者はこれらの人々を「『中国の道』学派」と呼ぶ。

　「『中国の道』学派」に属する人々に顕著な共通する特徴は、基本的に長期間海外で研究や仕事をした経験があり、西側の政治経済モデルを厳しく批判し、中国が西側モデルとは異なる発展の道筋に貢献し得るということに対して、確信を抱いていることである。しかし具体的な観点では、彼らの間にも各々違いがある。

　例えば、同学派で目下注目度が比較的高い張維為（復旦大学教授）の観点は、左派の色彩が比較的薄く、実用主義の色彩が比較的濃厚である。張維為は私有制を排斥せず、混合型市場経済を主張し、「鄧小平主義者」を自称している。このほか、世界銀行の前上級副総裁で北京大学教授の林毅夫[3]と清華大学の胡鞍鋼教授[4]も、中国の発展モデルの著名な擁護者であり、彼らは張維為と同じく、鄧小平路線の擁護者でもある。

　しかし、王紹光（香港中文大学教授）、潘維（北京大学教授）の2名は、観念において共産主義的遺伝子がより濃厚な「中国の道」の解説者である。彼らは中国20世紀革命史（とくに毛沢東指導下の時代）の左翼的遺産に強い関心を抱いており、私有制に反感を持ち、公有制を称賛して、鄧小平路線に対しては幾つかの批判を備えている。王紹光、潘維2名の中国モデルに関する論述はいずれも

1949年から現在までを分析時期としている。

　「中国モデル」に関して潘維は、「中国モデル」は総合的な体系であり、「膨大な中華民族が60年の時間をかけて作り出した世界の奇跡は、偶然の幸運を用いて解釈することは恐らく不可能である」と主張する。潘維は中華文明の伝統の連続性は「中国モデル」の幹であり、「民衆福祉」に基づき分割不可能な全体性と官民一体の「人民性」が中国モデルの最も際立った特徴だと認識する。また彼は、責任本位とは権利本位ではないということが「中国モデル」の思想的基礎を構成したと考えている。

　王紹光は、「中国人は無暗に尊大ぶる必要はないが、やたらに卑下する必要もなく、経済の発展、貧困の撲滅、民衆福祉の改善の面で、中国は完全に世界に中国の経験を売り込む資格があり、同時にそこから得た教訓を語ることも可能だ。例えば、90年代からは多くの教訓（筆者注：私有化改革を指す）を引き出すことができる」と述べている。王紹光のもう１つの重要な観点は、「国有」と「民有」はともに進むことができるという「重慶経験」に関する総括である。彼はまた、左翼の立場である「代表制民主」を用いて西側の「代議制民主」に代替させることを主張する。中国の政治転換について王紹光は、その方向は「広範な民主、公平な自由、有力な国家」であるべきだと提起している。

　汪暉（清華大学教授）、林春（ロンドン・スクール・オブ・エコノミクス教授）は、「1949年以来の中国社会主義革命史」に非常に注目しているが、中国の現状と発展モデルに対しては、かなり厳しく批判している。彼らの研究の視野も中国の世界史における革命的使命へと広がっており、おそらく彼らは自らを「『世界史における中国社会主義革命の道』学派」と捉えたいのかも知れない。これと類似した観念を持つ者にニューヨーク大学の張旭東教授がいる。

　鄭永年（シンガポール国立大学教授）は、左翼陣営と自由主義陣営の間で遊離して自ら一派を形成しようと試みている。しかし鄭永年と中国政府当局には一貫して良好な相互作用があり、2014年９月４日、中国国家副主席の李源潮は北京で、「2014 中国共産党と世界対話会議」に参加した学者たちと面会した時、鄭永年に対して、自分は鄭永年の著作を５冊は読んでいることを伝え、彼らのことを「中国に対して大いに参考になる」と述べた。

　明らかなのは、「『中国の道』学派」の代表的人物（張維為、鄭永年、林毅夫、

胡鞍鋼、王紹光、潘維、および後述する北京大学教授の韓毓海、中国共産党シンクタンク所属官僚の陳晋、張伯里ら）には、観念上は完全に同じではないにもかかわらず、典型的な自由主義学者（中国の典型的な自由主義学者は基本的に別の陣営、即ち「反中国モデル学派」に分類される）は１人もいないということである。

現在の国内外のメディアの注目度から見ると、張維為は比較的突出した１人である。張維為には鮮明な左翼の色彩はないが、政府当局の「中国モデル」における権威と市場が巧妙に結合した実用主義の内容に合致している（政府当局は左翼の革命論述に対して関心がない点は知っておく必要がある）。また、張維為は「中国モデル」に対する称賛を最もためらわない中国人学者の１人でもあり、また「中国モデル」の西側モデルに対する全面的超越を最も楽観している中国人学者の１人でもある。そのため、本稿では張維為を「『中国の道』学派」において前面に立つ重要なスポークスマンと見なしておく。

張維為が「中国モデル」の優越性を宣伝する際、最も得意とする立論方式は国際比較を行なうことである。このため、張維為は中国を開発途上国、新興工業国、西側先進国とそれぞれ比較し、その結果は、前２種類と比べれば中国は余裕の圧勝であり、西側先進国と比べても中国は今まさにますます多くの領域で優勢を占めつつあるという。以下は、彼の典型的な国際比較の論述である。

「過去30年間、中国が挙げた成果はその他の開発途上国の成果の総和より大きい。なぜなら、世界の70％の貧困脱出は中国が実現したものだからである。中国が挙げた成果はあらゆる過渡的経済国家の成果の総和を上回る。なぜなら、中国の経済総量は30年間で約18倍に増加したからである。それは、東ヨーロッパのような新興工業国の経済総量は平均で２倍化であり、当然ながら東ヨーロッパの起点は中国より高かったのだ。中国が挙げた成果は少なくない先進国よりも高い。中国では今日、先進国的な地域の人口は約３億人で、アメリカの人口に相当し、その全体的な繁栄度は南ヨーロッパの先進国に準じているのである。上海のような中国の一線級都市は多くの面でニューヨークを超えている。空港、地下鉄、高速鉄道、商業施設、都市建築などのハードウェアは言うまでもなく、予測平均寿命、乳児死亡率、都市の治安などのソフトウェアも、上海はニューヨークよりもことごとく良いのである。」[11]

しかし、こうした輝かしい成果を導いた「中国モデル」を総括する上では、張維為の論述には些か浅薄さが見受けられる。例えば、張維為の総括する「中国モデル」の８つの大きな特徴とは、実事求是、人民の生活の重視、安定の優

先、漸進的な改革、順序の相違、混合経済、対外開放、かなり中性的で開放的で強勢的な政府の存在であるが、[12]これは「シンガポール学派」の先輩たちの水準を超えるものではなく、しかもこの8大特徴も簡明さに欠けるように見受けられる。

　張維為のもう1つの重要な立論方式は、中国の「文明型国家」としての特殊な天性から「中国モデル」の「深層の合理性」を見出そうとすることである。しかし、「文明型国家」とは張維為のオリジナルではなく、多くの西側の学者が以前からこの観点に言及していた。「中国モデル」における古代伝統の遺伝子に対する張維為の論述は熱が入りすぎ過激で、体制寄りの学者でさえも、張維為の著作が人に与える印象は、ここ30年間中国の勃興を指導してきた指導者層は中国の伝統文化に忠誠を尽くす「儒家集団」だというものだと批判する。この学者は張維為に対して、この30年間の中国の台頭が主に依拠してきたのは中国化されたマルクス主義と共産党の指導だと注意を促している。[13]このエピソードは張維為の観念体系における左翼的色彩が比較的薄い証拠と見なすことができ、言い換えれば、張維為の理論的源泉は左翼理論ではなく、中国の歴史的伝統における権威と実践思想だということである。

　張維為はフランシス・フクヤマと2011年6月、上海で対談した。これは「『中国の道』学派」とその西側の批判者との直接対決であった。フクヤマはまず、中国モデルの意味するところを次のように説明している。第1に、中央化した官僚体系の権勢的政権があり、政府内部に比較的高い制度化レベルが存在し、問責制度は主に上級に対して責任を負い、道義上の問責制度であって手続き上の問責制度ではない。第2に、広範な輸出に依存し、政府による工業化推進に依存する。第3に、社会保障システム全体が薄弱である。フクヤマは、「どの制度が今後20年、30年と持続できるだろうか。長期的に考えると、私はやはりアメリカの制度への賛同が中国の制度への賛同を上回る」という。なぜなら、下級に対してではなく上級に対して責任を負うこと、輸出への依存、福祉保障の貧弱さという3つの要因によって持続し得ないからだと説明する。フクヤマの疑問に対する張維為の指摘は、「もし、より詳細に観察するならば、実際に上海が多くの面でニューヨークを超えていることにあなたは気づくはずである」、「上海で20年間見た貧困をまとめても、ムンバイで1時間見た貧困よ

りも少ない」というものだった。張維為の結論は、1つの「文明型国家」として、中国は様々な特色と優位点を備えており、中国は今まさに次世代の政治、経済、社会、法律制度を模索しているところであり、中国内の先進的地域はその方面で模範の役割を果たしているのだということである。

　この対談は、張維為の立論スタイルを十分に表現している。比較を通して楽観と自信を見つけ出すのである。中国の「先進的地域」、即ち、北京、上海の高層ビル、新しい空港、富豪が集まるオフィスや高級商店に政府系テレビ局が喧伝する「中国の奇跡」などは、確かに「『中国の道』学派」の「国際比較」に勢いを与えている。

　しかし、「『中国の道』学派」は中国国内の異なる地域との比較を軽視している。例えば張維為がしばしば言及する「中国の先進的地域」と「中国の先進的でない地域」の比較や、中国の都市と農村の間の比較、中国の各社会階層の人々の間における「先進的グループ」と「先進的でないグループ」の比較である。こうした張維為が軽視している比較は、中国の発展と中国人の福祉について言えば、張維為の「国際比較」と同様の意義を持つべきである。

　張維為の「中国モデル」に関する代表作は「中国を考える三部曲」、即ち『中国触動：百国視野下的視察与思考』（上海人民出版社、2012年6月）、『中国震撼：一個「文明型国家」的崛起』（上海人民出版社、2011年1月）、『中国超越：一個「文明型国家」的光栄与夢想』（上海人民出版社、2014年6月）である。触動、震撼、超越。この3つの単語の熱量は次第に高くなってきており、北朝鮮の核実験と同様である。

　実際にその通りで、張維為は『中国超越』について説明する際に、「触動」と「震撼」の基礎の上で、西側と西側モデルに対する中国の「超越」、とくにアメリカとアメリカモデルに対する超越を、力を込めて探求しようと企図しており、これには経済総量での超越、庶民資産での優越、社会保障での優越、科学技術イノベーションでの超越、社会制度での超越が含まれている。「これらの領域では我々は多くの面ですでにアメリカを超えており、また少なくない面で間もなくアメリカを超えようとしている。また、別の分野でも不断の努力によって、最終的にアメリカを超えることも可能なのである。」「制度の超越」に関して、張維為は現代国家の制度設計の鍵は、政治、社会、資本の3種類の力

を確保し、圧倒的多数の人々の利益に利するバランスに達することだと考えている。「アメリカンドリーム」が今日ではもはや輝きを失っている、その主たる原因はアメリカの資本力がすでに政治と社会の力を圧倒しているからだ。比較すると、中国モデルはやはり完成の途中にあるにもかかわらず、中国の政治、社会、資本の３つの力のバランスは確実に多数の人々の利益の実現に一層寄与している。「言説の超越」について張維為は、国家の台頭は、必ず自らの言説の台頭が伴わなければならないと考えている。「言説の超越」を行うために、張維為は自分の言葉で「文明型国家」の視角から中国の系統だった方法およびその背後にある深層次元の理念を説明し、中国の多くの方法には深層次元の合理性があることを論証した。[15]

　張維為は2015年５月にニューヨークで講演した際に「制度の超越」について、「中国モデル」には中国5000年に及ぶ文明の伝統的遺伝子と、中国社会主義の革命的伝統の遺伝子、および西側文明を含むその他の文明の合理的要素を備えているため、西側を超える十分な内実があると論証した。経済の領域では、「中国モデル」は市場作用と政府作用の混合であり、「見えざる手」と「見える手」の混合であり、国有経済と民営経済の混合である。社会の領域では、「中国モデル」は社会と政府の間の高度で良好な相互作用であり、対立ではない。政治の領域では、「中国モデル」は「選抜＋（ある種の形式の）選挙」および協商民主制である。「中国モデル」は「善政か悪政か」という枠組で西側の「民主制か専制か」という枠組を超越するのである。[16]

　もし「シンガポール学派」が西側に向き合う姿勢を防御的だとするならば、「『中国の道』学派」の代表的人物が示す野心は西側を「震撼」させ、「超越」するであろう。この意味では、「『中国の道』学派」は確かに先輩である「シンガポール学派」を「超越」しているとも言える。

　張維為に比べると、「『中国の道』学派」のもう１人の重要な代表的人物である鄭永年の議論は控えめでバランスがとれている。鄭永年の着目点は、西側に対して「中国を説明しようとする」ことであり、「西側を震撼させる」ことではない。鄭永年にも「三部曲」計画、即ち３冊の中国を説明する著作を刊行する意図がある。第１部は『作為組織化王者的中国共産党：文化、再生産和転型』で、2010年にアメリカとヨーロッパで出版された。同書で、鄭永年は中国

共産党の過去、現在、未来を分析し、「好き嫌いを問わず、中国共産党は中国の未来を主導する最も重要な力である」と認識している。第2部は『嵌入於国家的市場：中国的政治経済学』で、重点は中国の国家と市場の関係の説明にある。第3部は『作為非民族国家的中国（暫定）』で、国民国家の角度から中国の国家形態の過去と未来の発展の道筋を検討しようとしている。鄭永年の立論の態度は左でも右でもなく、また左でも右でもある。過度の集権と国有独占を批判したため、鄭永年は左派には排斥され、一定の中央集権と現存の政党システムを支持したため、右派にも受け入れられていない。しかし鄭永年は、左派原理主義と右派原理主義のいずれでも中国の問題を解決し難いと確信している[17]。

　鄭永年は分析した上で、中国モデルとは総称概念であると述べている。なぜなら中国は過去の改革開放の30年間で、異なる段階の経済発展には異なるモデルがあったからである。初期のモデルは成長至上、GDP至上であり、その結果、収入の不公平、正義の不顕彰、環境破壊などといった多くの問題が引き起こされた。新世紀は中国政府が発展モデルを懸命に探し求めるという転換を示したことに基づいて、持続可能性、環境保護、社会的公平性が新しいモデルのキーワードとなった[18]。民主に関して、鄭永年は、中国は民主を拒絶しないが、西側の民主を単純に輸入することはできず、秩序ある民主を実行しなければならないと述べている[19]。

　このほか、鄭永年も不断の改革派ではあるが、鄭永年が賛成しているのは順序立った改革である。鄭永年は、中国のような開発途上国について言えば、最も重要な任務こそ基本的な国家制度の建設であると論証する。多くの開発途上国の経験から見ると、民主化は現代的国家制度の樹立を援助することはできない。基本的な国家制度を樹立して初めて、民主化の発展は健全なものとなるのだ。もし基本的な国家制度を樹立していなければ、民主化は成功し得ない。国家制度建設こそが中国30年の政治改革の核心だった。このほか、民主化改革は社会改革の後で進めなければならない。いかによい民主を育成するかは、第1に国家制度建設がなければならず、第2に社会経済発展がなければならないのだ。中国はこの道筋に従っており、まず経済発展、それから社会制度改革があり、その前提の下で政治改革を徐々に推進しているのである。鄭永年は、「中

国モデル」は目下のところ非常に成功しているが、それが真に世界的な意義を持ち得るかどうかは、かなりの程度において未来の社会改革が成功し得るかどうかに左右されると認識している。中国の現状について鄭永年はさらに、高度に市場化すべき経済領域は十分に市場化されておらず、市場化すべきでない社会領域が高度に市場化されていると批判している。したがって、現在、社会改革を中心に据えなくてはならない。なぜなら、医療、教育、公共住宅などは過度に貨幣化されたため、その結果、GDP は上がったが、社会はますます不安定になっているからだ。

　「『中国の道』学派」の代表的な人物として、潘維教授は西側の政治体制の効率低下に対して厳しい批判を加えている。潘維は、中国社会の社会構造は西側と大きく異なり、社会の流動性が極めて高く、社会分化の固定化は乏しく、社会的意識も異なると強調する。中国の人民は中立的な政府を支持しており、この中立的な政府があらゆる人々の利益を代表しているという。中国の現行の政治体制は「業績考課選抜制」と呼ぶことができるとし、潘維は、西側の主流メディアと政治リーダーたちは「民主と専制の二分法」に捉われているが、これは一種の政治的蒙昧主義であり、こうした政治的偏見はまさに人類の進歩を妨げると考えている。彼はさらに、地球上の5分の1の人口が過去数十年間に大きな成功を収めたが、大量の人口を外へ流出させることなく、戦争も起こさず他国を侵略することもしていない。こうした二分法で、どうして中国の今日の目覚ましい進歩を説明できるというのか、と問い質すのである。中国人が1つのレッテルで驚かされ、自己否定して自己の成功を投げ捨てることがどうしてあり得ようか。鄭永年のどっちつかずとは異なり、潘維は「中国モデル」の明確な支持者であるが、潘維の強烈な左翼的色彩、毛沢東路線的色彩は鄭永年にはないものだ。ある程度において、鄭永年と張維為はともに「鄧小平主義者」に属するが、イデオロギー論争にさほど執着しないことが、2人が左翼学者よりも政府当局から好まれる理由である。

　韓毓海、胡鞍鋼、王紹光、周建明の共著『人間正道』（中国人民大学出版社、2011年7月）も、「『中国の道』学派」の典型的な著作であり、その特徴は中国の道と中国共産党の関係を直接的に論じている点である。同書は、「中国の道と中国共産党」と「中国の優勢と中国共産党」の2部に分かれている。張維為

の著作とは異なり、同書の目的は新しい理論に貢献しようとする点にある。同書は、「政道」が「政体」に取って代わらねばならないということを、中国の政治を観察する核心的な視角として提起する。政体が重んずるのは政府の「代表性」（representativeness）にあるが、政道が重んずるのは民衆の需要に対する政府の「応答性」（responsiveness）にある。「代表性」を特徴とする民主は「要求」（wants）に着目し、「応答性」を特徴とする民主は「需要」（needs）に着目する。同書はさらに、中国社会の再建の目標は、多くの人々が熱望する公民社会とすべきではなく、人民社会とするしかないという。人民社会の本質は社会組織と政府が一体となるべき点にあり、この両者をわざわざ対立させることではない。人民社会と公民社会の最も本質的な差異は、人民社会は統一した意志を持つ政治共同体であることだという。[23]このほか、張維為が「鄧小平主義者」（張維為はかつて鄧小平の英語通訳をしていたことがある）を自認するのとは異なり、韓毓海、王紹光は毛沢東時代に対しては多くの肯定があるが、中国の1990年代以来の市場化改革に対しては警戒と質疑の態度を持している。

　韓毓海、王紹光のような左翼学者は非典型的な「『中国の道』学派」だと言える。「『中国の道』学派」の典型的な特徴は、張維為のように中国の当面の発展路線を強く肯定し、中国の今後の発展の前途を非常に楽観していることである。例えば、ある北京の学者は、時間の推移に伴って「中国の道」は西側先進国の各方面に対して影響を生み出しつつあることを示している。第1に、「中国の道」の大きな成功は、西側の自由主義の教理を神壇から引きずり下ろしたことである。第2に、「中国の道」に内在する優勢は西側諸国の内部にある制度への反省と改革への要求を引き起こし、西側の学者が西側の欠点を反省する時、しばしば中国を取り上げて正面から参照するようになった。第3に、「中国の道」の卓越した顕現が、西側諸国に中国への注目と中国への学習を促し始めていることである。例えばアメリカ大統領オバマは2010年から2014年までの一般教書演説で、何度も中国の経済と科学技術の成果に言及していた。[24]明らかにこれも「『中国の道』学派」の「路線への自信」の上に立った言説の典型例であり、西側の衰退、西側の「中国に教えを請う」姿勢から「中国の道」が西側モデルに優越することを反証しているのである。

　紹介に値することは、近年、中国の学界で「中国モデル」に対して支持の態

第 4 章　「『中国の道』学派」の台頭と西側イデオロギー言説への挑戦

度を示す論説が大量に出現していることで（しかもそのかなりの部分が西側の読者を対象にしている）、これは中国政府当局の近年来の積極的な提唱や激励と不可分である。2012年11月8日、胡錦濤は中国共産党第18次全国代表大会報告で、「全党を挙げて中国の特色ある社会主義の道への自信、理論への自信、制度への自信を堅固なものにしなければならない」と指摘した。同年11月29日、習近平は新たに当選した中国共産党政治局常務委員を引き連れて中国国家博物館の「復興の路」の展覧を参観した時に、「中国の夢」というスローガンを打ち出した。続いて2013年3月の全国人民代表大会で、「中国の夢の実現のためには、中国の道を進まなければならない。これこそ中国の特色ある社会主義の道である。……全国の各民族人民は必ずや中国の特色ある社会主義の理論に、その路線に、制度に対する自信を強め、断固として正しい中国の道に沿って勇敢に邁進しなければならない」と述べた。中国共産党の指導者が提唱する「中国の夢」と「中国の道」に呼応するため、中国の学界、メディアは集中的にその宣伝と討議を展開した。中共中央文献研究室副主任の陳晋は、中国の夢の形態は近代化であり、精神は社会主義であり、主体は民族復興である、また、中国の道とは具体的に言えば社会主義市場経済、民主政治、先進文化、和諧社会、エコロジー文明という5大建設の道だと主張する。陳晋のような中国共産党のシンクタンク学者によるステレオタイプの議論スタイルとは異なり、張維為、鄭永年、林毅夫、胡鞍鋼、王紹光、潘維、韓毓海ら高等教育機関に属する学者は、議論スタイルにおいて学理性と犀利性をより重視しており、彼らの観念の源泉も実に豊富である（例えば、張維為は中国の制度は古代文明の遺伝子、社会主義の革命的遺伝子、および西側文明や世界のその他の文明における合理的要素を内包していると考える）。彼らのうちの多くは、「中国言説」、「中国の伝統思想の源泉」、「中国革命言説」から「中国モデル」、「中国の道」を解読することを主張するが、現在、西側の学界に対して実質的な影響を生み出すことができるのは、やはり彼らが西側の学術用語を用いて発展の道筋に関する「中国モデル」、「中国の道」を説明しているからなのである。例えば林毅夫の論じている「新構造経済学理論」がそれである。

「『中国の道』学派」内部の観念の源流は比較的複雑で、相互に批判もあるとはいえ（例えば前述の鄭永年による「中国モデルの左派言説」に対する批判など）、全

体的に見ると、左翼イデオロギーと毛沢東の革命学説を信奉する学者と、鄧小平の実用主義権威路線を信奉する学者は、「中国の道」という大きな枠組の下では少なくとも次の2つの共通の信念を分かち合っている。第1に、中国はその独特の先天性（左翼革命史の遺産や儒家の統一文明は言うまでもなく、実用主義路線や現代の中国共産党の指導にしても）に基づいて、世界文明の発展の新たな模範となる潜在能力あるいは資格がある。第2に、西側のモデル、西側の道には重大な欠陥（左翼の考える、より腐敗し、より横暴な帝国主義や救いようのない新自由主義は言うまでもなく、政府の力不足に起因する効率の低下にしても）が存在しており、中国にとって模倣する価値はない。筆者は、「『中国の道』学派」内部には多様な観念の源流があるが、彼らが分かち合っている上述の2つの基本的な信念により、政府当局の当面する自己期待（「中華民族の偉大な復興」を指導し完成させること）と中国政府の西側イデオロギーに対する警戒の態度が、同時共振と目標一致の関係を形成しており、これによって彼らを、おおよそ同一の政治言説陣営と見なすことができると考えている。

## 2 「『中国の道』学派」と国際イデオロギー言説権の争奪

　張維為が詳述するように、「『中国の道』学派」は「中国の道」が制度の面で西側に優越することを論証しようと試みるだけではなく、国際イデオロギー言説権の競争でも西側を超えたいと望んでいる。

　しかし、「中国の道」が「制度の超越」を実現するか否かは、中国と西側の双方でまだ多くの論争が存在するとしても、「中国の道」が「言説の超越」を実現するか否かは議論の余地がない。西側も中国も、中国は国際イデオロギー言説の場では基本的に影響力を備えていないと考えているからである。中国は世界においてGDPの優勢は備えている（間もなくアメリカを超えて世界第1位となるだろう）が、言説の優勢は備えておらず、たとえ「中国モデル」というような議題であっても、主導権を占有するのは西側の学界とメディアである。

　経済学界のアメリカ華人学者である黄宗智は、この10年、中国国内で教鞭をとり国内読者向けに著述していて最も不思議に感じたのは、国内学術界における新自由主義の影響がアメリカ国内より遥かに大きいことだと評している。黄

宗智に言わせれば、新自由主義の理論はもとより一定の妥当性と洞察を備えているが、同時に多くの明らかに中国の実際の状況と合わない部分があり、中国を理解するという点では盲点や誤謬に満ちあふれ、速やかに正すべきである。黄宗智は、新自由主義の中で影響が最大のものは、いわゆる「新制度経済学」理論であり、資本主義と社会主義の間の絶対的対立（例えば私有財産権 vs 公有制、市場 vs 計画、市場分配 vs 国家分配、個人選択 vs 官僚選択）を再構築し、これによって、中国の近代革命の伝統を完全に拒絶していると指摘する。現在、国内で影響力が最も大きいフリードリヒ・ハイエク、コルナイ・ヤーノシュ、セオドア・シュルツ、ロナルド・コース、ダグラス・ノースらの経済学理論家はみなこの種の絶対的二元論の思想を抱いている[29]。

政治学界の香港学者である王紹光は、政治を研究する際に中国の学者は長期にわたってすでに概念、理論、方法の消費者や輸入者の役割を演ずることに慣れており、「彼らは自己を説明する方法がない。彼らは必ず他人に説明されなければならない」と批判する。本土化は我々に自己への挑戦を迫るものであり、以後の研究では意識的に自主的な理論思考を進めなければならず、自己を説明できるだけではなく、いつの日か、概念、方法、理論の生産者や輸出者に変わることができるのを望んでいる[30]。

同じように、張維為は「ポスト西側イデオロギー時代」の中国言説体系を構築すべきだと呼びかけている。張維為は、中国という「文明型大国」の台頭の過程こそ不断に理念を生み出す１つの過程であり、「文明型国家」の１つの特徴が強大な標準的創造能力を持つことだと強調する。張維為は、中国人は制度に対する自信を持つべきだと呼びかけている。例えば社会主義だが、現在、我々は「中国の特色ある社会主義」を語っているが、15年、20年と過ぎれば「中国の特色ある」という語句は用いなくなるかも知れないし、社会主義とはそういうものだとなるかもしれない。――中国は十数億人の国家であり、社会主義の主流の版本は中国のこの版本であるべきなのだ。また、例えば、西側諸国は今に至るも我々の市場主義経済の立場を承認していないが、それはどのような関係があるのか。西側は、実際にはますます中国の社会主義市場経済モデルとは競い合えないと感じるに到っており、我々の歩んできた道は正しかったのだ。世界には最善のモデルはなく、それぞれの国家に最も適したモデルがあ

るだけである。ここから分かるように、張維為は中国が未来の国際的イデオロギー言説の場で優勢を占めることに対して極めて楽観的である。もちろん張維為も、中国が浅薄なアメリカの言説、とくに民主原理主義と市場原理主義の言説に揺り動かされないようにと警告してはいるが。張維為は、彼が指導する復旦大学中国研究院が、学理の次元で西側の言説を批判し、中国の言説を構築すべく尽力しつつあるのだと述べている。張維為の著作『中国震撼』はすでにアラビア語版があり、2016年にはカイロに赴き「中国モデル」を紹介することになっている[32]。

　張維為は西側で20年余り仕事をし生活してきた経験に基づき、いかに西側と言説権を争うかについては十分に心得がある。第1に、政府当局の常套句ではいけない。第2に、強勢の言説を用いなければならない。「実際には、より強勢の言説であるほど、西側の人間は却って聞く耳を持つ」（これが恐らく張維為が「震撼」、「超越」といった楽観的で強勢の単語を用いる原因の1つだろう）。第3に、西側の言説に対する迷信を打破しなければならない。例えば国際的に通じている貧富の差を計るジニ係数では、事実上中国の状況を明確に説明することは困難であるとして、貨幣化されない財産をも貨幣化した上でジニ係数を計算する「新ジニ係数」を主張する[33]。

　中国の政府当局はおそらく、西側の言説との交戦においては張維為のような西側に対する理解がかなり深い人間を用いなければならないということに、すでに気づいているのだろう。そのため、張維為のようないわゆる「知西側派」が先頭に立ってシンクタンクを結成することを積極的に支持し、「知西側派」が西側で「中国の道」の著作を発行し宣伝することを支持するのである。このほか、近年、中国の政府当局はしばしば西側の機関と連合して「中国を学んで知る」活動を実施し、中国研究に関する国際学生の養成に出資し（北京大学の「燕京学堂」プロジェクトや清華大学の「蘇世民書院」プロジェクトなど）、より多くの中国に賛同する「知華派」を養成している。

　西側とのイデオロギー言説をめぐる交戦の面では、張維為と異なり、鄭永年は困難と中国側の不足をより多く看取している。鄭永年は、改革開放後、中国と西側のコミュニケーションは一貫して頻繁だとはいえ、多くの対話の場面を見出すことは容易だが、双方はやはり2つの完全に異なる言説体系の中で生活

しており、「君は君のことを語り、私は私のことを語る」の状態であることを発見する。しかし中国人の内部でも言い争って派閥グループを作り出している。自由派は思慮もないまま「中国モデル」を否定し、左派は非現実的に「中国モデル」を誇張し、あるいは盲目的に西側を崇拝したり、盲目的に自己を崇拝したりしている。このような状況で、中国はどうしてイデオロギー言説戦争に勝てるというのか。中国人にさらに欠けている点は、西側の言説を借用して自己の成果や問題を解釈するしかできないことである。しかし、西側の概念や理論は西側の経験の上に成立されたものであり、中国の経験に有効に応用するのは困難である。もし西側がミカンで、中国はリンゴだとすれば、たとえ両方とも果物であっても、ミカンを解釈する理論を用いてリンゴを完全に解釈するのは困難である。したがって、中国自身の言説体系を創建することが非常に必要となっているのである。[34]

　鄭永年と同じく、中国の学界にも中国の言説で中国の物語を語り切り、中国の言説で「中国の道」を説明し切ることを呼びかける論者は少なくなく、さらにこれが中国の学術界の重要な任務だと主張しているのである。例えば、中国共産党中央党学校副校長の張伯里は、中国の総合的国力は急速に高まっているとはいえ、世界の言説体系における「西強我弱」という局面はまだ根本的に変わっていないと指摘する。世界には随所でメイドインチャイナ製品を見かけるとはいえ、世界に広く受け入れられている中国の学術言説はまだ不十分である。中国は活気ある実践的創造を行い、豊富な理論的創造の資源を蓄積しているとはいえ、一部の人々は依然として西側の理論と学術言説に盲従、さらには模倣し、中国の実践を削ぎ、西側理論に無理やり当てはめようとする。中国の理論家は立ち上がってこうした局面を打破しなければならず、中国の特色、中国のスタイル、中国の気概を備えた理論と学術言説体系を打ち立て、絶えず中国の理論と学術の国際的言説権を高め、西側言説による壟断を打破しなければならないと述べている。[35]

　しかし、このようにするには、中国の学界がまず使用を放棄しなければならないことがまさに「中国モデル」なのである。なぜなら、「中国モデル」とは西側が生み出した言説であり、西側はこのテーマに対する主導権を牛耳っているだけではなく、「中国モデル」の影響力を誇張することを通じて、「中国脅

威」論のために新たな論拠を提供しているからである。しかし、中国の言説で中国の道を論じることを主張する「『中国の道』学派」の典型的な人物である張維為、鄭永年などはやはり、「中国モデル」という「西側の言説」を用いて西側の人々と対話をしているのではないのか。これは「『中国の道』学派」は依然として西側の人々が生み出した言説の枠組の中で西側を相手に格闘していることを意味しているのではないか。もちろん、本土の特色を持つ幾つかの「中国言説」はすでに「『中国の道』学派」によって生み出されている。例えば「善政／悪政パタン」、「秩序あっての民主」、「政道が政体に優先する」、「選抜」、「社稷体制」、「代表型民主」などである。しかし、これらは西側の言説と交戦する中で優勢を占めることができるかどうかは、やはり長い時間の観察を必要とするだろう。

　もちろん、中国政府が最も得意とするのは「インフラ建設」である。対外宣伝と言説交戦の「インフラ」方面では、中国政府は近年、急速かつ大量に資金と労働力を投入している。例えば、既存のペーパーメディアやラジオ、テレビではすでに大量の外国語版や外国語番組を有している以外に、インターネットメディアでも多言語方面への発展があり、例えば「人民網」は英語、日本語、フランス語、スペイン語、ロシア語、アラビア語、韓国語など15言語版を開設し、「新華網」も英語、フランス語、スペイン語、ロシア語、アラビア語、日本語など6言語版を開設している。「央視網」、「国際在線」などのサイトはいずれも多言語版を有している。このほか、海外に向けて、「中国の夢」「中国の道」関連の大量の書籍を刊行している。張維為の『中国震撼』、『中国超越』は、海外で外国語版出版報告会を幾度も開いている。北京の社会科学文献出版社とシュプリンガー出版グループが共同で出版した「中国夢与中国発展道路研究」叢書（英語版）も海外で幾度も出版報告会を開催した。中国共産党中央党学校元副校長の李君如の『中国道路与中国夢』は、2014年に北京の外文出版社から英語版を出版した。中国人民大学出版社とマグロウヒルファイナンシャル教育出版グループは2012年に共同で英語版の「中国の経験」叢書を刊行した。中国社会科学出版社は「中国を知る」英語版叢書を出版した。外文出版社と党建読物出版社は「中国共産党を読み解く」シリーズの英文図書を共同出版した。「科学発展観」の詳説を初めて世界に向かって紹介した外国人であるロ

バート・ローレンス・クーン(『江沢民伝』の作者でもある)は、習近平、李克強、劉雲山ら中国政界の一連の要人たちへの取材許可を得て、2008年に『中国30年』を出版している。ますます多くの西側の学者、ジャーナリストが中国政府の招請を受けて訪中し調査研究と交流を進めている。中国メディアの海外支局もますます増えている。こうした現象は、中国政府が確かに全世界に向かって「中国の素晴らしい物語」を解説することを高度に重視していることを示しており、全世界が「中国を理解する」のが可能になり、これによって中国の国際的な言説権が高まることを希望しているのである。

しかし、宣伝によって中国の言説権を高めることを望むこうした方法には、中国の学界でも多くの疑問の声がある。例えば、中国伝媒大学副校長の胡正栄教授は、「私たちが国際メディア体系の中で、国家の表明や国家言説を研究する際には、注目点を非核心的な問題に置くことが多い。つまり、いかに言説権を確立するか、いかに言説権を争奪するかに注目するのである。その前に、私たちはまず中国には結局のところ国際的に言説権があるのかどうかを評価しなければならないのだ。もしないならば、それはなぜなのか。中国の国家イメージを確立し、言説権を形成するには、制度の現実と統治の現実に基づかなければならない」と述べている。胡正栄のこの判断には道理があり、情報が氾濫する時代にあって、伝統的形態の政府系メディアや政府系出版物は、影響力という局面ではその比重がますます小さくなり、双方向式、発信型の情報メディアの影響力がますます大きくなっており、国家が、グローバルに自由な情報交流がなされる中で好印象と言説権を獲得するには、制度の質、統治の質を着実に改善しなければならず、そうすれば自ずと信頼が寄せられるようになっていくのである。

カナダのサイモンフレーザー大学の趙月枝教授は、中国の国際的な言説権を高めるには、メディアの領域でグローバルな情報伝播の民主化を進めるだけではなく、中国国内の伝播秩序の民主化を懸命に推し進め、社会主義、国際主義を内包する批判学派のニュース伝播理論を再建し、「社会至上」の原則を明確に示し、最大多数の労働者の立場を表現しなければならないと主張する。趙月枝は、アメリカの学者が提起している「ソフトパワー」に対する中国の学者の模倣をとくに批判し、グラムシの「文化的ヘゲモニー」の概念を用いるべきだ

と主張する。趙月枝は、グラムシの理論は階級分析の視角と、いかにして資本主義制度を転覆するかという人類解放の要求を含んでいると捉えており、ジョセフ・ナイの「ソフトパワー」理論は明らかにアメリカの世界資本主義秩序における覇権的地位を維持するためのものに過ぎないと考えている（筆者注：つまり「ソフトパワー」は一種の狭隘な民族主義の観念だと捉えている）。胡正栄の立場と同じく、趙月枝も中国の対外的言説や宣伝は、中国社会の着実な「人民民主」の建設と表裏一体の関係にあると強調しており、中国国内のニュース伝播の制度改革と報道実践の中で、最大多数の人民大衆の４つの権利、即ち、知る権利、表現の権利、参与の権利、監督の権利を真に実現しなければならないと強調する。そうして初めて、中国は国際的なレベルでアメリカメディアの覇権に挑戦する気概と自信や現実的な支えを得ることができるのだ。とくに、中国は労働者と農民など社会的弱者層の政治的、経済的、社会的、文化的地位を実質的に高めることができるならば、国際的に自らの言説権の地位を高めていくことが、より順調に進むだろうと述べている[37]。

しかし、胡正栄、趙月枝は明らかに「『中国の道』学派」に属していない。なぜなら、彼らの主要な観点は依然として中国の現状に対する批判（難解で曖昧だが）であり、「『中国の道』学派」の主要な観点は「中国モデル／中国の道は西側モデルに優越する」というものだからである。言い換えれば、ある学者あるいはオピニオンリーダーは、その主要な観点が「中国モデル／中国の道は西側モデルに優越する」であり、かつこの観点を強固に堅持しさえすれば、基本的に「『中国の道』学派」の構成員と見なすことができるのである。

## 3　国際政治における「中国モデル」問題

「『中国の道』学派」の構成員はどの学科出身であろうと、一般に国際政治の議題には極めて強い興味を持っており、しばしば中国と西側の関係についてきな臭さに満ちた観点を提起する。もちろんその１つの要因は、彼らが西側の二項対立の思考モデルを踏襲しているからである。中国は正義だが西側は陰険だ、中国は調和を尊ぶが西側は対立を尊ぶ、中国は真の民主だが西側は偽の民主だ、中国は社会的公平を重んずるが西側は資本家が富を収奪し独占してい

る、中国は日に日に発展しているが西側は日に日に衰退している、などである。

「『中国の道』学派」は西側が「中国モデル」について熱心に議論していることに対しても独自の見解を持っており、彼らは西側が「中国モデル」を議論する出発点は称賛ではなく、恐怖であると見ている。例えば、王紹光は、本来中国に対して強い敵意を抱き、中国はいつでも崩壊する可能性があると主張していた一部の西側の学者は、現在、突然、中国は「活力がある」（resilient）、「適応力がある」（adaptive）体制だと論じ始めている。こうした西側の学者が懸念しているのは、この体制が崩壊しないばかりか、非常に活力があり、さらに持続しつづけていくことである。彼らを最も恐れさせているのは、こうした非西側の体制が第三世界諸国に１つのモデルを提供し、それによって全世界の勢力範囲の再配分に影響を及ぼす可能性があることである。[38] 言い換えれば、西側が「中国モデル」を熱心に議論するのは、中国が西側モデルに代わる発展の道筋を提供することができ、それによって西側の価値観と発展モデルにおける影響力が脅かされ、西側が世界をコントロールするソフトパワーを削がれることを恐れるからである。これは一種の新たな「中国脅威」論である。この論理から出発すれば、もし西側が「中国モデル」をより高く誉め称えたとすれば、それだけ「中国モデル」の西側に及ぼす脅威が大きいことを強調するためなのである。

中国人民大学の時殷弘教授は、世界情勢を分析する際に、アメリカの政治評論家ファリード・ザカリア（Fareed Zakaria）が2009年に出版した『後美国世界』（The Post-American World）の観点を援用し、アメリカはもはや再びグローバル経済を支配することも、地縁関係を指揮することも、圧倒的な文化的優勢を保持することもないと述べる。「他者の台頭」（rise of the rest）、即ち中国、インド、ブラジルとその他多くの国々の急速な発展は「我らの時代の大きな物語」を構成し、世界の大きな物語を改めて塑造するだろう。[39] アメリカの学者クリストファー・レインは、中国政治の権威主義と国家資本主義の結合は不安をもたらすが、その原因は、それがアメリカモデルの自由主義民主と自由市場資本主義のいわゆる普遍的適合性に挑戦しているからだと認識している。[40] 上述の言説は、西側の自らの「路線に対する自信」は冷戦終結時とフランシス・フクヤマが「歴史の終焉」論を提起した時に存在したあの気概には確かに及ば

ないが、こうした心理状態は疑うべくもなく国際政治領域における西側の行為、つまり国際政治において西側が長期的に優勢を占めてきた1つの基礎が、結局のところ、西側の政治と文化の面におけるソフトパワーであったことを示している。このソフトパワーが非西側国家の強烈な挑戦を受けたとすれば、西側の国際政治における優勢な地位に影響を及ぼす可能性がある。1つの典型的な例証は、アフリカの人々が中国の発展モデルに対する信任を次第に強めた時、アフリカの人々は西側からの投資ではなく、中国からの投資をますます引き入れるようになったことである。

エチオピアでは、中国との協力が自国のインフラに多大な改善を与えたので、中国への信頼は日増しに高まっており、大臣クラスの政府要員の大半は『毛沢東選集』1冊を持っており、エリート、権力者、そしてその子どもたちは続々と中国に留学している。現大統領のムラトゥ・テショメ（Mulatu Teshome）も中国留学経験があり、李克強と同期の北京大学校友である。中国の影響下で、エチオピアも「5カ年計画」を始め、大規模なインフラ建設を通して経済を推し進めようと試みている。エチオピアのGDPはここ10年では一貫して10％程度の高成長率を維持しており、アフリカで大富豪の人数が最も急速に増加している国でもある。中国の「発展至上」信仰は今、多くのアフリカ諸国の信仰となりつつあり、これは、中国も対外的に幾つかの価値観を輸出できるということを証明しているかのようだ。

フランシス・フクヤマは、1つの歴史的な発展モデル（経済成長を促す戦略）の争いが現在展開されており、中国は有史以来、初めて他国に対して自国の発展モデルを輸出する方法を講じていることに注目している。フクヤマは、中国の発展モデルと西側で目下流行している発展モデルは異なるという。中国の発展モデルの土台は政府主導による道路、港湾、電力、空港などへの大規模なインフラ投資である。しかしアメリカとヨーロッパの発展戦略は一貫して公衆衛生、女性の権利、公民社会および反腐敗施策への大規模な投資に重点を置いてきた。西側のこうした目標はもとより賞賛されてきたが、これまでこれらの領域への投資だけで豊かになった国はない。フクヤマは、「アメリカなどの先進国は、なぜインフラ建設が開発途上国、ひいては先進国自身でもこれほど困難になってしまったか、胸に手を当てて自問すべきである。もし私たちが行動し

第 4 章　「『中国の道』学派」の台頭と西側イデオロギー言説への挑戦

なければ、ユーラシア大陸と世界の一部の重要な地域の未来を拱手して中国とその発展モデルに譲り渡してしまう可能性がある」と訴えている。[42]

　マーティン・ジャックは、かつて『当中国統治世界』で、中国は経済面で世界に影響を及ぼすだけではなく、政治と文化の面でも視角に影響を及ぼすと予言していた。マーティン・ジャックは、中国の歴史と文化には西側と共通点が全くないと考え、中国が経済の近代化に伴って必然的に西側式の国家になるというのは不可能だと考えていた。文明国家、民族、朝貢関係、統一性という4つの面から見て、中国史は極めて独特であり、西側とは完全に異なる。もし中国が勃興して世界の最強国となるなら、中国は自己の価値観と愛好に基づいて世界を築こうと試みるだろう。中国の世界に及ぼす影響は主に経済面に体現されるが、実際のところ、少しのタイムラグの後に、中国の政治と文化も世界に対して深遠で比類のない影響を及ぼす可能性がある。マーティン・ジャックは、もし1978年以来、世界が中国にもたらした変化が、中国が世界にもたらした変化よりも遥かに大きいと言うのであれば、そのプロセスにはとっくに逆転が生じていると述べている。中国が世界にもたらした変化は、世界が中国にもたらした変化よりも遥かに大きいのである。[43]

　では具体的に言えば、中国はいかに自己の価値観と愛好に従って世界を塑造しようとしているのだろうか。マーティン・ジャックは、中国は主にその物質的成果と物質的手段を通してその文化的影響力を拡大させてきたと分析している。北京オリンピックがすでに我々にその味わいを初歩的に体験させており、中国は今やそのグローバルメディア事業を急速に拡大しつつある。例えば中国中央電視台は数多くの国際チャンネルを新設した。同じく、現在世界各地に数百の孔子学院があるが、貧困国にはこうしたことは不可能である。このほか、膨大なインフラ投資は一貫して中国経済の転換の基礎的な構成要素となっているが、その結果、中国のインフラとその技術は世界を羨望させる対象となった。巨大な空港、優れた高速道路網、北京からラサまで伸びる鉄道、浦東から上海までのリニアモーターカー、三峡ダム、北京国家体育場、および中国の経済と社会を変え、最終的には中国と東南アジアの連係と関係をも変化させた、現在のところ世界最大の高速鉄道網、等々である。中国のこれらすべてが、西側の人々の思考方式を変化させようとしている。[44]しかし、中国の物質的発展の

85

成果は結局のところ、西側の人々の思考方式をかなりの程度変化させたかと言えば、依然として疑問が残る。西側が産業革命以来、獲得してきた大量の物質面、科学技術面での輝かしい成果は、かつてマルクスの唯物史観の重要な素材であった。西側の人々の強力な軍事力もかつて中国の思考方式に大きな影響を及ぼし、中国人に「遅れをとればなぐられる」、「実業興国」などの新たな思惟を生み出させた。中国の物質建設における成果は、西側が19世紀に収めた成功の物語の複製に過ぎない。中国はもとより幾つかのアフリカ諸国に「発展至上」の価値観を輸出することができたが、中国が西側に価値観を輸出できるか否かは、中国が政治、経済、社会、文化の各方面のいずれにおいても全面的に西側を超えることができるか否かを見なければならない。「中国モデル」が社会的公正、環境、道徳の面で支払う代価は、中国人自身でさえも「中国モデル」の背後にある価値観が合理的か否か、持続可能か否か、まさに質疑しているのである。

　要するに、「中国モデル」の台頭は、西側の世界におけるイデオロギー主導権の形成に対する挑戦であり、これにより西側の世界におけるソフトパワーの基礎に損害を与える可能性があるのである。では、西側はいかに対応すべきか。J・C・ラモは「北京コンセンサス」の中で、中国は「中国の特色あるグローバル化」を追求し、西側との相互に対等な承認を追求しており、また民族の自尊感情と国家の安全保障を要因として、中国は今、自国の発展モデルを輸出しようと試みており、したがって西側は中国の台頭をいかに処理するか、研究しなければならないと論述している。西側がより多くの行動を用いて「中国モデル」と中国的価値観の輸出を封じ込めるであろうことが予想され、これが今後の国際政治闘争における新たな重要な1つのテーマとなるであろう。

## 4　結語――「中国モデル」普遍化の道？

　中国の近40年来の巨大な物質建設の成果（とくに「中国の発展した地域」が呈した各種経済、社会のデータ）は、確かに「中国モデル」、「中国の道」の背後にある重要な事実の根拠であり、たとえ西側の学界やメディアであってもこの点は否定しない。しかし現在に至るまで、「北京コンセンサス」の中で提起された

「公平」、「創造」は、中国では依然として、予期していたが普遍的ではない1つの事実であり、たとえ中国が誇りとする物質的発展の成果であっても依然として1つの中または低レベルのグローバル化のカタログであり、低環境基準、低労働基準、高消耗、高汚染に依拠して競争の優位を獲得してきた発展の道であり、世界経済の中での制度、金融、独創的科学技術などの面での指導力が欠如している。

したがって、いわゆる「中国モデル」は依然として重大な欠陥と重大な代価を内在させる中または低レベルの発展モデルであり、国際競争情勢の激化と中国人民の生活の品質要求への高度化に従って、「中国モデル」はより改革を進め、社会への代価、環境への代価が小さい中または高レベルの発展モデルへと進展していかなければならない。

国際政治の面では、西側のグローバル実務における主導的地位はそのハードパワーの支えに依存しなければならないだけではなく、イデオロギーと発展モデルといったソフトパワーの支えにも依存しなければならない。「中国モデル」の提起と中国の発展モデルの輸出は、一定程度において西側のイデオロギーと発展路線に対する優越心理に挑戦し、西側の国際政治におけるソフトパワーの基礎に損害を与える。そのため、西側が「中国モデル」を熱心に議論することがまず反映していることは、西側の不安と警戒心であり、「中国モデル」に対する肯定ではないのである。

「『中国の道』学派」の台頭については、この現象を中国社会が近代以来、西側の攻撃を受けてきた屈辱の歴史に対する反撃と見なすことができ、中国の学界、メディアが西側の対等承認を追求する自尊心の産物であり、同時に中国の学界、メディアの中国の発展の成果に対する要因の整理なのである。同学派の左翼は、中国経済の成果を1949年以来の中国社会主義革命路線がもたらした堅固な基礎と持続的な動力に帰しているが、実用主義、権威主義が中国の成功の道を領導したと認識するのが、この学派の主流の意見である。

当然ながら、「『中国の道』学派」の中で最も権威ある議論は、中国の政府当局から来たものである。何が「中国の道」の特色かに関しては、中国の学界が一般的に強調するのは、実用性、漸進性、安定性、自主性だが、政府当局の側では「中国の道」は「中国の特色ある社会主義の道」を指し、その最大の特色

こそ中国共産党の指導である。政府系メディアの報道によると、2014年9月5日、全国人民代表大会成立60周年祝賀大会の講話で、習近平は中国共産党の指導は中国の特色ある社会主義の最も本質的な特徴であるという「斬新な論断」を提起した[46]。2016年1月29日、習近平が主宰した中国共産党中央政治局会議でもまた、中国共産党の指導は中国の特色ある社会主義制度の最大の優位であるという1つの権威的な観点を打ち出した[47]。

「『中国の道』学派」の基本的な内容は、まさに中国政府当局の議論と中国の学界の議論の総合であり、中国共産党の堅固な指導の下での実用主義路線である。中国の堅固な指導は安定性、自主性を備えた1つの枠組みを提供し、実用主義路線は臨機応変、発展至上の工作思考を提供する。

しかし、全世界的範囲について言えば、人々は普遍的に自由、公平、尊厳といった基本的価値を享受し、また人類は一貫して精神、信仰、道義の原則に対する追求が存在し、こうした価値とその追求は、同じく人類社会に安定性の枠組を提供し、同時に人類文明が不断に進歩する動力を提供するのである。物質的成果を盲信しそれに耽溺する民族は「世界史の民族」になりようがなく、世界をより高次元の発展へと領導する価値観を提供しようもないのである。

北京大学の王輯思教授は、「中国の発展の道筋の独自性には不利な影響もある。一文明の主流文化が他者を溶け込ませ承認することができない場合、この文明は世界的な文明とはなれず、その国家は世界性を備えた国家とはなれないのである。中国がもし本当の意味で世界大国になろうとするならば、中国文化はより多くの普遍性を持たなければならない」と認識している[48]。王輯思のこの議論は、目下の中国に対する非常に的確な啓発である。「中国の道」は探索性と漸進的変革という特質を持っている以上、普遍的な価値との接合と融合を排除すべきではない。人類の発展方式と工作方式は多元的であり得るし、個体の特色、地域の特色、民族の特色を持ち得るが、こうした特色を理由にして人類の基本的権利と関連する自由、公平、尊厳といった人類が普遍的に追求する基本的価値を拒絶することは、1つの社会、1つの国家を物質主義の泥沼に陥らせ、一種の病的状態である「不均衡な発展」に陥らせるだろう。このほか、もし「『中国の道』学派」が言うように中華民族は「天命」に従うのであれば、この「天命」も狭隘な民族主義の目標であるべきではない。「天命」であるか

らには、普遍的価値と関連した目標追求を備えるべきなのである。

　(本稿には、他に「西側の学界の中国モデル認識」、「中国の左翼学者の中国モデル認識」、「中国の自由主義学者の中国モデル認識」などの内容が含まれていたが、本論文集に収録するにあたって、紙幅の都合により削除した。)


【注】
1 ）　胡錦濤「高挙中国特色社会主義偉大旗幟為奪取全面建設小康社会新勝利而奮闘——在中国共産党第十七次全国代表大会上的報告」『人民日報』2007年10月25日。
2 ）　Joshua Cooper Ramo, "The Beijing Consensus". May 2004. London : The Foreign Policy Centre.
3 ）　林毅夫「中国発展模式及其理論体系建構」『開放時代』2013年第 5 期。
4 ）　胡鞍鋼「従政治制度看為甚麼中国総是会成功」『紅旗文稿』2011年第 3 期。
5 ）　潘維「中国模式是出色的利益平衡形式」2010年 4 月12日、財経網に掲載。
6 ）　王紹光「走中国道路、探索中国模式、推介中国経験」『社会観察』2011年第 5 期。
7 ）　王紹光「探索中国式社会主義3.0：重慶経験」『馬克思主義研究』2011年第 2 期。
8 ）　王紹光「代表型民主与代議型民主」『開放時代』2014年第 2 期。
9 ）　施雨華、苗卉「王紹光：民主為甚麼是個好東西」『南方人物週刊』2012年第10期。
10）　鄭永年「中国会按照自己的模式和邏輯走下去」『時代週報』2014年 9 月14日。
11）　張維為「一個奇跡的剖析——中国模式及其意義」『紅旗文稿』2011年第 6 期。
12）　注11)と同じ。
13）　陳学明「甚麼是推動中国改革開放成功的根本原因——兼評張維為先生的『中国震撼』」『上海師範大学学校報道(哲学社会科学版)』2011年第 4 期。
14）　「観察者網」の報道「誰的終結？——福山与張維為対話『中国模式』」2011年11月 1 日、「観察者網」に掲載。
15）　張維為「更精彩的故事還在後面——従『中国震撼』到『中国超越』」『光明日報』2014年 9 月16日。
16）　2015年 5 月27日、張維為、ニューヨークでの『中国超越』英語版出版会見における講演。2015年 5 月29日、観察者網に掲載。
17）　曾子越「鄭永年：解釈中国」『南風窓』2011年第14期。
18）　鄭永年「中国模式的機遇和挑戦」『聯合早報』2009年 9 月 3 日。
19）　鄭永年「先有制度基礎、後有民主政治」『環球時報』2008年 1 月15日。
20）　鄭永年「社会改革是今後幾十年漸進改革最重要的制度保障」、王広、範勇鵬らの報道「国内外十学者縦論中国道路」『中国社会科学報』2009年 7 月 4 日より引用。
21）　鄭永年「中国会按照自己的模式和邏輯走下去」『時代週報』2014年 9 月16日。
22）　楊瑜の報道「30年人文社科話語：中国的文明責任」『21世紀経済報道』2008年 7 月19日より重引。
23）　白鋼「中国道路的自覚、自信与自我実現——評『人間正道』一書」『馬克思主義研究』

2012年第 2 期より重引。
24) 許峰「中国道路的西方影響」『中国社会科学報』2015 年 5 月13日。
25) 胡錦濤「堅定」
26) 習近平「在第十二届全国人民代表大会第一次会議上的講和」『人民日報』2013 年 3 月18日。
27) 陳晋「関於中国道路的幾個認識」『党的文献』2013 年第 2 期。
28) 林毅夫『新結構経済学』、北京：北京大学出版社、2012 年 9 月。
29) 黄宗智「我們要做甚麼様的学術？――国内十年教学回顧」『開放時代』2012 年第 1 期。
30) 注22)と同じ。
31) 張維為「中国模式和中国話語的世界意義」『経済導刊』2014 年 3 月号。
32) 張維為「発有力的中国声音、為世界貢献智慧」2016 年 1 月 1 日、観察者網に掲載。
33) 王敏「張維為：『中国震撼』背後的故事」『社会観察』2011 年第 5 期。
34) 鄭永年「如何譲世界読懂中国」『聯合早報』2015 年12月 8 日。
35) 張伯里「増強理論自覚和理論自信、用中国話語体系解読中国道路」『求是』2012 年第14期。
36) 郭堯「講好中国故事 提高国際話語権」『国家治理』週刊、2015 年第26期より重引。
37) 趙月枝「甚麼是中国故事的力量之源――全球伝播格局与文化領導権之争」『人民論壇・学術前沿』2014 年12月下半月刊。
38) 王紹光「両個時期不能被隔断」『21世紀経済報道』2009 年。
39) 時殷弘「美国権勢、『西方模式』和相関的信心問題」『現代国際関係』2009 年第11期。
40) 克里斯托弗・莱恩「美国為何難以理解中国」、中国語版（鄒策訳）、2014 年 8 月15日、イギリス『金融時報』中国語サイトに掲載。
41) 漆菲「中国模式的非洲様本：埃塞従『世界第二』甘居『第三』」『鳳凰週刊』2015 年第 7 期。
42) 「参考消息網」2006 年 1 月 4 日の報道より重引。『弗朗西斯・福山文章：『一帯一路』助力中国模式走向世界」（2015 年12月30日、シンガポール『The Straits Times』ウェブサイト掲載、元のタイトルは「Exporting the Chinese Model」)。
43) 馬丁・雅克著、張莉、劉軍訳『当中国統治世界：中国的崛起和西方世界的衰落』北京：中信出版社、2010 年 1 月、pp. 11, 13、中国語版序言。
44) 馬丁・雅克著、王瑾編訳「中国将如何改変我們思維方式：以国家為例」『当代世界与社会主義』2011 年第 4 期。
45) Joshua Cooper Ramo, op.cit.
46) 習近平「在慶祝全国人民代表大会成立60周年大会上的講話」『人民日報』2014 年 9 月 6 日。
47) 北京の新華社2016 年 1 月29日発の電信による。
48) 王輯思「世界認同中国文明、還有很長的路要走」、注20)の王広、範勇鵬の報道より重引。

（訳：菊地俊介）

# 第5章
# 流動化するグローバル・サウスと新自由主義

松下 冽

## 1 はじめに

　グローバル化とはなにか、多様な学問的立場から様々な見解がある。本稿では「新自由主義的グローバル化」には批判的立場である。それでは「もうひとつのグローバル化」があるのか、それは如何なるものか。問題は「グローバル化」の時代的背景、それを推進する主体は何か、それは如何なる利益を誰にもたらすか、それを分析するにはグローバル／リージョナル／ナショナル／ローカルなレベルでのシステムとメカニズムはどのようになっているのかを分析しなくてはならない。その分析は「もうひとつのグローバル化」を考察するための基礎的作業になる。

　そこで本稿は、「新自由主義的グローバル化」という流れに世界中の地域と国が巻き込まれてきた過程と現状を確認したうえで、それでもそれぞれの地域や国々におけるこの流れの受容に差異があることに注目した。言わば、今日の時代におけるグローバルなシステムとの相互作用における共通性と相違に留意すること、つまり、「地域比較」のアプローチによりグローバル化と新自由主義に直面した国別、地域別の違いを考察することを意図した。

　同時に、本稿は従来の「南」と「北」の区分を超える枠組み、すなわち「グローバル・サウス」概念の積極的な意味を確認している。それにより、今日のグローバルな資本主義の特徴が明らかになる。つまり、それぞれに地域や国々の「支配と抵抗のダイナミズム」を考察できると判断している。

　以下、新自由主義的グローバル化がもたらした諸問題の確認を前提に、第1に、「地域比較」の基準と要素を検討する。次に、ラテンアメリカ（以下、LA）

と中国を取り上げそれぞれの新自由主義との多様な関係を考察する。第3に、現代の世界を分析するのに必要かつ適切と思われる二つの全体的な分析枠組み、「グローバル資本主義」と「グローバル・サウス」について検討する。そして、最後に、新自由主義的グローバル化に対抗する「もうひとつのグローバル化」への可能性の諸契機を探ってみたい。以上、いずれも試論的な域を出るものではないことを断っておきたい。

## 2　新自由主義の問題群

　グローバル化とともに新自由主義が世界中を席巻してから約40年近くが経過し、その幅広い深刻な影響が社会的・経済的領域を中心に明らかになっている。すでに多くの論者が指摘してきたが、新自由主義の戦略、政策、イデオロギーは、グローバルなレベルからローカルなレベルにいたる全域に、また人々の日常生活に隅々に入り込んでいる（クライン 2011；グランディン 2008；ハーヴェイ 2005；2007；Robinson 2004；2012；2014；オング 2013；松下 2007；2008；2012a）。

　そこで、これまでの新自由主義の展開で何が明らかになったのか。様々な文献で指摘されているが、そのいくつかの問題群を確認しておきたい（ハーヴェイ 2005；2007；クライン 2011；グランディン 2008）。

　第1に、第二次世界大戦以降、世界経済を主導してきた「埋め込まれた自由主義」（Ruggie 1982）とケインズ主義的妥協が捨て去られ、資本主義の新たな段階に入ったことである。新自由主義は1970年代末以降の展開の中で、合衆国政府、国際金融資本、そして南北を横断する支配的な政治・経済エリートを融合した「トランスナショナルな新たな歴史ブロック」を形成した。それは、第二次世界大戦以降、グローバルな政治経済を形成した階級権力のバランスを実質的に変化させた。

　第2に、暴力的な手段を伴いながら、広範な「同意の形成・調達」（ハーヴェイ 2005）が周到に試みられた。これを新保守主義の政策とイデオロギーが補完していたのである。新自由主義はあらゆる領域と部門での激しい政治的抗争伴った。それは官僚制、軍部を含む国家機構、大学・教会・マスメディアなどのイデオロギー装置、労働運動や労働部門など広範囲に及んだ（グランディン

2008；松下 2001a；2001b）。

　第3に、新自由主義化はその目的を達成するために、多様な部門における様々な形態の民営化＝私有化、市場開放、金融化、外資規制緩和、税制改革、危機管理のシステムを巧みに実施した。これらの諸政策は、1989年にウイリアムソンによって「ワシントン・コンセンサス」の名で10項目にまとめられており、1990年代半ばから国際金融機関で推進されるようになる。

　その結果、第4に、社会的な富は再配分されず「略奪による蓄積」（ハーヴェイ 2005）が強行された。都市部門において、この略奪による蓄積はグローバル・サウスの組織労働者や中間階級の経済的・政治的支柱を侵食した結果であった。彼らは失業や不安定な仕事、脱階級化を経験した。さらに、新自由主義のもとでの社会的再生産の大幅な商品化、従属的諸階級の保健・教育・住宅へのアクセスが根本的に侵食されていった。

　農村部門では、小農や周辺的農民、自給自足的インディオ農民が略奪による蓄積の矢面に直面した。自由化政策は基本的な補助金を終わらせ、農村開発インフラへの公共投資やサービスと信用を削減し、小農や周辺的農民が小商品生産を通じての自己の生存を可能にしていた保護措置を取り除いた。こうした状況は、とりわけ、1980年代のメキシコをはじめラテンアメリカ諸国に典型的に現れていた（Motta and Nilsen 2011：15-16；松下 2008）。

　第5に、新たなネオリベラル型蓄積体制はナショナルな経済運営を侵食し、また、開発主義国家が市民と結んでいた「社会契約」を侵食した。国家-社会関係は「低水準民主主義」を推進する形で構築された。これは経済的再配分と政治的調停を前提としていた既存の制度的メカニズムを侵食した。その結果、人民諸階級の集合的権力を分断することになった。

　最後に、以上の諸現象と結びついて、新自由主義は社会と文化の個別化、断片化、「原子化」を促進した。「社会などというものは存在しない」と当時のサッチャー首相の言説が示していたように、社会的連帯を担保していた主要な市民運動、労働組合、政党などの中間的な媒介組織は解体ないし弱体化された。

　こうして、新たなレジームは開発主義の国家-市場関係をも再編成し直し、国民国家が自立的な開発政策を形成する基盤を大幅に削減した（Robinson

2004)。この結果、組織された従属諸階級は社会・経済的拠点を喪失し、それまでの社会政治的編成の解体を経験することになった。

以上の新自由主義による深刻な影響や問題群の共通性は広範に認められた。それは、その後の新自由主義の展開からも明らかなように、地域間、国家間で、またそれぞれの内部でも相違が現れている。本稿では、新自由主義を受容した影響のこうした違いがどのような背景、要因、契機から生じたのか、この点を検討してみたい。こうした新自由主義受容の比較は、困難な実証的作業である（村上・仙石 2013 参照）。したがって、ここでは試論の位置づけを超えるものではない。しかし、新自由主義受容の比較は、ナショナルなレベルの問題に過ぎるのではなく、21世紀におけるグローバルな秩序の再構築の考察にもつながるであろう。後に検討するが、中国のグローバル化をどう考えるか、新自由主義との関係はどうなっているのか、こうした諸問題の考察には新自由主義受容の比較が不可欠であろう。

そこで、21世紀のグローバルな社会を念頭に地域比較を考察する際に必要と思われるナショナルなコンテクストをはじめとする諸要素として、以下の論点を考えてみたい。

## 3 地域比較考察の諸要素および論点

### 1 新自由主義の導入期とその浸透の程度

新自由主義の各国の導入時期には違いがある。LA では1970年代から90年代前半にかけて新自由主義改革が推進された。これが導入された時期は、各国で高水準のインフレに悩まされていた。周知のようにチリがその転機となった。民衆の支持を得て成立したアジェンデ政権がクーデータで倒され、いわゆる「シカゴ・ボーイズ」により強制的に新自由主義政策が強行された。メキシコではサリーナス政権（1988-94年）の下でそれが本格的に推進された。ペルーでも1990年以降、フジモリ政権がポピュリズム的装いのもとで新自由主義を進めた。しかし、ブラジルの場合、国家主義的色彩を強く残した新自由主義政策の実施であった（クライン 2011；グランディン 2008）。しかし、どの国でも新自由主義政策の導入により、それまでの問題は解消されず失業、貧困、低賃金、格

差拡大といった問題が継続した。

　他方、アジアでは1980年代以降、何らかの形で新自由主義的な経済政策が導入されていた。タイやマレーシア、インドネシアではアジア経済危機を契機としてそれが本格的な展開を見た。フィリピンを含め東南アジアの多くの国では、国家が主導して企業・経済主体を育成し生産活動を展開してきた。そこでは権力者、政治的リーダーの利権獲得や汚職を含む高度な政治性が一体化していた。新自由主義政策の展開は、長期政権のこうした政治制度の変更を誘導した。そして、アジア危機が長期政権の下の資本蓄積体制の矛盾を顕在化した（太田 2012）。

　中国では1978年に鄧小平が改革開放路線を開始した。当時、中国の重要産業は大部分が公有部門であった。デヴィッド・ハーヴェイは、この中国の改革が英米の新自由主義への転換と時期的に符合していたことに注目し、「独特の市場」が構築されていった様子を考察し、中国の改革開放以降の経済・社会発展を「中国的特色のある」新自由主義と分析している（ハーヴェイ 2007：第5章）。

　新自由主義政策への民衆の不満のレベルや内容は、地域や国によって異なる。LA では、1990年代末から新自由主義政策の見直し要求と抵抗が拡大し、ポスト新自由主義の流れが主流になる。そして、「左派」政権が誕生する市民的土壌を蓄積した。東南アジアでは、新自由主義政策は国家主導型の経済運営を「自由化」し、それを破綻させる方向で作用した。他方で、経済成長に取り残された貧困層が民主化を求める状況を生んだ。

## 2　国家の役割

　ケインズ主義的な福祉国家論は、個人の自律的な発展に必要な諸条件を国家が積極的に提供することを国家の重要な一機能と考えている。しかし、新自由主義は周知のように国家と政府の役割を最小限にする政策を追求した。市場と競争原理を最優先する政策、民営化、規制緩和等の政策は、一見すると「政府の退場」を進めたようだが、グローバル化に伴う資本の活動を促進するための政府の役割を強めた。したがって、政府のどのような機能と役割に注目するか、この点が問われるべきだろう。「国家の退場」ではなく、「国家の変容」の

実態を考察する必要がある。これは、新自由主義の暴走を飼いならし、ポスト新自由主義を構想するとき、国家はどのように再構成されるかという課題に深く関連する。

マーク・ボーデンは、国家を拒否し社会運動を過度に強調する近年の「批判理論」(たとえば、Holloway 2003 ; Escobar 1995) を批判して、「新自由主義に対する現実的な対抗ヘゲモニーが構築できる中心的な場あるいは領域として国家」を認識し、国家との関係でその戦略を再構想することの重要性を主張している (Boden 2011 : 84)。

同じく、ペトラスとベルトメイヤーも、「国家や国家権力の問題に注意を払わない左翼や人民諸勢力の失敗は、新自由主義の対抗ヘゲモニー型異議申し立ての可能性にとって現実的な障害であるのみならず、持続可能で社会的に公正な開発形態のグローバル・サウスにおける成功可能性へ現実的制約でもある」と論じ、とりわけ、新自由主義に対する現実的な対抗ヘゲモニーの構築や「民衆権力に基づくすべての現実の発展は、大衆動員の政治に依存しなければならない」点を強調する (Petras and Veltmeyer 2005 : 239)。

こうして、新自由主義に対する現実的代替案との関連で国家の役割を再概念化することの必要性が要請されるのである。

### 3 揺れる領域性

近年、国民国家の前提のひとつであった「国境」および国民的アイデンティティの存在性が世界的に問われ始めている。この問題は、現実世界の激変を背景に学問的レベルでも浮上している。EU 諸国では国の内外から「国家」と「国民」のあり方と意味が問われており、「国家」と「国民」の両面での「境界」の再確定の模索と言う意味での「再国民化」が進行している (高橋 2016)。

国境の未画定による紛争状況は独立後の途上国でも少なからず見られた。とりわけ中東・アラブ諸国では人工的な国家形成の問題をいまだに引きずっている (オーエン 2015 : 393-394)。さらに今日、IS の勢力拡大と彼らの要求が、その正当性には問題があるにしても、「領域性」についての問題性を明らかにしている。

こうした歴史的遺産とは別に、あるいはそれと結びついて、新自由主義的グ

ローバル化が引き起こす「領域性」の柔軟化という問題提起がある。アイファ・オングはアジア太平洋地域におけるグローバル化の様相を、新自由主義的な統治空間として把握する。彼女は、その著書『≪アジア≫、例外としての新自由主義』で以下のように強調する。

「新自由主義に対する広範な批判にもかかわらず、アジア諸国の政府は新しい経済圏を創出し、市場経済の基準を市民に課すために新自由主義の様式を都合よく取り入れるようになった」（オング 2013：16）。その政治的最適化の新しい様式として、「ひとつの新自由主義ではなく、さまざまな地域に特有な形の新自由主義が、統治することとされること、権力と知、主権と領土の関係を再構築している」（オング 2013：18、強調は筆者）と指摘する。

そして、彼女は「排除と同様包摂のために配備され得る政策上の特別なアイディアとして、その例外状況をより広く概念化」する。その例外は新自由主義的な改革と関連付けられた「予測計算による決定と、価値の方向性」の対象として、住民や空間を選び出し、囲い込むための積極的な決定ともなり得る、と述べる（オング 2013：21）。

ここで、彼女が問題にする課題は、第1に、「主体化のテクノロジーと従属のテクノロジー」である。新自由主義に着目することは、統治と市民権とのつながりを厳格な法的関係として理解し直すということである。すなわち、「市民権だと私たちが考えている権利、権原、領土、国家という要素は、市場取引によって引き離されたり、再接合されたりするようになっている」問題である。（オング 2013：22-23）

第2の課題は、「特別区」とういテクノロジーとグローバルシティである。「新自由主義による例外化は、国民国家の空間を断片化したり広げたりしながら、統治にある程度の柔軟性をも可能とする」（オング 2013：24）。こうして、われわれは重層的な主権が新たに現れ出る状況に直面している。

オングはこのように、「主権による空間化が手段として利用される」ということに注目する。その例として、中国における「経済特区」や「特別行政区」の実験があげられる。これらの事例は、国家が自らの領土を、すなわち、地理的空間を書き直すことを通して、グローバル市場とよりよく関わり合い、競争できることを目的にした「区画化の技術」である（オング 2013：39-40）。さら

に、中国政府は、「国民国家的な領域を創造的に再空間化したり、中国人に支配された海外のさまざまな政体と、本土のなかの飛び地を再統合したりするために、特別区の技術を利用している」(オング 2013：153)、と主張する。

## 4　政治空間のダイナミズム——新自由主義国家と異議申し立て

　新自由主義は「国家の後退」を通じて進められるのではなく、「国家権力の再編成」を通じて推進された。結局、「新たな国家形態＝新自由主義国家」の出現を通じて進められた (Boden 2011)。そして、グローバル・サウスにおける新自由主義国家が直面している中心的な政治・社会的問題は、その再構築過程が、「貧困化と排除の拡大を通じて、新自由主義型ヘゲモニーに対する従属諸階級の同意のための基盤を侵食してきた」(Boden 2011：18) ことである。ここから、新自由主義とその国家に対する異議申し立てが登場してくる。

　1994年、メキシコのチアパス州におけるサパティスタの蜂起は、新自由主義型ヘゲモニーに反対する社会諸勢力の異議申し立てが具体化し、この過程の中心地がグローバル・サウスであることを示す重要な指標であった。確かに、新自由主義に対する民衆の異議申し立てが最も明瞭に接合したのが LA であった。1990年代はこの地域で開発主義と新自由主義を超えようとする多くの社会運動の台頭を目撃した。これらの運動は新自由主義を拒絶しただけでなく、多くの場合、開発と政治のもう一つの形態を構想し構築しようとした。

　こうした異議申し立てを基盤として社会運動は、新自由主義が浸透する政治空間を変えようと試みる基軸的な推進力となる。しかし、右派政権であれ、左派政権であれ、権力エリートはこうした社会運動を「国益」や政治的安定の名のもとに統制し、あるいは操作・分断し、または弾圧する。他方、社会運動の側でも権力エリートに迎合し取り込まれることが多い。こうした事情は、グローバル・サウスの全域でおこっているが、近年、注目された中東・アラブの政治変動の過程でも見られた。

　新自由主義に対する民衆の異議申し立ては、2011年1月にチュニジアのベンアリ大統領追放（ジャスミン革命）で始まった中東・アラブの全域で展開された「革命」でも劇的に示されている。栗田禎子は、各地域の民衆を窒息させてきた「新自由主義」、軍事的・政治的には「対テロ戦争」の体制が中東の場で揺

らぎ、瓦解しつつある事態であり、新自由主義的「屈辱政治」の終焉を意味する文字通りの「民衆革命」と論じている（栗田 2011）。

他方、小沢弘明は、今回の中東・アラブの事態を「民主化」ではなく、新自由主義国家の問題と把握する必要性を強調し、「権威主義国家としての新自由主義国家に対する不満の蓄積」にこの社会変動の原因を求めている（小沢 2011）。

こうして、グローバル・サウスにおける今日の幅広く様々な異議申し立ては、その多くが新自由主義型グローバル化の強行と関連していた。今日、ハーヴェイが新自由主義形成の条件と考えていた広範な「同意の形成・調達」は枯渇あるいは終焉しつつある。だが、新自由主義が掲げた政策とイデオロギーは、変容を遂げつつ生き残っているとも考えられる。

## 5　「国家‐市民社会」関係──ガヴァナンスの視角

次にガヴァナンス論の視点から、政体の類型や政府形態の発展の可能性を含めた新たな「国家‐市民社会」関係を検討する。これまで、簡単に指摘したように、グローバル化と新自由主義は国民国家に衝撃を与えている。グローバル化に連動した「国家の中心性の拡散」には凄まじいものがある（ヘルド・アーキブージ 2004）。グローバル化と新自由主義は当然、「国家」の変容をもたらす。アンソニー・マッグルーは、「グローバル化には多層型グローバル・ガヴァナンス化という構造転換が内包され」ており、国家もグローバル化のなかで国民型政府の権力と権威の再配置が起こっていると認識している。彼によると今日の国家の「権力移動」は次のようになる。

> 「ウエストファリアの指令型で統制型の国家観は、再帰型国家あるいはネットワーク型国家に変わりつつある。再帰型国家は、グローバル、リージョナル、トランスナショナル、ローカルな支配とガヴァナンスのシステムの交点で自らの権力を再構成しようとしている。」（マックグルー　2000：182）

マッグルーによると、現在の世界は「政治的権威がガヴァナンスの多層間で共有・分割され、多くの諸機関がガヴァナンスの課題を共有しているシステム」（マックグルー 2002：184）である。

今日の世界では、国際機関、企業、NGOなどの国家以外のアクターが世界政治において果たす積極的な意義はいうまでもない。とりわけ、近年の特徴は、それらのあいだの自立的な協力形態としてのネットワークの急速な発展である。しかし、国家が権威の独占を主張する時代ではなくなりつつあるとはいえ、これらのアクターが権威を有するまでに至っていない。とりわけ、途上国において国家はあらゆる領域で決定的意味を持ち続けている。現代世界に対する以上の認識、つまりグローバル化に伴う「国家」変容が「ガヴァナンス」概念とアプローチの根底にある。

ジョン・ピエールとガイ・ピーターズは、ガヴァナンス概念の普及を次のように広い文脈で論じている。彼らは「ガヴァナンスは社会の変化によって重要になってきたし、新たなガヴァナンスは現代国家を現代社会に結びつける戦略である」との認識とともに、「ガヴァナンスに関する最近の思考は、国家や国家 - 社会関係についての従来の概念化とはきわめて異なっている」(Pierre and Peters 2000：51-52) と指摘する。

ガヴァナンスに関しては、筆者もこれまでいくつかの論考を発表してきた（松下 2012a；2012b；2013；2016）。そこで、ここではグローバル・サウス、とりわけ本論と関連する論点を指摘したい。ポスト新自由主義を構想するグローバル・サウスの立場からすると、様々なレベル（垂直的）と領域（水平的）において「人間の安全保障」の確保を目指すガヴァナンス構築が重要になる。とりわけ、市民社会の深化および民主主義の礎石として、また、コミュニティへの最重要なサービス提供の役割を果たすローカル・ガヴァメントは、インドのケーララやブラジルのポルトアレグレの典型的な事例に見られるように決定的である（松下 2012a 参照）。

新自由主義的グローバル化に対抗し「人間の安全保障」を具体化するためには、既に示唆したように「国家を社会に埋め込む」構想や「国家 - 市民社会」関係の民主的な転換が基本となるであろう。つまり、ローカルな発想とそこでの主体的な行動が不可欠になる。ガヴァナンスの視角からは、ローカル・ガヴァナンスの継続的な実現が要請される（松下 2016）。

## 4　ラテンアメリカと新自由主義

### 1　民族的自立的工業化戦略の挫折

　LA では1945年以降、とりわけ1950年代と60年代には輸入代替工業化に基づく経済戦略の拡がりと民族主義的運動や政策の展開が幅広く追求された。これは地域の民族的自立性を構築する試みであり、米州関係に緊張を生み出す可能性を孕んでいた。実際、この緊張は米国所有資産の国有化政策の採用、あるはアメリカ系多国籍企業が活動する課税条件の交渉の試みによってしばしば現実化した。

　1970年代までには、輸入代替工業化の経験はインフレや成長の停滞を生み出した。1880年代以降、LA は輸出主導型成長と農業や鉱業における資本主義的実践の導入を本格化したが、それには様々な圧力が絡み合っていた。不均衡な発展、農業部門と工業部門の双方における国内市場向け生産とグローバル経済向け生産との間の緊張、国内のエリートに傾斜した歴史、国内資本形成の困難さと地域経済の重要部門における外国資本の存在、周期的な社会的・経済的・政治的な危機に対応する下からの周期的動員、などである。

　経済的諸困難に対し、政治的な国家介入にかなり依存することになる。官僚的・権威主義的体制（松下 1993：148-150）は輸出と市場の役割を強調し、政治的な抑圧を強化しつつ国家主義的開発を逆転した。しかし、権威主義体制の下での経済的自由主義の試みは失敗した。にもかかわらず、経済自由主義はやがて1980年代、90年代に新しい「正統」理論として定着した。1980年代と90年代初め、LA では政治的・経済的な自由化を同時に経験することになるが、新自由主義のグローバルな展開に社会的諸勢力が政治的に十分抵抗する状況に達していなかった（Riggirozzi and Grugel 2009：218-219）。

### 2　新自由主義政策とガヴァナンスの危機

　新自由主義の主要な目標は、資本蓄積を復活させる方向で国家と市場との関係を改革することであった（ハーヴェイ 2005；2007）。多くの LA 諸国で、新自由主義はインフレを伴う長期的問題を体系的・効果的に取り組むことができる

と思われた。その改革は、公的資産の民営化から公共支出の削減の一連の政策を通じて国家を転換するために企てられたワシントン・コンセンサスと結びついていた (Grugel and Riggirozzi 2009：6-7)。

　国家の撤退と基本的サービスの民営化という過程は、前述したように、規制緩和、民営化、課税削減、政府サービスの低下や社会的保護と低賃金雇用の撤廃といった政策の採用に導いた。とくに、労働市場の劇的な変化は、社会的市民権の削減と結びついて広範囲な社会的不安を引き起こすことになった。1990年代終わりまでに、LAにおける新自由主義は明らかに影響力を失っていた。新自由主義政策を推進した市場優先型諸改革への態度を修正した。

　他方、新自由主義をLAに「適合させる」ことの難しさは、政治的・社会的により一層明らかになる。それはこの地域の国家編成の特殊性や代表制と参加の実践、そして文化を考慮していないことにあった。新自由型改革は市民関係を市場によって決定されるべき関係に転換することを目的にした。しかし、これは激しい抵抗を受けた。その結果は社会的抵抗の周期的爆発であった。市民はこのような「自由化」や外から押し付けられた「民主主義の市場化」を拒絶した。大規模な抵抗や暴動は、1989年のベネズエラやアルゼンチンで噴出した。チリやブラジルのような国でさえ、失業や半失業の増大、そしてと賃金の低迷によって新自由主義が問題であるとますます認識されるようになった。

　こうした下からの異議申し立てや動員に対して、LA諸国の支配層は従来、クライエンテリズムや抑圧の戦略で対応してきた。だが、民主化の過程は抑圧という選択肢を非合法にし、他方、財政的制約によりクライアント型の取り込み政策は縮小した。1990年代には、民主主義と社会経済的統合とのギャップは急速に拡がることになった (Grugel and Riggirozzi 2009：10)。

## 3　メキシコとブラジルの事例から

　以下、新自由主義型グローバル化に揺れたメキシコとブラジルの事例を簡単に見たい。

　メキシコにおける新自由主義的グローバル化の初期の勢いは、世銀をはじめ超国家的機関と一体化したサリーナス政権下の国家内の多国籍志向のテクノクラートから生じた（松下 1997；2001a 参照）。1994年のNAFTA発足以降、メ

キシコの大部分の民衆は貧困と失業に呻吟することになる。たとえば、メキシコ市場に米国からの安価なトウモロコシが溢れるにつれて、約130万家族は土地から追いやられた。また、トウモロコシ価格の高騰により「トルティーリャ危機」が発生し、市民の生活を直撃した（松下 2008）。だが、メキシコの農民と同様、米国の農民も NAFTA の利益を得たわけではなかった。多国籍企業型の農－工業が国境の両側の強力な経済主体の手にわたった。NAFTA 以降、とりわけ21世紀に入り、メキシコ農業輸出企業が急速に成長した。しかし、その勝者はロビンソンが言う多国籍資本家階級（TCC）のメキシコ人支配層であった。

　メキシコ国家のこの多国籍化とメキシコ資本家階級のかなりの部分の多国籍化について、ロビンソンは「アメリカ帝国主義やメキシコの従属といった時代遅れの新植民地的分析の点から理解できない過程にある」（Robinson 2015：15）と論じる。

　ブラジルでは多国籍化した大豆関連農工業複合体の事例に注目したい。カーギル（Cargill）は米国とブラジルの大豆の最大の輸出企業である。カーギルとアーチャー・ダニエルズ・ミドランド（ADM）、アルゼンチンを本拠地とするブンゲ（Bunge）は、ブラジルで生産される大豆の60％に融資している。一方、モンサント（Monsanto）は両国で作られる大豆の種を支配している。ブラジルを本拠地とする資本家たちはこれらの企業にかなり投資した。

　このグローバル化した大豆関連農工業複合体は、ブラジルを基地として使用しており、それにより世界的な大豆市場を支配し征服している。WTO（とくに、農業輸出にかなり依存する各国のケアンズ・グループ）を通じて遂行されるブラジル政府の攻撃的な農業貿易自由化プログラムは、北の資本、あるいは帝国主義資本に対する「ブラジルの」大企業を防衛するのではなく、多国籍化した大豆関連農工業複合体のために存在する。ブラジル国家は、多国籍国家（TNS）の構成部分と考えるような方法で行動した。TNS は、国民国家、国家間の、そして超国家の諸機関を含む国際的ネットワークとして考えられる（Robinson 2015：9）。

第Ⅰ部　新自由主義的グローバル化

## 5　中国と新自由主義

### 1　中国の新自由主義化とは何か

　まず、中国の新自由主義化の特徴について、ハーヴェイの見解を紹介する。彼が「中国的特色のある」新自由主義と特徴づける改革開放以降の経済・社会発展は、権威主義的な中央集権的統制と資本主義市場との結合である。この結合は、チリや韓国や台湾やシンガポールなどでも既に立証済みの経験であった。

　共産党が経済改革に取り組んだのは、急速に発展する東アジアと東南アジアにおける直接的な地政学的利害圏域に自国の影響力を確保するためであった（ハーヴェイ 2007：173）。そして、現在では、中国は事実上、巨大でグローバルな影響力をもった地域覇権国として、東アジアと東南アジア全体に君臨している。中国は、この地域およびその外部においても帝国的伝統を再び唱えることもためらわない（ハーヴェイ 2007：103）。

　中国は国内で進行中の大規模なインフラ投資を行い世界経済の大部分を牽引してきた。この劇的な成長は、他方で、原料やエネルギーに関して外国への依存を高めた。ブラジルとアルゼンチンからの大豆の大量購入は、両国の経済を新たに活気づける一因となった（ハーヴェイ 2007：193）。

　一方、中国はめざましい経済成長の達成とともに、人口のかなりの部分の生活水準を向上させた。だが、改革はまた環境の悪化と社会的不平等をもたらした（ハーヴェイ 2007：172；末廣 2014）。農村部でも都市部でも、その内部における不平等の拡大が著しく際立つようになった。

　それでは、中国の急速な経済発展と海外へのインフラ投資と進出は、新自由主義と言えるのであろうか。ハーヴェイは次のように主張している（ハーヴェイ 2007：199）。

　国家により操作された市場経済を構築した中国は、新自由主義の典型からははっきりと外れている。しかし、新自由主義が「搾取しやすく相対的に無力な大量の労働力の存在を一つの要件にしているとすれば、中国には間違いなく新自由主義経済」としての資格がある。共産党は中国労働者の大規模なプロレタ

リア化を受け入れ、フレキシブルな労働市場体制をつくり出し、かつての共同で保有されていた資産の私有化を推進してきた。結局、「資本家階級の権力の再構築」に似た事態を招いた。中国は明らかに新自由主義化と階級権力の再構築の方向に向って進んできたのである。すなわち、「中国的特色のある」新自由主義である、とハーヴェイは結論づけている。

## 2　中国の資本主義化と国家

### (1)　国家資本主義のアプローチ

鄧小平は、変革のペースを注意深く調節し、産業基盤のほとんどを政府の手元に残し、都市部の働き手の多くが食糧、住宅、給与、福利厚生などを巨大な国営企業に依存する状態に保った。また、彼は経済面の「開放」が一党支配の緩和要求へとつながらないよう力を尽くした。だが、新しい問題が持ち上がった。官僚、とりわけ地方官僚の腐敗がかつてなく蔓延して、国民の怒りに火をつけた（ブレマー　2011：158-160）。

イアン・ブレマーは、国家資本主義の視角から中国の資本主義発展を分析している。国家資本主義は排他的であり、国家目標の実現を最優先する。21世紀の中国の外交政策は、原油、天然ガス、金属、鉱物ほか、中国の持続的な経済成長を促し、国内の反映を実現し、中国共産党の政治力を守るのに必要な商品の長期的な供給を確保する狙いで構想されていく。この構想に沿って中国の国営企業はビジネスを展開する（ブレマー　2011：56-57）。

国営エネルギー企業は三つのきわめて重要な競争優位を備えている、とブレマーは指摘する。それは、第1に、政府から潤沢な補助金を得ていること。第2に、世界各地に進出する際に、中国政府の全面的な支援が得られること。そして、第3に、欧米の多国籍企業が進出できない国々でも事業展開できることである（ブレマー　2011：166-167）。

### (2)　柔軟性をもつ市場支配

国家目標の実現を最優先する点では同様だが、それはきわめて柔軟であるとオンは指摘している。中国の「開放」と市場的改革路線は、「主権のばら売りや脱国民国家化によって行われたのではなく、新しい例外空間や、国境を越える権力の創出によって行われた」のであり、「新しい資本主義的空間を作り

出す柔軟性と創造性をもっていた」(オング 2013：159) ことになる。

　この柔軟性は、中国が自国をグローバル経済から保護し、その一方で、産業基盤の建設は、世界市場を利用する形で行われたことが重要である（ロドリック 2014：178)。ダニ・ロドリックは、中国の政策立案者は、自身の政策発動の余地を維持し、それを巧みに利用していた点に注目する。

> 「彼らは市場や民間のインセンティブに大きな役割を与えていたが、それは国内経済の現実に適応し、政治的かつイデオロギー上の制約を尊重するようなやり方で行われた。国際的なルールブックは彼らの要求に適しておらず、彼らの改革は必然的に正統でない特徴を持つようになった。彼らは、国際ルールに抵抗し、経済が十分強くなって初めてそれを甘受した。そうしなければ農業や他の伝統的作物から産業を多角化することはとても困難だとわかっていた」（ロドリック 2014：185）

### (3) 二つの「中国」

　ジェームズ・ペトラスは、2000年代以降の中国を「二つの中国」という概念で描こうとする。それは中国と台湾を区別する概念ではなく、「新興有力ブルジョアジーに支配された中国沿岸部」と、その「沿岸部へ安い労働力や食材、原料、製品を加工や仕上げ、輸出、そして利益のために提供している何億という元農民の失業者から成る中国内陸部」をさしている（ペトラス 2008：213）。

　中国は1970年代初めまで「平等主義国家」であったが、文化大革命（1966～1974年）への反動を経て形成された新たな権力エリートから成る権力体制は、自由化戦略を段階的に進めた。そして、1990年代までに新興資本家階級と国家機関の癒着・腐敗を伴いつつ「国家資本主義」へ移行した（「第二段階」）。「国家資本主義」は、社会主義とリベラル資本主義の間の移行体制となった。国家資本主義は民間資本主義を育てる温床となった。また、国家資本主義からリベラル資本主義への移行（「第三段階」）は、その後にリベラル資本主義段階における資本主義的再生産を拡大する原動力として、一種の「本源的蓄積」、つまり、公的資金の略奪に基づいていた（ペトラス 2008：206-210 参照）。

　ペトラスは、2000年代後半から、資本家、とくに外国人資本家の台頭が進む傾向を指摘する。すなわち、「リベラリズムからネオリベラリズムへの移行」

である。この過程で、「中国」経済はその「国家的アイデンティティ」を失い、外国に支配・運営された銀行や多国籍企業の前哨戦の地となる、という。さらに、「中国は帝国主義諸国の巨大な代理人となり、帝国主義諸国は政治的エリートや軍、学生といったさまざまなセクターを利用して、支配をめぐる競争を激化させる」（ペトラス 2008：218）と主張する。

## 3　中国の資本主義化が孕む不安定さ

　中国資本のグローバルな展開は、不安定な諸要素を孕みつつ急速に拡大した。アフリカをはじめ世界の全域でビジネス上の結びつきが増えていくのに伴って、中国政府は政治的安定への警戒を強めなくてはならない。中国は一国だけで巨大ダムの国際市場を復活させた。2010年には、全世界50カ国220のダムに中国企業が関与し、世界最大規模のダムの上位24のうち19の建設に携わっていた（ダイヤー　2015：325-326）。中国経済は今や、ペルーの鉄鉱山、コンゴのカタンガ州の銅鉱山、南スーダンの油田から各資源を調達している。この利害の網の目にからめとられ、中国も渋々ながら、かつてはまったく無関心であった他国の事情に引き込まれていった。ナイジェリアに4万5000人、スーダンに2万5000人、コンゴ共和国に1万人、パキスタンに1万人をはじめとして、海外で働く600万人の中国人に対処すべき問題が浮上した。中国人労働者の誘拐事件も発生している（ダイヤー　2015：282-292）

　一方、多くの論者が注視しているように、国内の難問への対応にも忙殺されるようになる。

> 「中国のグローバル資本主義の統合は、階級間およびグループ内での新たな緊張を生み出す。それは台頭するエリートと、社会主義的セーフティ・ネットが解体されるにつれての不安の高まりやグローバル資本主義の過酷な予測がつかない変転に従う労働者・農民との間の緊張を含んでおり、旧来のナショナルな蓄積形態に結びついたエリートと、新たな蓄積形態に結びついたエリートとの緊張を含んでいる」（Robinson 2014：40）

　新規雇用の創出は緊急を要した。新規雇用数を減らさないために経済成長を絶えず加速させていく必要がある。しかも、共産党指導部は、どこまで政府の

力で長期の成長、安定性、繁栄を生み出せるのか、その戦略を見直す必要に迫られている。加えて、1960年代や70年代の窮乏の記憶を持たない若い消費者のあいだで繁栄への要求水準が高まっている。指導部はそれをたゆみなく満たしていかなくてはならない。急速な高齢化に対応した広範な社会的セーフティ・ネットの設置、沿岸部と内陸部との格差問題への難しい対応もある（ブレマー 2011：220-222；藤野 2013；末廣 2014 も参照）。他方、過酷な労働搾取、独断的な土地の強奪、危険な労働環境、工場閉鎖、年金横領、補償なしの財産没収、環境の汚染、蔓延する腐敗などに対する大規模な抵抗運動が高まっており、体制はこうした抗議を無視できなくなっている。

## 6　グローバル化とグローバル・サウス

### 1　グローバル資本主義の時代

ここでは、「グローバル資本主義」について、この概念を提唱するロビンソンの議論（Robinson 2004；2012；2014；2015）を検討する。

近年、グローバルな蓄積ネットワークを基盤とした多国籍志向のエリートが新たに出現した。彼らは、保護主義的で国家主導的なナショナルかつリージョナルな連鎖に基盤を置く旧来のナショナル志向のエリートと競合する。ナショナル志向のエリートは、自己の地位の再生産のため少なくともかなりの割合の民衆階級や労働者階級の社会的再生産に依存していた。それゆえに、限定的ではあるが彼らはローカルな開発過程に依存することが多かった。一方、多国籍志向のエリートは、そうしたローカルな社会的再生産には依存しない。ナショナル志向のエリートから多国籍志向のエリートへの支配的権力関係の変化は、開発をナショナルな工業化と消費の拡大と規定する言説から、開発をグローバルな市場統合と規定する言説への変化を反映している（Robinson 2012：349）。

こうして、ロビンソンは世界資本主義の新たな段階としてグローバル資本主義を確認している（Robinson 2015：3）。彼は「グローバル化を世界資本主義の継続的な発展における質的に新しい時代」と考えている。それはとりわけ、「真に多国籍な資本の台頭」と世界の大多数の国々の「新たなグローバルな生産と金融のシステムへの統合（あるいは再接合）」によって特徴付けられている

(Robinson 2012：350)。北と南のナショナルな資本家階級の指導層は、その頂点に多国籍管理エリートがいる新たな多国籍資本家階級（TCC）に国境を超えて統合されていることを経験してきた。

　1980年代と90年代の間、世界中の資本家とエリートは新たな路線に沿ってナショナル志向と多国籍志向へと細分化した。ナショナル志向の分派と競争するローカルなエリートの多国籍分派は国家権力をめぐり張り合った。その結果、多くに国では多国籍分派が勝利した。彼らは資本主義的グローバル化を推進し、ナショナルな生産機構を再構築し、新たなグローバルな生産と金融システムにその生産機構を統合するためにその権力を活用した（Robinson 2012：351）。

　ここで注意すべきことは、国民国家中心の分析から決別し、グローバル資本主義の観念を肯定することは、ナショナル・レベルの過程や現象、あるいは国家間ダイナミズムの分析を放棄することを意味しないということである。国民国家は、グローバル資本主義への「統合の多様性」のもとに変容を続けているのである。

　したがって、「多国籍資本主義が自分自身を演ずる世界‐歴史的文脈」として「具体的地域やその特殊な環境を検討することなしにグローバルな社会を理解することは可能ではない」のであり、「グローバル化は、関連した偶発的・不均等な変容によって特徴付けられている」（Robinson 2015：17）のである。それゆえ、グローバル化を歴史的変化と現代的ダイナミズムとしての説明するためには、諸事件や変化を「グローバル化された権力関係と社会構造の帰結」として理解すべきである（Robinson 2015：18）。

## 2　グローバルな資本主義の実態

　グローバル資本主義を主張し、国民国家中心の分析を拒否するロビンソンだが、「ナショナル・レベルの過程や現象、あるいは国家間ダイナミズムの分析」を通じて、国民国家の変容の実態を考察する重要性を強調している。そして、彼は次のように述べる。

　　「こうして不平等な発展はグローバル経済へのローカルな挿入の性格とペースを決定している。鍵は多国籍システムへのその関係となり、グローバルなこととローカル

なこととの弁証法となる。歴史的に発展してきた、ナショナルでリージョナルな異なる歴史と社会諸力の編成は、各国と各地域がグローバル化のもとでの異なる経験をすることを意味している。さらに、これらの社会的諸力はナショナルおよびリージョナルな諸制度を通じて展開している。中国のグローバル資本主義の統合は、階級間およびグループ内での新たな緊張を生み出す。それは台頭するエリートと、社会主義的セーフティ・ネットが解体されるにつれての不安の高まりやグローバル資本主義の過酷な予測がつかない変転に従う労働者・農民との間の緊張を含んでおり、旧来のナショナルな蓄積形態に結びついたエリートと、新たな蓄積形態に結びついたエリートとの緊張を含んでいる」(Robinson 2014：40)

ロビンソンは、グローバル資本主義は世界資本主義の新たな段階として4つの基本的な特長を示している (Robinson 2015：3)。

第1は、真に多国籍な資本の台頭である。第2に、多国籍資本家階級(TCC)の台頭である。第3に、グローバル資本主義は国家の多国籍化、そして、最後に、グローバル資本主義内のヘゲモニーと帝国主義は、およそ植民地を支配する国民国家ではない。

一方、サマーズは「自らの本部を置いている国の利益より、グローバル経済における成功や自身の繁栄に身を捧げている無国籍エリート」に不平を言っていた (ロドリック 2014：110)。

また、ブレマーは、「国家資本主義は巨大ビジネスの様相を呈しており、そのことが国際政治やグローバル経済に重い意味を持つ」(ブレマー 2011：56-57)と強調する。そして、政府が国家資本主義の手段を使うのは、公共の福祉に奉仕するためではない政治上の目的を達成するためであったと述べる。国家資本主義国では、いくつかの最大手企業の事業環境は政財界のエリート層のつながりによって形づくられている。中国では、大手銀行すべてと大規模な事業会社の経営トップを指名する権限は、国家指導部が握っている (ブレマー 2011：186-188) と認識している。

## 3 グローバル・サウスとは

### (1) 二項対立概念の終焉

「グローバル・サウス」概念については、既に別稿 (松下 2016) で論じたのでここでは本論との関係で簡単に触れておきたい。「グローバル・サウス」概

念が登場する背景は、新自由主義を生み出してきた20世紀型資本主義（国民国家を前提にした「フォード主義的-ケインズ主義的」資本主義）の限界および冷戦の終結をひとつの契機にした新自由主義型グローバル化の加速度的進行である（Bullard 2012）。このグローバル化の展開のもとで実に多くの越境型の問題群が噴出してきた。これらの現象は、いまや、国家と社会の安全保障のみならず、リージョナルやグローバルな社会を危うくする脅威として考えられるようになった。

新自由主義型グローバル化のこうした影響は「南」の人びとだけではない。「北」の人びとも同様である。多国籍企業の先例のない権力と拡がり、そして、そのグローバルな生産の展開により、グローバルかつナショナルに富の激しい集中があり、超富裕層と大多数の人びととのギャップは拡大している。新自由主義型グローバル化は「グローバル・ノース」と「グローバル・サウス」との間に、また一国内においても急激な社会的不平等を生みだした。

注目すべき現実は、「南」と同様な貧しい場所は「北」にも多数存在し、同時に、「南」のエリートが富を蓄積している多くの裕福な地帯が「南」にもあることである。グローバル化のもとで、国境を越えて組織され拡散されている新たな社会的ヒエラルキーや不平等の諸形態が出現している。

こうした社会的ヒエラルキーと不平等のグローバルな存在は、従来の「途上国」や「南」といった概念では捉えきれなくなっている。グローバル化時代の「南」は、かつての「南」ではなく「グローバル・サウス」なのである。冷戦終結後、「第二世界」の崩壊により「第三世界」概念は言うまでもなく使われなくなった。先進国へのキャッチアップをイメージした「発展途上」という用語も、「先進」と「途上」の二項対立も有効性を失いつつある。

こうした区分は地理的・空間的な現実を反映している静態的な類型化であった。また「途上国」という表現は、欧米中心の経済主義的基準にとらわれていた。さらに、それは国家中心的な二分法的発想も免れていない。こうして、いまや「途上国」や「南」といった概念では、今日の世界を認識する枠組みとしては不十分と考えられるようになった。

(2) 被支配集団と「抵抗する」諸集団を包含

既に述べたように、ロビンソンは新たな段階としてグローバル資本主義を、

真に多国籍な資本の台頭、多国籍資本家階級の出現、国家の多国籍化、すなわち多国籍機関ネットワークへのナショナルな国家の吸収、こうした視角から定義づけている（Robinson 2015）。

さらに、彼は世界中に拡がっている自由貿易協定に関して、それは多国籍資本家階級への一層の権力集中とローカルな共同体の解体、金持ちと貧しい人びととのグローバルな分極化を進めている、と分析する。

こうして、グローバル・サウスはグローバル資本主義の重要な部分を構成している。「グローバル・サウス」概念は、センターとペリフェリー間の、そして「北」と「南」との多くの区別が不鮮明になっている事実を反映している。グローバル化のもとで、「国境を越えて組織され、拡散されている新たな社会的ヒエラルキーや不平等の諸形態が出現している。センターとペリフェリー——「北」と「南」——は、地理的カテゴリーというよりもますます社会的カテゴリーとなっており、それはトランスナショナルな社会構造のなかの位置」（Bullard 2012：727、傍点筆者）を意味する。

以上の指摘を別の側面から言い換えると、グローバル・サウスは、グローバルな支配および抵抗の様式によって特徴づけられる理論的ルーツをもつ概念である。そして、新自由主義型グローバル化の下で、それは搾取や疎外や周辺化といった共通の経験を有するあらゆる被支配集団と「抵抗する」諸集団を包含する政治的アクターを示す概念でもある。「グローバル・サウス」は「不平等を伴って複合的発展」するグローバル・サウスなのである。

以上述べた意味で、今日、従来の「途上国」と「先進国」、また「南」と「北」といった区分は再考される必要がある。

## 7　終わりに

本稿は、グローバル化と新自由主義という流れに世界中の地域と国が巻き込まれてきた過程と現状を確認したうえで、それでもそれぞれに地域や国々におけるこの流れへの対応に差異があることに注目した。

以上の視点から、本稿では地域としてラテンアメリカと中国に焦点を当て、分析枠組みとしては「グローバル資本主義」と「グローバル・サウス」の概念

の有効性を基本に据えた。結びとして、本稿に関わる以下の論点を敷衍しておきたい。

第1に、「南」における「北」、あるいは「南」における「南北格差」の問題がある。この問題を考える際に中国の新自由主義化の評価を如何にするか、その分析枠組みとアプローチは多様であり多くの論争がある。

オングは、さまざまな地域に特有な形の新自由主義の存在を確認し、新自由主義への政治的最適化のための「主体化のテクノロジーと従属のテクノロジー」着目している。そして、「例外としての新自由主義」として中国の新自由主義を描いている。

ハーヴェイは、中国が権威主義的な中央集権的統制と資本主義市場とを結合した「中国的特色のある」新自由主義であると主張する。そして今日、地域覇権国として東アジアと東南アジア全体に君臨する中国は、帝国的伝統の影を引きずりつつも世界経済の大部分を牽引してきた点を分析する。

また、ブレマーは、国家資本主義の視角から中国の資本主義発展を分析し、国営企業によるビジネス展開に焦点を当てる。ペトラスは、21世紀の中国が新自由主義に移行したが、そこにおける多国籍企業や国際的投資会社の役割を重視し、純粋な中国系企業の支配は低下していると考えている。ペトラスの論理展開と類似しているが、グローバル資本主義の視点から中国及び BRICS など他の新興資本主義国を分析しているのがウイリアム・ロビンソン（Robinson 2004；2012；2014；2015）である。

第2に、今日、グローバルな世界には巨大な不平等が実際に存在する。重要なことは、この巨大な不平等の存在をどのような視点から解釈するかである。新自由主義的グローバル化の脈絡で、中国をはじめ BRICS および大部分の「南」の地域と国々の資本家とエリートは、グローバルな多国籍資本家階級の構成要素として統合されてきた。

第3に、「グローバル・サウス」概念は21世紀の世界認識を拡げ、「重層的ガヴァナンス構築」に向けた「政治的グローバル・サウス」や「抵抗のグローバル・サウス」による対抗戦略の検討を要請することになる。「グローバル・サウス」概念は新自由主義型グローバル化のもとで搾取、疎外、周辺化の共通した経験を有するすべての人びとと、グループ、諸階級を包含する。その意味で

も、それは、新自由主義と反システム型トランスナショナル運動の文脈において特別の意味を持つ。「グローバル・サウス」概念は「政治的グローバル・サウス」、あるいは「抵抗のグローバル・サウス」という意味を内包している。

第4に、以上のことから、21世紀の新自由主義的グローバル化の対抗戦略は、「ローカル／ナショナル／リージョナル／グローバル」の連結関係のなかで、ナショナルなレベルでの「国家-市民社会-市場」の変容する相互関係を考察することが必要になる。言い換えれば、国家を市民社会に埋め込む多様なプロジェクトを追求し、民衆を基盤にしたリージョナリズムを構築し、平等と多様性に基づいたコンセンサス型意思決定メカニズムをグローバルなレベルで長期的に追求する必要があろう。抑圧と周辺化の複雑な（不均等で連結型の）歴史的、経済的、文化的、政治的は諸過程を認識する（そして対抗しようとする）革新的な作業方法を発展させている世界社会フォーラムのような運動（Santos 2006）やコスモポリタン民主制（ヘルド 2002）を提唱する理論的努力も21世紀の対抗戦略に合流できるであろう。

最後に、重層的ガヴァナンス構築の視点に触れておく。ネオリベラル型「改革」の普及は、ナショナルかつグローバルな諸要素を伴った一つの過程である。多くの論者が強調してきたように、支配的なネオリベラル型世界秩序はローカルとナショナルなレベルだけでは変えられない。すなわち、グローバルな社会変容に向けた効果的闘争は、ローカルな抵抗からトランスナショナルな協調までの多様で重層的な運動の結合を必要とする。

市民社会の基盤にしたローカルな抵抗や運動、そしてローカルからグローバルに至る重層的なガヴァナンスの連携・協調が理想的なことは言うまでもない。

**【参考文献】**
日本語文献
オーウェン，ロジャー（山尾大・溝渕正季訳）（2015）『現代中東の国家・権力政治』明石書店。
太田和宏（2012）「ASEAN諸国における国家─社会関係──新自由主義下の展開をふまえて」藤田和子・松下冽編著『新自由主義に揺れるグローバル・サウス──いま世界をどう見るか』ミネルヴァ書房。

小沢弘明（2011）「新自由主義下の中東・北アフリカ」『現代思想』Vol. 39-4、220-223頁。
オング，アイファ（2013）『≪アジア≫、例外としての新自由主義』作品社。
クライン，ナオミ（幾島幸子・村上由見子訳）（2011）『ショック・ドクトリン――惨事便乗型資本主義の正体を暴く（上）（下）』岩波書店。
グランディン，グレッグ（松下冽監訳）（2008）『アメリカ帝国のワークショップ――米国のラテンアメリカ・中東政策と新自由主義の深層』明石書店。
栗田禎子（2011）「エジプト「民衆革命」の意味するもの」『現代思想』Vol. 39-4、46-51頁。
末廣昭（2014）『新興アジア経済論――キャッチアップを超えて』岩波書店。
ダイヤー，ジェフ（松本剛史訳）（2015）『米中・世紀の競争――アメリカは中国の挑戦に打ち勝てるか』日本経済新聞出版社。
高橋進（2016）「エスノ・リージョナリズムの隆盛と『再国民化』」高橋進・石田徹『「再国民化」に揺らぐヨーロッパ――新たなナショナリズムの隆盛と移民排斥のゆくえ』法律文化社。
ハーヴェイ，デヴィッド（本橋哲也訳）（2005）『ニュー・インペリアリズム』青木書店。
―――（渡辺治監訳）（2007）『新自由主義――その歴史的展開と現在』作品社。
藤野彰（2013）「中国の権威主義体制の地殻変動と多元化社会の可能性」松下冽・山根健至編『共鳴するガヴァナンス空間の現実と課題』晃洋書房。
ブレマー，イアン（有賀裕子訳）（2011）『自由市場の終焉――国家資本主義とどう闘うか』日本経済新聞出版社。
ペトラス，ジェームズ（高尾菜つこ訳）（2008）『「帝国アメリカ」の真の支配者は誰か』三交社。
ヘルド，デヴィッド（佐々木寛・遠藤誠治他共訳）（2002）『デモクラシーと世界秩序――地球市民の政治学』NTT出版。
―――（中谷義和監訳）（2002）『グローバル化とは何か――文化・経済・政治』法律文化社。
ヘルド，デヴィッド・アーキブージ，マシアス（中谷義和監訳）（2004）『グローバル化をどうとらえるか――ガヴァナンスの新地平』法律文化社、159-164頁。
マックグルー，アンソニー（2002）「権力移動――国民型政府からグローバル・ガヴァナンスへの移行」ヘルド，デヴィッド編（中谷義和監訳）『グローバル化とは何か――文化・経済・政治』法律文化社。
松下冽（1993）『現代ラテンアメリカの社会と政治』日本経済評論社。
―――（1997）「メキシコ官僚制試論――メキシコの社会変動とテクノクラート」『政経論叢』第65巻5/6号。
―――（2001a）「グローバリゼーションとメキシコ権力構造の再編――官僚機構のテクノクラート化をめぐって」『政策科学』8巻3号。
―――（2001b）「メキシコにおけるネオリベラリズムと市民社会の交差――全国連帯計画（PRONASOL）をめぐって」『立命館国際研究』14巻2号。
―――（2007）『途上国の試練と挑戦――新自由主義を超えて』ミネルヴァ書房。

―――(2008)「メキシコ農村から見た NAFTA の軌跡と現実（上・下）――農村の貧困化とトルティーリャ危機」『アジア・アフリカ研究』第48巻第1号、第2号。

―――(2012a)『グローバル・サウスにおける重層的ガヴァナンス構築――参加・民主主義・社会運動』ミネルヴァ書房。

―――(2012b)「グローバル・サウスを見るひとつの視点」藤田和子・松下冽編著『新自由主義に揺れるグローバル・サウス――いま世界をどう見るか』ミネルヴァ書房。

―――(2013)「交差するガヴァナンスと『人間の安全保障』――グローバル・サウスの視点を中心に」松下冽・山根健至編著『共鳴するガヴァナンス空間の現実と課題』晃洋書房。

―――(2016)「「南」から見たグローバル化と重層的ガヴァナンスの可能性」諸富徹編『資本主義経済システムの展望』岩波書店。

村上勇介・仙石学（2013）『ネオリベラリズムの実践現場――中東欧・ロシアとラテンアメリカ』京都大学学術出版会。

ロドリック，ダニ（柴山桂太・大川良文訳）（2014）『グローバリゼーション・パラドクス』白水社。

**外国語文献**

Boden, Mark (2011) "Neoliberalism and Counter-Hegemony in the Global South: Reimagining the State," in Motta, Sara C. and Alf Gunvald Nilsen eds., *Social Movements in the Global South: Dispossession, Development and Resistance*, Palgrave Macmillan, pp. 83-103.

Bullard, Nicola (2012) "Global South," in Anheier, Helmut K. and Mark Juergensmeyer eds., *Encyclopedia of Global Studies*, Sage, pp. 724-727.

Cox, Robert W. (1994) "The Crisis in World Order and the Challenge to International Organization," *Cooperation and Conflict*, 29(2).

Escobar, A. (1995) *Encountering Development: The Making and Unmaking of the Third World*, Princeton University Press.

Grugel, Jean and Pia Riggirozzi (2009) "The End of Embrace? Neoliberalism and Alternatives to Neoliberalism in Latin America," in Grugel, J. and P. Riggirozzi eds., *Governance After Neoliberalism in Latin America*, Palgrave Macmillan, pp. 1-23.

Holloway, John (2003) *Change the World Without Taking Power: The Meaning of Revolution Today*, London: Pluto Press.

Kaufmann, Daniel et al. (2006) *Governance Matters V: Aggregate and Individual Governance Indicators for 1996-2005*, Washington: The World Bank.

Motta, Sara C. and Alf Gunvald Nilsen (2011) "Social Movements and /in the Postcolonial: Dispossession, Development and Resistance in the Global South," in Motta, Sara C. and Alf Gunvald Nilsen eds., *Social Movements in the Global South: Dispossession, Development and Resistance*, Palgrave Macmillan.

Petras, J. and H. Veltmeyer (2005) *Social Movements and State Power in Latin America: Argentine, Bolivia, Brazil, Ecuador*, London: Pluto Press.

Pierre, Jon and B. Guy Peters (2000) *Governance, Politics and the State*, Macmillan Press.

Riggirozzi, Pia and Jean Grugel (2009) "Conclusion: Governance after Neoliberalism," in Grugel, J. and P. Riggirozzi eds., *Governance After Neoliberalism in Latin America*, Palgrave Macmillan, pp. 217-230.

Robinson, William I. (2004) *A Theory of Global Capitalism*, Johns Hopkins University Press.

――― (2012) "Global Capitalism Theory and Emergence of Transnational Elites," *Critical Sociology*, Vol. 38, 349-363.

――― (2014) *Global Capitalism and the Crisis of Humanity*, Cambridge University Press.

――― (2015) "The transnational state and the BRICS: a global capitalism perspectives," *Third World Quarterly*, Vol. 36, No. 1, 1-21.

Ruggie, John G. (1982) "International Regimes, Transactions, and Change: Embedded Liberalism in the Postwar Economic Order", *International Organization*, vol. 36, no. 2.

Santos, Boaventura de Sousa (2006) *The rise of the global left: The World Social Forum and beyond*, Zed Books.

第Ⅱ部

# 社会経済構造の変容

# 第6章
# 改革開放以後の中国社会階層の変化とその問題点

ドン・シーチャオ
鄧　仕超

　1978年の改革開放以前は、中国社会はおよそ労働者と農民の二大階級と知識階層に分けることができた。国家行政と企業経営に携わる人々の地位と待遇は、普通の労働者とは幾分の差があり、幹部階層と呼ばれたが、こうした人々も曖昧な形で労働者階級に含まれていた。したがって、改革開放以前は、中国社会のグループの基本構造は簡単に「2つの階級と1つの階層」と概括された。

　改革開放以後、中国の社会階級の境界は不明確になったが、階層の変化には非常に複雑な状況が現れ、中国社会の異なるグループの政治的、経済的、文化的地位は急速に変化し、とくに市場経済の発展と多様な経済的構成要素が現れたことで、異なるグループの経済状況は新たな構造を呈するようになり、市場経済の中で新たな社会階層の枠組みが形成された。中国の改革開放は中国社会の新たな階層の枠組みを形成する内在的な動因となり、経済のグローバル化と東アジア地域の経済一体化の過程は中国の新たな社会階層の枠組みを形成する外部の条件であり、中国社会の新たな階層の枠組みはアメリカ、日本、ヨーロッパなどの先進国の状況に次第に近づくようになった。しかし、中国社会の新たな階層の枠組みはまだ絶えず調整、変動している段階にあり、さらに階層間と階層内部の収入の差異があまりにも大きく、中産階層はまだ比較的弱小で、社会的流動性が阻まれるといった弊害があるため、安定的で良好な社会階層が形成できるかは依然として未知数である。

## 1 改革開放前の中国社会階級と階層構造の概要

　秦漢以来、中国は封建的全国統一社会を築いてきた。長きにわたる封建社会で、土地は名義上国家に帰属していたが、実際に地主や横暴な有力者が絶えず土地を買収し、社会は地主と農民の二大基本階級に分かれた。農民階級では、多くの人がわずかな土地しか持てないか、全く土地を持てずにいた。農民たちは生活していく術がなくなれば反乱を起こし、その時の支配を転覆し、新たな王朝を樹立した。中国の封建社会はこうしたことを繰り返しており、全国統一の安定した構造の下で、発展は遅々としていた。

　1840年のアヘン戦争以降、中国は半封建半植民地社会の段階に入り、社会階級構造は新たな様相を見せた。元々あった地主階級と農民階級のほか、官僚資産階級と封建買弁階級が出現した。中華人民共和国成立前後の時期に、共産党政権は国民政府の官僚資本と買弁資本を没収した。1949年末になって、共産党政権は国民政府の官僚資本工業企業計2858社を没収した。そこに含まれるのは、国民党政府中央銀行、中国銀行、交通銀行、中国農民銀行と地方銀行2400余り、国民党政府交通部系列の運輸企業、鉄道車両と船舶修理工場30余り、中国石油、中国塩業、中国茶葉、中米実業など数十社の独占的貿易会社などである。没収したこれらの官僚資本と買弁資本は、全人民の所有に帰し、改造と調整を経て、その後の国有経済の主体となった。[1]

　広大な農村では、中華人民共和国成立後間もない1950年6月に、土地改革運動が全面的に展開された。1952年末までに、全国3億人余りの土地を持たない、あるいは土地が少ない農民は、7億畝余りの土地といくらかの主要な生産手段も得るに到った。封建搾取階級としての地主階級は消滅させられ、雇農、貧農と下層中農が共産党政権の農村における階級の基礎となり、上層中農と富農は監視と改造の対象となった。1953年から1956年は社会主義改造期と呼ばれ、国家が農業、手工業と資本主義工商業の改造を進めた時期である。農村では互助組、初級社、高級社を通して、次第に農家を組織していき、農家の土地と主要な生産手段は高級社の所有となり、1957年以降、高級社は合併して人民公社となり、農家は集団労働を通して相応の報酬を得た。こうして、元々あっ

た農村の各階層はいずれも直接に生産手段を占有しなくなったため、自ずと経営主体の差異がなくなり、農村の各階層はひとつの統一された農民階級ということになった。にもかかわらず、農村に元々あった各階級の政治身分とその呼称は残り、政治運動が起こる度に、地主、富農はまずその闘争の矛先を向けられ、彼らの子どもは進学、就職、従軍、幹部への昇進などの各方面で差別され、改革開放以後になって漸く地主と富農という不名誉を捨て去ることができたのである。

都市では、圧倒的大多数の手工業者が各地の手工業合作社に参加した。資本主義工商業者に対して、国は「贖買」政策をとり、まず国営経済部門から私営企業に委託加工と発注をし、統一買付、独占販売などで徐々に公私合営企業へと移行させていった。1956年末には、全国で広く実行された公私合営は、元々は私人資本家だけが公私合営企業から相当の株式配当を受け取っていたが、数年後、公私合営企業は完全に国有企業に変わり、民族資産階級はひとつの階級としては消滅した。

社会主義改造を経て、中国は全人民所有制と農村土地集団所有制を確立した。国は計画経済体制を実行し、社会全体の構成員としての個人はもはや生産手段を持つことはなく、人、財、物は統一的に分配され、都市では第二次、第三次産業は単位が賃金を支払い、農民は生産隊で稼いだ労働点数を貨幣や現物に換算した。社会構成員の階級と階層構造全体は非常に単純化され、労働者階級と農民階級の二大基本階級と、知識階層が形成された。1957年から改革開放前の1977年まで、こうした社会階級と階層構造は基本的には安定していたが、社会全体の生産水準は低下していたため、社会の富は比較的少なく、社会全体の富の配分は相対的には均等であった。中国社会の工業労働者と農民の間、都市と農村の間、肉体労働と頭脳労働の間には少々の差異があったが、こうした差異は戸籍制度と等級別賃金が固定化していたためである。生産力が全体的に低下したため、階級階層内部では深刻な分化は生じず、社会全体のジニ係数は比較的低く、こうした現象を低水準の平均社会主義と呼ぶ人もいる。

改革開放前の1977年前後を例にとると、「２つの階級と１つの階層」という基本状況はおよそ以下の通りである。

第１に、労働者階級の状況である。1977年末、第一次産業の工業、交通、イ

ンフラ建設部門の労働者は合計4079万3千人であり、1957年の1185万9千人から2.4倍に増加している。第三次産業の商業、飲食サービス業、都市の公用事業と金融部門の労働者は、1977年には合計1058万人で、1957年の546万7千人に比べて93%増加している。中国の第二次、第三次産業の労働者は1957年の1732万6千人が1977年には5137万3千人で、20年間で併せて3404万7千人増加しており、平均すると毎年170万人増加している計算になる。そのうち約60%が進学、従軍や労働者募集などにより農村から転出してきた人々である。

第2に、農民階級の状況である。1977年末、中国農村の総人口は7億8305万人で、全国の総人口の82.45%を占め、1957年の5億4704万人から2億3601万人増加しており、平均すると毎年1180万人増加したことになる。中国の農村が都市に毎年大量の人口を送り出しているにもかかわらず、計画出産政策を実行していなかったので、農民人口の自然増加率は都市の自然増加率を大幅に上回り、都市化率は顕著な上昇を見せなかった。こうした状況は1995年まで続いた。

第3に、知識人階層の状況である。知識人の定義はかなり曖昧であるため、改革開放前は、知識人の人数は一貫してさほど明確ではなかった。1950年の毛沢東のある説明によると、中国にはおよそ500万人の知識人がいるという。改革開放以後の1978年、知識人は大幅な増加を見せ、全人民所有制に基づく科学技術者は434万5千人（うち土木技術者は157万1千人、農業技術者は29万4千人）であり、大学の専任教員は20万6千人、科学、教育、衛生系統を合わせると1616万人、ほかに文芸、文化、スポーツ、メディアなどの領域の合計は約2500万人である。1982年7月の全国人口一斉調査では全国の総人口10億391万人のうち、大学教育レベルを備えた人々はわずか604万人で、総人口の0.6%に過ぎず、したがって上述の知識人の総数は大学教育レベルの人々のほか、かなりの程度で中等専門学校、高校教育レベルの人々をも含んだものとなっている。[2]

1957年から1977年までの20年間、中国は反右派闘争、大躍進、その後にはさらにいわゆる「三年自然災害」を経た。国民経済が回復した1965年以降、毛沢東は資本主義の復辟と反修正主義のために、10年にも及ぶ文化大革命を発動した。長期にわたる政治運動と権力闘争によって、中国国民経済の発展は遠回りさせられることとなった。この20年間、労働者階級が指導階級であり、労働者

という職業が高次の社会的地位にあり、党と国家は労働者の隊列の中から大量の指導幹部を選抜し、企業、地方、国家の管理に参入させたので、労働者は当時の中国青年にとって理想の職業となった。中国の人口の大多数を占める農民は、名義上は労働者階級の同盟軍であるが、人民公社に囲い込まれて集団労働に参加していたので、生産経営の自由がないのみならず、相対的に安定した収入保障もなく、物質的、文化的生活水準も極めて低かった。知識人階層は反右派闘争やその後の文化大革命といった政治運動の中で、プチブル、「臭老九（九番目の鼻つまみ者）」と定義され、改造と批判の対象となり、多くの知識人が一家離散し、消えることのない恨みを抱くようになった。文革中は、多くの大学が閉鎖され、学術研究を行う研究所も解散し、知識人は下放されて労働に従事させられた。中国経済、社会文化、科学の発展に計り知れない損失をもたらしたのである。

## 2　改革開放以後の中国社会階層の変化

　階級と階層は英語では同じ単語で、両者に明確な区別はない。階級と階層の分類については、中国の学術界では主に２つの分け方がある。１つ目は改革開放前の長期にわたり流行したマルクス主義の階級分析法である。レーニンはかつて次のような定義を下した。「階級と呼ばれるのは、歴史的に規定された社会的生産の体制のなかで占めるその地位が、生産手段にたいするその関係（その大部分は法律によって確認され成文化されている）が、社会的労働組織のなかでの役割が、したがって、彼らが自由にし得る社会的富の分け前をうけとる方法と分け前の大きさが、他とちがう人々の大きな集団である。階級とは、一定の社会経済制度のなかで占めるその地位がちがうことによって、そのうちの一方が他方の労働をわがものとすることができるような、人間の集団を言うのである。」[3]

　実際、もし生産手段の占有を階級階層の区分の主な基準と見なすならば、1957年の社会主義改造完成以降、中国は全人民所有制と集団所有制の２種類の占有方式しか残っていなかったことになり、私人の占有は存在せず、社会には労働者階級、農民階級、知識人階層だけが存在したことになる。理論的に言え

ば、中国には厳密な意味での階級は存在せず、工業労働者と農民の区別、都市と農村の区別、肉体労働と頭脳労働の区別のみが存在し、この三大区別は長期にわたって存在し、生産力の不断の発展に依拠することで少しずつ解消できたのであった。しかし、改革開放前の中国共産党と中華人民共和国の主要な指導者である毛沢東は、長期にわたって苦難の革命活動に従事してきたため、社会主義時代に入っても国内外の様々な圧力に対して過剰に反応した。社会主義改造が完成してからも、毛沢東は依然として階級と階層の区分を絶対化しており、階級闘争の拡大化を、長期にわたり階級闘争の要として強調し、プロレタリア独裁の下での継続革命を不断に推し進めて資本主義の復活を防止しなければならないと主張して、中国の近代化と社会の発展を数十年も遅らせたのである。

　2つ目の分類法は、社会学者ヴェーバーとネオ・マルクス主義者ライトによるものである。ヴェーバーにも階級の概念はあるが、ヴェーバーの階級概念とマルクスの強烈な価値傾向は異なり、ヴェーバーは階級の本質を探究するためではなく、異なる階級が社会生産の中で占める地位と向上の機会を探究しようとしたのであった。ヴェーバーは、階級と階層の概念に厳密な区別をしていない。ネオ・マルクス主義者ライトと西側の多くの社会学者も同様で、資本主義階級構造の分析では、生産手段の占有だけではなく、職業、収入、財産、個人的な声望、交際、社会化、権力、階級意識、社会的流動性など、より多くの指標を導入している[4]。

　改革開放以降、中国の政策決定層は解放思想、実事求是の思想路線を堅持し、中国の国情に基づきながら資本主義国家が生産力を発展させてきた先進的な経験を参考にし、中国社会の生産力の飛躍的な発展、人民の生活水準を全体的に大きく向上させるべきことを強調した。同時に、中国の社会階級と階層の変化も実に複雑な状況を呈してきた。中国の社会階級と階層の変化については、比較的多くの著作と研究報告がある。そのうち代表的と言えるものは元中国社会学研究学会会長の陸学藝主編、2001年中国社会科学院出版の『当代中国社会階層研究報告』である。この報告は職業分類を基礎とし、組織資源、経済資源、文化資源の占有状況を基準に、中国社会を異なるグループに分けて分析を加えていくもので、その結果、十大階層と5つの等級に分けていくことにな

る。その十大階層とは簡単に述べると以下のようなものである。

　①国家および社会の管理者階層。中国の現行の社会政治体制はこの階層、とくに、この階層の上層を極めて高い地位に置いている。この階層に属する人々は、具体的には党政事業機構と社会団体における行政管理部門の指導幹部、具体的には、中央政府各部委員会と直轄市で行政管理職権を有する処級以上の行政級別幹部、各省、市、地区で行政管理職権を有する郷科級以上の行政級別幹部が含まれる。この階層は中国の社会階層構造全体の中で主導的な階層であり、中国社会経済の発展と市場化改革の主要な推進者であり組織者である。同時に、権力の運用体制は不透明であり、有効かつ民主的な監視にも事欠き、この階層は最も腐敗を引き起こしやすいと言える。この階層は社会階層構造全体の中で占める比率はおよそ2.1％であり、都市における比率は1％から5％、県レベルの行政区域における比率はおよそ0.5％である。

　②企業経営者階層。この階層は中国の市場化改革の最も積極的な推進者であり、企業制度を新たに創り出した階層である。彼らの大部分は大型国有企業の高中層の管理者であり、一部は株式私営企業の高級管理者、あるいは三資企業の高級管理者である。この階層と、国家と社会の管理者幹部階層、私営企業主階級の間を区分する境界はまだ明確にされておらず、また、その内部の異なる由来を持つ構成員の社会政治における態度と利益の認識の面では明確な差異も存在する。この階層はまだ発展途上にあり、社会階層構造の中で占める比率は約1.5％であるが、各地域間の分布は均衡がとれていない。

　③私営企業主階層。この階層の政治的地位は、その経済的地位と釣り合いがとれていない。彼らは一定の私人資本あるいは固定資産を持っており、投資から利潤を得ている。中国の現行の政策規定に基づくと、8人以上を雇用している私営企業の全ての事業主を含むことになる。この階層の構成員は、主に改革開放初期は農村と都市の社会の比較的低い階層出身であったが、1992年以降、専門文化知識を持つ元の国有あるいは集団企業の管理者、専門技術者、機関幹部が大量にこの階層に入ってきて、この階層の社会イメージと社会地位は格段に向上した。しかし、伝統的な官僚本位意識と商業軽視心理の影響で、企業主階層の政治的地位は一貫してその経済的地位と釣り合わず、社会における彼らに対する評価には大きな論争がある。

人数を見ると、中小企業主がこの階層の中心をなしている。全国で見ると、私営企業主階層は社会階層構造の中で占める比率はわずか0.6％で、地域差もかなり大きい。私営経済が比較的発達した東部沿海地区と一部の都市では、この比率は３％前後に達するところもあるが、経済が発展していない地域ではその比率は0.3％以下である。

④専門技術者階層。この階層は社会の安定を維持し、社会の進歩を促進する重要なエネルギーとなっている。異なる経済的構成要素の企業や事業単位で様々な専門的技術職や研究職に従事する人々がこの階層に属する。彼らは現代社会における中産階層の中心的なグループであり、先進的な生産力の代表であり、先進的な文化の代表でもある。彼らは、また、社会の主導的な価値体系とイデオロギーを新たに創り出し広める役割も担っており、社会の安定を維持し、社会の進歩を促進する重要な動力となっている。現代の中国社会では、専門技術者階層は科学技術の発展と市場経済理論の普及の面で重要な役割を果たしている。

専門技術者は中国の階層構造および中産階層の中で占める比率は依然としてやや低めで、彼らは都市に集中している。社会主義近代化路線の推進や、教育、科学技術、様々な社会事業の発展に伴い、この階層は日増しに膨張してきている。統計では、専門技術者の中国社会階層構造の中で占める比率は約5.1％だが、都市と農村での差異が大きく、経済発展水準の異なる地域での差異も大きい。経済が発展した地域の大都市、中都市では、専門技術者階層の占める比率は10％から20％、都市部と農村をつなぐ県、市では、その比率はわずか1.5％から３％である。

⑤事務職員階層。これは社会的流動性の比較的大きな階層である。彼らは部門の責任者が日常の行政事務処理を行なうことを補助する専門事務職員であり、主に党政機関の中下層の公務員、様々な企業、事業単位の基層管理者を含み、社会階層の流動化の鍵を握る重要な一部分である。その構成員は国家と社会の管理者、経営者、専門技術者の予備軍である。同時に、工業労働者と農民もこの階層を通して社会的地位を高める方向へ流動することが可能になる。この階層も現代社会の中産階級を構成する重要な部分であり、彼らが中国社会階層構造の中で占める比率は約4.8％である。都市ではその比率は約10％から

15％だが市部と農村をつなぐ県、市では、その比率は２％から６％の間となる。工業化と市場化の水準の向上に伴い、大量の肉体労働者が流動してこの階層に入ってくることがあり得るのである。

⑥個人経営商工業者階層。この階層は市場経済において活気づいている勢力である。彼らは不動産を含む私人資本を少しばかり持っており、それを生産、流通、サービス業などの経営活動や金融債権市場に投入することを生業としている人々である。零細商工業者や個人経営の商工業者（少数の労働者を雇用する十分な資本があるものの、自らも労働、生産、経営に直接参与する人）や、個人事業主や個人労働者（自ら開業し経営する資本はあるが他の労働者を雇用できない人）、小株主、小投資家、小規模の賃貸住宅管理業者などがこれに該当する。この階層はリストラされた労働者、失業者と都市に移る農民を吸収する重要なルートである。目下、個人経営商工業者階層は社会階層構造全体の中で占める比率は4.2％で、この比率は国家工商部門の登録データから算出したものだが、この階層の実際の人数は登録された人数よりかなり多い。

⑦商業サービス従業員階層。この階層は都市化と最も密接な関係にあり、商業とサービス業における、非専門的労働で非肉体的労働や肉体労働に従事する従業員を含む。中国の商業サービス業は未発達で、かつ産業レベルも低いため、この階層の圧倒的多数の構成員の社会経済状況は産業労働者階層と比較的類似している。しかし一部の大都市における国際的にかなり連動している商業サービス業部門では、商業サービス業従業員の社会経済状況は事務職員階層に比較的近い。工業化と市場化の推進と第三次産業の発展に伴い、この階層の規模は一層拡大するであろう。

商業サービス業階層が社会階層構造の中で占める比率は、約12％である。この階層は都市化と最も密接な関係にあるため、都市間の差が比較的大きい。小都市と農村では、商業サービス業はまだ発達しておらず、また産業レベルも低く、従業員も少なく、社会の需要を満たすには全く足りない。

⑧産業労働者階層。この階層は、改革開放前は労働者階級の主導力量であったが、改革開放後はその人員構成に根本的な変化が生じた。彼らには第二次産業で肉体労働、半肉体労働に従事する生産労働者、建築業の労働者やその関係者が含まれる。改革開放以来、産業労働者階層の社会経済的地位は明確に低下

しており、これは産業階層の構成員に根本的な変化をもたらした。かつて労働者階層であった一部の人々は教育と技術訓練を受けて労働者階層を離れ、社会経済的地位の比較的高いその他の社会階層に加わっていった。

統計では、あらゆる産業労働者階層は社会階層構造の中で22.6％前後の比率を占めているが、農民工が産業労働者の中で30％ほどを占め、しかも、この比率は絶えず上昇している。この階層は都市と農村の間の差異が極めて大きく、経済構造の異なる都市の間や、発展レベルの異なる農村の間でその差異が極めて顕著である。

⑨農業労働者階層。この階層は依然として中国において人口規模が最大の階層である。この階層は集団所有の耕地を請け負い、農業（林業、牧畜、漁業）を唯一の、あるいは主要な職業とし、さらに農業（林業、牧畜、漁業）を唯一の、あるいは主要な収入源とする農民を指す。この階層はほとんど組織的資源、文化的資源、経済的資源を持たず、しばしば上述のあらゆる階層より下位に置かれるため、社会階層構造全体の中での地位は比較的低い。中国の改革開放初期と比べて、中国の農民階層の規模はすでに顕著な縮小を見せており、純粋な農業労働者あるいは農業を主要な職業とする農民が労働人口に占める比率は、1978年の70％以上から1999年には44％ほどに減少しており、2013年にはこの比率が36％程度にまで減少した。

⑩都市と農村の無業、失業、半失業者階層。この階層はどのような社会にも存在し、固定の職業を持たない労働年齢層の人々を指す。改革開放以降、体制の軌道修正と産業構造の調整により、一群の労働者や商業、サービス業の従業員は失業、半失業状態に置かれ、同時に就業市場が不足していることも、新たに労働力市場に加わる多くの青年労働力を長期間失業状態にしている。都市では農業用地を収用して多くの農民を耕す土地がない状態にしているが、こうした農民が都市で一時的にふさわしい職業が見つからないという事態を招いている。ほかにも、多くの都市と農村の住民が障害や疾病による困難のために就業できていない状況も存在する。社会救済機能の不足のために、こうした失業者の多くは貧困状態に陥っている。この階層が社会階層構造全体に占める比率は約3.2％である[5]。

この報告は、加えて家庭１人当たりの収入の状況に基づき、以上の十大社会

階層を以下のように5つの社会経済等級に分けている。

　①社会上層：高層指導幹部、大企業経営者、高級専門職や大私営企業主

　②中上層：中層指導幹部、中間管理職、中小企業経営者、専門技術職員や中等企業主

　③中中層：初級専門技術職員、小企業主、事務職員、個人経営商工業者、大規模農業経営者

　④中下層：個人サービス業従業員、労働者、農民

　⑤最下層：生活が貧困状態にあり就業の保障がない労働者、農民と無業、失業、半失業者

　この5つの社会経済等級人口については、『当代中国社会階層研究報告』は明確な人口比率を提示しておらず、その計算は非常な困難を伴う。上の区分に基づいて見ると、それぞれの社会経済等級が3つから5つの社会階層の構成員を含み、社会上層が国家と社会の管理者階層、経営者階層、私営企業主階層、専門技術職員階層など4つの階層の構成員を含み、社会底層は一部の商業サービス業従業員階層、産業労働者階層、農業労働者階層の構成員、全ての都市の失業者、無業者、半失業者階層の構成員を含んでいる。同じく、十大社会階層の中の多くの階層もある社会経済等級の中で必ずしも固定化されるものではなく、2つか3つの社会経済等級に分属させることができるだろう。こうした状況は中国の十大社会階層の区分が比較的強い職業と職種の分類が意義を持ち、それぞれの階層内部にある経済収入の差異は非常に大きなものであることを説明している。

　『中国社会階層研究報告』は1999年の調査データに依拠しており、今日まですでに10年以上の時間を経ている。2010年、この報告の編集責任者である陸学藝は、研究報告の中の10の階層の配列順位は、現在でも成立しており、「それぞれの階層の規模と人数が変化しただけで、ある階層は増加し、ある階層は減少し、また、ある階層では多く増加しているが、また別の階層では増加は少ない」と述べている。[6]

## 3　中国社会階層の変化に内在する問題

　改革開放以来、中国では市場経済体制の改革を進め、同時に一連の政治体制と社会管理体制の改革も進めており、中国の社会階級と階層には大きな変化が生じ、改革開放前とは明確に異なる社会階層の新たな構造が形成された。しかし、中国経済体制の改革は可能な限り西側の発達した国家のモデルを参照していたため、政治体制改革と社会管理体制は当初より一括したトップデザインを欠いており、しかも「石橋を叩いて渡る」姿勢をとったため、経済体制改革は相対的に遅れ、中国社会に多くの解決し難い構造上の問題を残した。社会階層構造の変化の面では、一方では経済体制改革が各種の経済構成要素を形成し、収入の程度が異なる階層を生み出しているが、もう一方では元々あった政治体制と社会管理体制とが相応の改変を達成しておらず、中国社会階層の変化を生み出しながらも、容易に解決できない多くの問題も残している。

　第1に、中国の都市と農村の間、各社会階層の間、さらには階層の内部、各経済等級の間、経済等級の内部にも巨大な収入の格差が存在する。これらの格差はジニ係数に表れている。「世界銀行経済調査団」が1980年に中国経済を調査した後に作成した報告によると、改革開放前の1980年、中国の都市の家庭の1人当たりの収入のジニ係数は0.16、農村家庭1人当たりの収入のジニ係数は0.31、都市と農村を合計した家庭1人当たりのジニ係数は0.33である。この報告はさらに、当時中国で最も裕福であった10％の人が全部の収入のうちに占める比率が22.5％で、最も裕福な20％の人が全部の収入の中で占める比率は39.3％であったことも示している。[7] 当時の中国全体の所得水準は比較的低かったことを考慮すれば、中国の都市と農村の間、地域間、各階級階層間の収入の格差は大きくはなかったと見なせよう。

　改革開放以降、中国の都市と農村の住民のジニ係数は急速に上昇した。中国国家統計局が発表したデータによると、2003年以来、中国のジニ係数は一貫して世界平均水準である0.44以上であり、2008年には最高点の0.491に達し、その後ジニ係数は再び下落している。2013年の中国の都市と農村の住民のジニ係数は0.473、2014年は0.469、2015年は0.462で、2009年以来7年連続の下

落である。中国国家統計局のデータによれば、2015年の中国の都市と農村の住民1人当たりの収入は2万1966元で、都市の住民1人当たりでは3万1195元、農村の住民1人当たりでは1万1422元、都市と農村の住民間の差は2.73にもなり、中国の職種間の収入の格差は約4倍にも上り、5つの経済等級間の収入の格差もかなり大きい。

中国国家統計局の統計データから見ると、中国の当面のジニ係数は比較的大きく、都市と農村の間、各社会階層の間の収入にも大きな差異が存在するが、まだコントロールが効く範囲であり、かつ緩やかに好転している。中国の民間機関は政府当局ほど楽観しておらず、中国の近年のジニ係数は0.5前後であることが広く認識されており、西南財経大学が発表した中国家庭金融調査の結果が示すところでは、2010年の中国家庭のジニ係数は0.61で、政府当局のデータよりもはるかに高く、大きな論争を引き起こした。北京大学中国社会科学調査センターは「中国民生発展報告（2014年）」、「中国民生発展報告（2015年）」を連続的に発表した。「中国民生発展報告（2015年）」によると、ここ30年来、中国の住民の収入ジニ係数は80年代初頭の0.3程度から急速に上昇し、2012年の全国住民収入ジニ係数は約0.49となり、0.4の警戒線を大幅に超えている。財産の不平等はさらに深刻になり、中国の家庭財産ジニ係数は1995年の0.45から拡大して2012年には0.73になり、頂点に位置する1％の家庭が全国の約3分の1の財産を占め、底辺の25％の家庭が持つ財産の総量はわずか1％程度に過ぎない。

大量の財産が短期間のうちに少数の人々と少数の家庭に集中したために生み出された、全国の消費水準の両極化もかなり深刻な状況にある。一方では消費能力がなく、消費節約の努力を余儀なくされる人々が膨大な数に上り、全国の人口の大多数を占めている。もう一方では、少数の人々、少数の家庭が生産労働に従事せず、純粋に利息や家賃などに依拠して利益と享楽を貪る階層を生み出している。また多くの富裕層が財産の安全とより質の高い生活を求めて資産を海外に移したり外国籍を得たりしており、中国の大量の資産流失につながっている。深刻な財産の両極化現象は、中国社会階層構造の安定と発展に対して大きな不利益をもたらし、中国社会に存在する隠れた重大な危険要因の1つとなっている。

第Ⅱ部　社会経済構造の変容

　中国は改革開放以来、とくに20世紀中期以降、経済は長期にわたって急速に成長し、「皆が貧困」であった状況はすでに過去のものとなり、改革開放の初期に鄧小平が提起した「皆で裕福に」は青写真に過ぎなくなり、中国社会の都市と農村の分化、地域の分化は、とりわけ社会の各階層の間の貧富の分化現象はますます厳しくなり、いわば「貧しい者はより貧しく、豊かな者はより豊かに」というマタイ効果を形成している。

　第2に、中国の社会階層の変化の中で、中産階層の発展が思わしくなく、しかも現在の中産階層の地位は不安定である。21世紀の初め、中国の経済学者趙海均は著書『甚麼在左右中国経済』の中で、「オリーブ型」社会という概念を提起している。趙海均は、1つの理想の社会階層構造はオリーブ型であるべきであり、それは即ち両端が小さく、中間が大きいというもので、先進国の社会階層構造はいずれもこの類型であると認識している。「オリーブ型」社会の中では、中産階層の数と規模はやや大きく、上層と下層の数は相対的に小さくなり、中産階層は社会の安定を維持する基礎的な力量であり、エリート層と下層をつなぐ架け橋または紐帯なのである。1つの社会の中で中産階層が膨れ上がることは、社会経済資源の分配が相対的に合理的にできていることを意味し、階層間の矛盾や衝突も激しくはならないであろうというのである。[12]

　前述のように、改革開放以来、中国に元々あった「2つの階級と1つの階層」という社会構造は崩壊し、中国は十大階層と5つの社会経済等級を形成した。しかし、この十大階層と5つの社会経済等級は未だ合理的な階層構造を形成しておらず、各階層間の関係は緊迫の局面を呈している。中国社会はなお「オリーブ型」社会の階層構造を形成するにはほど遠いのである。

　では、中国社会に現在ある階層構造とはいかなるものであろうか。第1の観点は比較的広く認識されているもので、当面の中国は依然として遅れた伝統的なピラミッド式の階層構造にあり、これは中国社会の各階層の人数と収入を映し出すものである。階層間の矛盾と衝突はやや激しく、膨大な中産階層は緩衝帯となっておらず、現在社会に流行している「仇富」、「仇官」などの不満、怨恨がそれを証明している。第2の観点は、中国は現在「土の字型」社会構造を形成しているというものである。清華大学社会学教授の李強は長期にわたって中国社会構造の調査研究に従事しており、中国の2010年第6次人口一斉調査

データを利用して分析し、中国の純粋な農業人口が減少し、中産階層の下層には普通の事務員、販売員、やや低水準の技術者などが含まれるが、この階層が増加していることを論じたが、中国全体の社会階層構造はさほど新たな様相を呈しているわけではないという。故人となった中国の著名な社会学者である陸学藝の観点と李強の観点は類似している。第3の観点は中国の経済学者である趙海均が10年以上以前に著書『甚麼在左右中国経済』の中で提起したもので、当時の中国の超高収入者と高収入者は国民の約20％から30％を占めているが、中収入者、低収入者と貧困層との間には大きな差がなく、同類と見なすことができ、こうした人々が中国国民の70％から80％を占めているという。したがって、中国社会の階層は、上部は円錐形で下部は円柱形という2つの段階と見なすことができ、一種の「逆独楽型」構造だと述べている。

　どの観点にも1つの共通点があることは断るまでもない。中国の社会階層構造はまだ安定しておらず、中国の中産階層は脆弱であることは、中国の家庭財産の分布状況からも見出せるということである。実際のところ、中国の中産階級はおよそどのくらいの人数がいて国民全体に占める比率がどのくらいかを明確にするのは困難である。例えば、中産階級には、比較的高い収入があり、都市に気に入った住宅があり、一定額の預金があり、子どもの教育と高齢者の世話が大きな問題にならないはずであるが、中国ではこれらには全て相当な問題が存在し得るのである。ここ10年余りで、中国の大都市では住宅の値段が急激に高騰し、収入からは中産階層らしく見える多くの人々をも有名無実化させており、こうした人々は一生懸命に住宅ローンの奴隷となるだけではなく、さらに住宅のために70年の土地使用権の期限に悩まされることになる。国家の政策の度重なる変更と利益集団による強奪により、多くの中産階層の人々の収入と財産も、おそらく明日をも知れない状況に陥っているのである。一部のメディアでは、2015年から現在までの中国の株式市場の暴落は、百万人にも上る中産階層の人々を消失させているかも知れないと指摘している。

　第3に、社会階層を上へと流動させるメカニズム機能ができておらず、富裕層の固定化現象が深刻である。社会的流動が包含する内容は極めて広範であり、都市と農村の間、異なる地域の間、異なる地位や職業の間の人々の流動を含み、流れの方向から見れば垂直流動と水平流動に分けることができる。社会

第Ⅱ部　社会経済構造の変容

階層構造にとって重要な意味があるのは、垂直流動における上昇流動である。

改革開放以前は、中国社会は二大階級と1つの階層に分かれており、労働者階級と知識階層は主に都市に、農民階級は基本的に出生地の農村に固定されており、職業の境界と都市、農村を分ける戸籍制度は、全国の民衆の職業と活動範囲を固定化し、大部分の人は生まれる場所も死ぬ場所も変わらず、社会的流動は非常に小さかった。改革開放以後、農村か都市かを問わず、多様な形式の経済活動が現れ、社会的職業もこれまでなかったほどに豊富になり、中国社会は流動の時代に入り、数多くの社会階層と社会経済等級を形成するに至った。

中国社会の流動において、最も注目されている現象は、都市への農民工の大規模な移動である。中国はこれまで農業大国であり、改革開放以前は農村人口が全国の人口の80％以上を占めており、改革開放以降、とくに20世紀90年代中期以来、毎年農民が都市に移動して出稼ぎ労働や商売をする人々が数千万人に達している。農民工の都市への移動は都市の労働力需要問題を解決し、農村の大量の余剰労働力を解消し、収入を向上させ、農民工という社会階層の地位に一定の向上を与えた。しかし、広大な農民工は本当の意味で都市の生活に溶け込むには、現在の社会階層の地位が下降することなく、さらには上昇することを保証しなければならないが、その際には、非常に多くの困難に直面する。第1には戸籍制度による農民工に対する制限である。農民工は都市での就業、職業訓練、医療や老後の生活保障などの面で農民戸籍の影響を受け、彼らは基本的には社会の中下層に限定され、社会の中上層に上昇するのは困難である。第2には住居の制限である。多くの農民工は都市に移ると職場の寮に住むか職場周辺の部屋を借りて住んでおり、大部分の人は都市で住宅を買う経済力がなく、都市で定住できないため、生活の質に重大な影響を及ぼしている。第3には子どもの教育に関する問題である。中国は早くから9年制の義務教育を実施しているにもかかわらず、農民工が都市に移動してからは大量の留守児童を生み出し、その教育はなおざりにされており、たとえ父母が子どもを帯同したとしても、都市戸籍の子どもと同じ教育を受けようもなく、農民工の世代間流動は下降傾向を生んでいる。

都市の階層間と階層内部で、すでに深刻な固定化傾向が生じている。国家行政の高い職位にある人々の昇進に関しては、これまで選抜システムの公開性・

透明性が欠乏しており、多くの場合、依然として指導者個人の意志によっており、組織調査、民意調査は単なる飾りになっている。私営大企業の内部では、高級指導者には基本的に主要な責任者の子どもや親戚がなっている。たとえ知識人で満ちあふれている大学や研究所であっても、官本位と長官意志がはびこり、絶えず変化と刷新を求める政策は一部の高級知識人を高額で招聘する寵児にさせるが、大部分の中下層の知識人は食い扶持を確保するために奮闘する無能の輩に落伍させられ、昇進の道も妨げられるのである。大学生においては、農村出身の比率がますます低下しており、比較的良質な大学の学生の大部分は中程度以上の収入のある家庭の子どもである。教育は国家繁栄の根幹であり、個人が将来階層を向上させる流動を実現する基本条件でもある。近年の中国における広範な農民工の子どもの教育の欠如など、中国の高等教育における官本位と功利化傾向は、中国の未来における社会の発展に大きな災いをもたらすことであろう。

　総じて、政治体制と社会管理体制の改革が経済体制の改革と経済発展のテンポに追いついていないため、中国の社会階層は20世紀末から21世紀初めの大きな変動を経ても、社会階層の境界線が厳然として存在し、社会を向上させる流動の道を塞いでおり、中国で流行している言葉で表現するならば、全人民が「親比べの時代」に突入したと言える。こうした状況は中国の社会階層構造を適性化する上で非常に不利であり、もし政治体制と社会管理体制の改革の力を強めることができないならば、中国の経済と社会の安定と発展に巨大な負の影響を与えることとなろう。

【注】
1) 陸学藝「中国社会階級階層結構変遷60年」『人口・資源与環境』2010年第7期。
2) 以上の労働者階級、農民階級、知識階級に関するデータは、陸学藝『中国社会階級階層結構変遷60年』より引用。
3) 「偉大的創挙」『列寧選集』第4巻第10頁（訳者注：訳出にあたっては、マルクス＝レーニン主義研究所レーニン全集刊行委員会訳『レーニン全集』第29巻、大月書店、1958年、425頁を参照した。同訳書でのタイトルは「偉大な創意」）。
4) 王思斌主編『社会学教程』北京大学出版社、2003年9月第2版、169-170頁。
5) 以上の十大階層の内容は、陸学藝「当代中国社会階層分析」『学習与実践』2002年第3期を参照。

6） 陸学藝「中国社会階級階層結構変遷60年」『人口・資源与環境』2010年第7期。
7） 李強「当前中国社会結構変化的新趨勢」『経済界』2006年第1期より重引。
8） 「2015中国経済成績単四大看点：基尼係数『七連降』」 http://news.china.com.cn/2016-01/19/content_37612935.htm
9） 「2015年全国居民人均可支配収入増8.9%」 http://www.pcpop.com/doc/1/1778/1778390.shtml
10） 「西南在大：中国前年基尼係数0.61」 http://finance.jrj.com.cn/2012/12/11071614801724.shtml
11） 「北大『中国民主発展報告 2015』：1％家庭占全国1/3財産」 http://www.askci.com/news/chanye/2016/01/19/14422vp2i.shtml
12） 趙海均『甚麼在左右中国経済』中国財政経済出版社、2000年。
13） 李強「中国正在形成『土字型社会結構』」『北京日報』2015年5月25日。

(訳：菊地俊介)

# 第7章

# 韓国における労働組合と市民社会組織との
## 運動間提携の変化

イ・ビョンフン<br>
李　秉勲

## 1　序　　論

　この50年の韓国の変容は圧縮された過程を辿っている。というのも、このアジアの国は、1960年代と2000年代に経済開発と政治の民主化や市民社会の脱近代化によって著しい社会変化を経たからである。その結果、政治経済のガヴァナンスは急速な産業化を軸とする開発独裁から新自由主義型政策論理を軸とする民主的市場レジームへと移行した。この30年間に（1980年代から現在）、とりわけ、労働組合と市民社会運動は、通時的には、浮沈の軌跡を辿ったが、この過程においても強力国家と巨大ビジネス（いわゆる「財閥」）の支配と韓国の政治経済とのガヴァナンスは崩れることはなかった。

　韓国の政治経済の変容には集中的なものがあるにせよ、3つの重要な局面を経ていて、その過程において国家・ビジネス・市民社会の関係のみならず、労働組合と市民社会運動との関係も重要な影響を受けている。第1局面は全泰壹（Tae-Il Chun）の自己犠牲に触発されていて、この事件によって、急速な産業化の過程にある韓国労働者の非人間的状況が広く注目され、労働運動が活発化しだすとともに市民社会組織（CSO）も労働者の保護と組織化に乗り出すことになった。第2の局面は1987年を端緒とする政治の民主化であり、この運動によって権威主義レジームは解体し、労働組合と市民社会運動は台頭期を迎えている。そして、第3の局面は1997年の経済危機に触発されて金融と公共部門や労働市場を含めて、国民経済は新自由主義的に再編された時期にあたる。この3つの転機を経ることで、市民社会運動は徐々に多様化するとともに、労働運動は市民社会運動との連携と競合の方向を強くするとともに、社会経済改革と

労働者の問題の解決を求めることにもなった。

　本論では、1970年代から現在に至る40年間の労働組合と市民社会組織（CSO）との関係の展開史を辿ることで、組合－CSO 関係の変化の実態を検討するとともに、3つの局面を概括する。欧米圏に属さない途上国の労働組合と市民社会組織との連携が既存の英語文献で検討されることは、まず、なかったと言える。この点で、韓国の事例には興味深いものがあると言えるのは、労働組合と CSO との関係や相互交流は、欧米先進国に比べると、政治経済の変容が集約的であるだけに複雑な力学を帯びているからである。本論は4節からなり、次節では、労働組合と市民社会との関係に関する文献を整理したうえで、この事例分析の4つの視点を提示する。続く3つの節では、労働者の行動主義／組合と CSO との運動間連携の歴史的展開を（1）開発国家（1970-87年）、（2）民主化以降（1987-97年）、（3）新自由主義的再編（1998-現在）の3局面において検討したうえで、結びの節では、この事例研究から、どのような理論的意味を導くことができるかを明らかにする。

## 2　労働組合と市民社会組織との運動間連携に関する文献の検討

　いずれの国であれ、その政治経済レジームは、主として、3つの領域における主要アクターの相互作用と権力関係から構成されている。それは、政治（国家と政党）、経済（ビジネス）、社会（労働組合と市民社会組織）の3領域である。この三幅関係において、国家とビジネスのアクターが、総じて、資本主義的市場レジームのガヴァナンスを支配している。これにたいし、多様な自発的結合体や利益集団に代表される市民社会は国家とビジネスの支配に対抗し、これを規制しようとする（Ehrenberg 2002；Urry 1983）。多くの資本主義に関する文献にもうかがい得るように、こうしたアクター間の政治的相互作用を基礎とする制度的編成は国民国家を異に多様であるし、国民国家の歴史においても、その形状を異にしている。

　資本主義レジームの近代史からすると、組合と CSO が市民社会の主要なアクターであって、市場と国家との関係の形状の組成とバランス化という点で重要な役割を果たしている。組合は伝統的団体であって、労働者階級の利益を代

表し、産業資本主義の時代においては労働レジームと政治経済の制度化に影響を与えている（Lee, C. 2007；Pichardo 1997）。組合は団体交渉や争議行動を制度化することで、労働者を市場の競争や雇用主の収奪型コントロールから解放しようとしてきた。また、組合は大衆動員と政治手段を戦略として、国家の労働と福祉政策において勤労民の全体的利益を代表することで経済の産業化過程において産業市民権の前進に寄与している（Müller-Jentsch 1991）。すると、組合は、労働市場の規制主体であるだけでなく、反資本主義組織と市民的団体でもあるという固有の顔をもっていることになる（Hyman 2001）。

市民社会運動（CSM）とは、非営利ないし非政府組織（NPO／NGO）に先導された一連の多様な集団活動のことである（Abbott, Heery and Williams 2012；Buechler 1995；Heery, Williams and Abbott 2012b）。この運動は、民主的社会の政治的地歩を活用し、脱産業時代の国家と市場に影響力を行使する方向を強くしている（Tarrow 1998）。こうしたCSOは階級に限定されない脱近代型市民権の多様な関心を主張している。これには、人権、フェミニズム、環境保全、社会的少数派の保護が含まれるし、さらには、階級基盤型利益代表を軸とする労働組合とは対照的に、ナショナルとコミュニティのレベルのアイデンティティ基盤型運動も含まれる（Heery, Abbott and Williams 2012a；Offe 1985）。オッフェはこうした新しい社会運動と労働組合型の古い運動とを区別しているが（Offe 1985）、国家と市場による支配と植民地化に挑戦し、対抗しようとする点で、前者はその実質的対抗勢力であることを特徴としている。また、市民社会運動が現代の新自由主義的グローバル化において重要な位置にあると言えるのは、労働組合が弱体化するなかで、多くの保護されてはいない勤労民の声を代弁しているからである（Heery et al. 2012a, 2012b；Lee, C. 2007）。この数十年、労働組合の組織範囲が狭まり、政治力も弱体化し、労働市場の柔軟化によって労働者の利益が擁護され得ない状況が強まるなかで、多くの市民社会組織は積極的役割を強くしている（Abbott et al. 2012；Freeman 2005；Heery et al. 2012b）。さらには、労働組合の組織化のキャンペーンと活動の活性化を援助するために、そのパートナーの役割を積極的に果たすとともに、労働組合は自己利益から国家やビジネスに絡め取られることがあってはならないと主張している（Lee, C. 2007）。

新自由主義的グローバル化の脈絡からすると、労働組合と市民社会組織との連携が重要性を深くしていると言えるにせよ、この運動間連携が必ずしも至当な道を辿ったわけではない。労働組合と市民社会組織とでは、運動の論理、組織形態、構成主体、主要な関心、価値／主張の追求、行動様式といった点で、本来、形態を異にしている（Buechler 1995；Cho 1996；Offe 1985；Pichardo 1997；Suzuki 2008）。すると、構造的条件と制度的脈絡、共通利益の存在と欠如、枠組みの共有、主体の行動と姿勢という点で、両者の連携は方向を異にせざるを得ないことになる。この点で、ハーリーたちはイギリスの労働組合と市民社会組織との関係を検討するなかで、単一の相互関係のパターンが存在しているわけではなく、連携、対抗と対立、相違を含めて多様な形態が存在していると述べている（Heery et al. 2012b）。利害の対立、パースペクティブの設定の相違、組織原則、構成員とリーダーの性格の違い、有能な架橋構築者の欠如、社会的役割と指導力をめぐる対抗、こうした多様な要因が両集団間で反感や不信を呼び、連携運動に冷ややかな姿勢や対立を呼びかねないことになる（Craft 1990；Heery et al. 2012b）。また、両者の連携が成立する場合でも、その諸レベルは多様で、場当たり的なものから支援や強いパターンに及ぶことになり、共通の関心の性格、組織関係の構造、組織力と関与の強さ、連携活動の規模に左右されることになる（Tattersall and Reynolds 2007）。労働組合と市民社会組織との連携の性格は目標追求の点で多様であって、その違いは抗議の連携、国家とビジネスに対するキャンペーンの動員から公共政策のアジェンダ設定とその過程における影響力の行使に、さらには、勤労市民の生活高上の自発的運動の組織化にも及んでいる（Heery et al. 2012b）。

以上のように、労働組合と社会運動に関する従来の研究は両運動の組織間関係や相互作用を検討するための有益な分析視座を残していることになるが、この研究は運動間関係を非西洋の途上諸国に理論的適用しようとしている点では難点も含まれている。というのも、欧米先進諸国の労働組合と市民社会運動の歴史と現代の展開に大きく依拠しているからである。韓国を含めて、途上諸国は欧米とは脈絡を異にしていて、これが労働運動と市民社会組織との交流関係を規定している。事実、欧米と非欧米とでは多くの点で様相を異にしている（例えば、近代化と国民国家の形成過程、労働組合と市民社会運動の制度化、政治レ

ジームの民主化と市民社会の成熟、国家－ビジネス－労働の力関係、労働者階級を代表する政党の存在、経済発展と産業化、社会の成層化、文化背景と社会規範、重大な国民的争点の点で)。例えば、新しい社会運動の著作は欧米市民社会の発展史から近代の労働組合運動と脱近代の市民社会運動とを区別し、その類型化を試みているが、非欧米の途上諸国の組合－CSO 関係を理解するための理論的視点を提示しているにすぎない。また、この研究では、非欧米の脈絡で進展している両グループ間の、もっと複雑な相互交流を説明することができない。とりわけ、途上諸国は遅れて民主化の過程を辿り、国家－市場－市民社会の点では固有の形態を帯びている。すると、労働組合と CSO との連携運動の力学について再考し、展開期の非欧米型政治経済の固有の脈絡において、国家やビジネスと両運動との相互作用について検討すべきことになる。

## 3 労働者活動主義と市民社会運動との抵抗連携：
開発国家期（～1987年）

　韓国近代史において、市民社会の展開は一連の悲劇的事件によって大きく制約されている。その事例としては、日本の植民地化、民族の南北分断、朝鮮戦争（1950-53年）とその後の冷戦、1960年の革命の挫折、1961年と1980年の軍事クーデターを挙げることができる。また、この国の低開発経済と権威主義的政治レジームのなかで、1950年代と60年代には市民社会の成長が阻害されることにもなった。

　労働組合は「韓国労働組合一般評議会（「全評、*Chunpyung*」）」のイニシアティブによって1945年の国民解放の直後に大規模に組織されている。だが、「全評」と支援団体は共産党の政治路線に服していると見なされ、アメリカの軍政（USAMG）によって解体され、「韓国労働組合連合（FKTU, *Hankookno-chong*」）に組織替えしている。この組合は李承晩（Syngman Rhee）大統領の指導下で成立し、労働組合運動の反共路線化が期された。その結果、FKTU 指導下の組合は、1950年代には李政権の権威主義国家によってコントロールされた強固なサブパートナーであるに過ぎなかった。1960年に FKTU の民主化が組合の活動家によって試みられている。これは、同年の４月革命による政治的好機に訴えるものがあったが、軍事政権によって弾圧されている。朴正煕

(Park Cung-hee）大統領は1961年の軍事クーデターによって政権を掌握し、FKTUのリーダー層を入れ替えるとともに、その関連組合を産業組合に強力に再編することで、彼の警察国家の監督に忠実な追随者に仕立て上げた。

　市民社会運動は、1950年代と60年代には存在していないに等しい状況にあった。これは、北朝鮮の脅威から国民の安全を守るという理由で、市民権が権威主義国家によって大幅に抑圧されていたからである。だが、この状況にあっても学生運動のデモによって市民の活動主義が浮上し、権威主義的独裁と政治腐敗に対する抵抗運動が起こっている。学生運動は李大統領による選挙の腐敗に対する公衆反乱を指導し、1960年春に12年に及ぶ独裁政権を退陣に追い込んだ。また、朴大統領の権威主義国家に対しても最も強力な反対運動が続発し、その政権期（1961-79年）に政治の民主化が強力に求められてもいる。

　1970年に、全泰壹（Tae-Il Chun）という労働者が亡くなっている。彼の自己犠牲は、労働運動と社会運動との連携という点で、韓国の市民社会における最初の触媒となった。というのも、チョンの死は学生活動家と市民グループ（とりわけ、キリスト教会において）との大きなうねりを呼ぶことになったからである。この運動によって、国家指導型産業化のなかで労働者階級が増大するともに、雇用主の収奪型コントロール下で悲惨な状況に置かれていることが注目されるようになり、市民社会運動が取り組むべき重要な争点として浮上した。市民運動の活動家たちは、政府の介入主義的労働政策が輸出志向型経済開発策であって、労働者の不満に応えるというより、その権利を抑圧するものであることを自覚したのにたいし、労働組合は下層民を支援するというより雇用主の側に回る場合が多かった。

　そこで、1970年代に多くの学生活動家たちは工業地域を中心に夜学を開き、労働法と組合の組織化について労働者を教育し、組合結成や既存の御用組合の民主化に参加する人々も現れた。ソウルの「都市産業宣教会（Urban Industrial Missionary Center）」を含めて進歩的宗教集団のなかには、雇用主の不法な処遇から労働者が覚えた不満に対処するための相談所を設けたり、雇用主に対する抗議活動に関わった労働者と労働活動家を警察の逮捕から守る場所を提供する者も現れた。労働者は非人間的処遇や劣悪な労働条件に抗議する方向を強くし、雇用主のコントロールや懐柔策から自立した「民主的」労働組合を組織す

るようになった。だが、雇用主と国家警察の激しい弾圧を受けるなかで、こうした民主的組合は短命に終わり、労働指導者や活動化も後退を余儀なくされた。民主的組合は自らの存続をかけて学生運動や宗教グループと共に抵抗運動を組織する場合が多く、国家の雇用者支援型警察活動を指弾した。だが、国家による民主的組合の弾圧は、皮肉なことに、18年に及ぶ朴大統領の独裁体制の終焉を、突然、呼ぶことになった。1979年後期に、YH貿易会社の民主的組合を組織した女性労働者たちが野党（新民党、Shinmin-dang）に対する雇用主の不法な弾圧に抗議するために座り込みストを打った。このとき、政府はスト派の労働者を強制的に解散させるために暴徒対応警察の出動を命じ、金京淑（Kyung-sook Kim）という組合活動家を死亡させただけでなく、野党の指導的国会議員の金泳三（Kim Young-sam）の議員資格を剥奪した。朴大統領の強硬路線は広範な大衆蜂起を呼び、1979年10月26日に上層部の手引きによる暗殺をもって潰えた。

　朴政権の崩壊後に短い民主化の局面があった。だが、この局面は全斗煥（Chun Doo-hwan）将軍に指導されたクーデターによって幕を閉じている。彼は1980年5月の光州人民の民主化運動に軍部を動員し、流血をもって権力を掌握しているからである。全大統領は労働組合をコントロールし、大統領選挙とメディアの規制を含めて市民権を規制することで権威主義的レジームを強化している。だが、全政権の警察国家による厳しいコントロール下においても、学生の積極的活動主義と民主的労働運動は光州の民主化闘争に重要な影響を受けて、1980年代早期に大きく前進している。学生運動は全政権の不当な政権掌握を指弾しただけでなく、イデオロギー的には、よりラディカルな傾向を帯びることになった。というのも、多くの学生活動家たちはマルクス主義の文献を渉猟し、社会主義革命を標榜することで労働者階級の前衛の役割を果たしだしたからである。この動向が広まるなかで、この局面の学生活動家たちは工場に入り、産業労働者の組織化に乗り出した。学生活動家たちが大挙して労働現場に入り込むことで組合運動の民主化とラディカル化が起こった。事実、労働者の活動家は、学生運動の支援も得て、多くの地下組織によって民主的組合と活動舞台の組織化に着手し、雇用主の専制的労働環境と警察国家に挑戦した。例えば、1985年に労働者たちはソウル南西部の「九老工業団地（Guro Industrial

Complex)」において民主的組合との連帯ストを打っている。また、全大統領の全体主義的支配に対し、仁川(インチョン)とソウルで労働者－学生が連帯する形態で激しい民主化の動員体制が敷かれている。

　1980年代に学生指導型民主化運動に公衆が広く共感し得たのは、生活水準の改善要求とも結びついて、増加している中産階級が全大統領の権威主義体制に批判の方向を深くしたからである。さらには、学生活動家の朴鐘哲(パク・チョンチョル)(Jong-cheol Park)の虐殺を引き金として公衆の抗議が広がり、1987年夏の権威主義政権の追放と政治システムの民主化を呼び、同年秋の「労働者大闘争(Great Labor Struggle)」と結びついている。これは政治機会の構造的変化を意味し、権威主義的国家の崩壊と雇用主の全国的規模の非人間的処遇に対する労働者の抗議の爆発を背景としている。

　要約すると、1987年に至る労働者活動主義と市民社会運動との関係は「抵抗型連帯」を特徴としていて、市民社会運動は、主として、学生の活動主義に触発され、権威主義国家に挑戦するものに過ぎなかった。だが、雇用主の専制的労働現場のコントロールと対峙するとともに、既存のFKTU傘下の組合をサブパートナーに組み込もうとする国家の介入主義的労働政策から民主的労働組合運動を守り、これを育てようとしたという点で鍵的役割を果たした。

## 4　労働組合と市民社会組織との連携の多岐化：
### 　　民主化後の時期（1988-97年）

　1987年の民主化は国家－市場－市民社会関係の情勢を大きく変えた。ビジネスと市民社会は持続的経済発展のなかで成長するとともに権威主義国家の足かせからも解放された。また、市民運動を代表する主要アクターも大きく変わった。1987年以前には学生運動が市民社会運動の指導的役割の位置にあったが、政治の民主化のなかで後退する一方で、労働組合と市民型NGOが台頭し、民主化後に注目されだした。

　1987年の「労働者大闘争」は労働運動を活性化させ、その組織を広げた。1986年から89年のあいだに組合数は約3倍化し（2,742から7,883）、加入者数も105万人から193万1千人に増えている。また、その組織率は11.7％から18.6％に上昇している（Lee, B. 2011a）。労働運動の急激な成長によって労働条件は著

しく改善されただけでなく、団体交渉が制度化されることで労働権が保障されることにもなった。さらには、組合は団体行動を動員し得るだけの社会的影響力を持つことで、労働運動は主要な社会アクターとして認知され、その代表者は、例えば、「国民経済社会評議会（National Economic-Social Council、1990-95年）」や「大統領労使改革委員会（Presidential Commission of Industrial Relations Reform、1996-97年）」といった政府の立案機関に参与することにもなった。だが、労働運動はFKTU派と民主的組合に分裂した。民主的組合は政治の民主化と「労働者大闘争」を背景に大きく躍進し、1991年に「韓国全労協（Korean Trade Union Congress, *Cheonnohyup*)』をナショナル・センターとして設立し、これが1995年に「韓国民主労連（Korean Confederation of Trade Union, *Minjunochong*)」に変わっている。この団体は大企業労働者とホワイト・カラー層との統一的組合であった。2つの労働団体は路線を異にし（FKTUの穏健改革主義＜対＞KCTUの戦闘的社会運動組合主義）、政策と立法への対応という点で、両者は長いあいだ連携と対立の関係を繰り返すことになった。

　1987年の民主化を契機として市民社会運動は大きく前進したが、学生運動は劇的に衰退した。[1] 1987年以前に形成されていた既存の民衆運動の組織と並んで、NGO／NPO型の市民組織の多くも1990年代に組織されている。2000年度の『韓国市民組織録』によれば、1999年の調査時点で4,905の市民組織が存在していて、その62％が1990年代に設立されていることになる（Eun 2004）。こうした市民組織は階級中心型争点を対象としていたわけではなく、女性差別、母性保護、環境保全、社会福祉、明朗選挙、少数者の権利（例えば、身障者や移民）、私的・公的セクターのガヴァナンスの透明化を争点としている。こうした運動の特徴は、オッフェの呼称に従えば、「新しい社会運動」と見なされてよかろう（Offe 1985）。市民社会組織の族生は政治の民主化のみに求められ得るわけではない。というのも、中産階級市民が自らの生活世界を正しく認識する方向を強くし、政府とビジネスの市民生活に対する無関心や権利侵害に抗議の姿勢を強くしただけでなく、政党が市民的課題に対処し得ない状況のなかで、それまでの労働者と学生活動家が市民運動へ合流することにもなったからである（Kang S. 2012）。

　1980年代後期と90年代中期に確立された市民社会組織は、争点領域に鑑みる

と、2つのグループに分けることができよう。ひとつは「経済的公正を求める市民連合（Citizens' Coalition for Economic Justice, CCEJ）」（1989年成立）と「参加民主政を求める人民連帯（People's Solidarity for Participatory, Democracy, PSPD）」（1994年成立）であって、これは多様な市民的争点を対象としていた。別のグループは、その他の特定の市民的課題を対象とする職業団体であった（Kang, I. 2011）。より重要なことは、イデオロギーの違いから市民社会運動を3つのグループにも類別し得ることである（Cho, H. 1995）。第1のグループは、いわゆる「民衆運動（minjungundong）」であり、このグループは貧困者と農民といった低階層の利益を代表し、韓国政治経済のラディカルな改革を求めて戦闘的動員策に訴えた。第2と第3のグループは「市民運動（shiminundong）」と呼ばれ、一般的には、新中間階級を代表していた。CCEJに例示されるように、第2のリベラルなグループは市民的争点について穏健でプラグマティックなアプローチに訴えたのに対し、PSPDに指導された第3の改革グループは韓国社会の構造的問題の改革を目標としていて、その積極的解決を求めた。

　労働組合と市民社会組織のイデオロギー路線の違いが浮上するなかで、運動間連携は「類は友を呼ぶ」ように分化しだした（Cho, D. 1996）。一方では、FKTUとリベラルなCSOはCCEJを中心に一連の連合体を形成し、改革的争点を対象として穏健な市民的キャンペーンを展開した。その争点には腐敗選挙、実名による金融取引、全国銀行（韓国銀行）の介入主義的政府監督からの自立、南北韓国の非政府型交渉関係、国産米の保護、第2次大戦期の日本帝国軍の性奴隷という犯罪にたいする長い感情的争点が含まれていた。他方、KCTUと民衆の運動組織はラディカルな反政府型連帯のキャンペーンを張り、保守的政府による民主的組織の抑圧に反対し、勤労民の生活権の保障や自恃型の統一組織を求める運動を戦闘的に展開した。PSPDを含めて、改革的CSOは中間的姿勢をとり、固有の市民活動によって韓国の政治経済レジームの改革（例えば、財閥再編、共通の福祉サービスの供与）を求めるとともに、KCTUの指導下の連帯を支援することも多く、民主的組合のナショナル・センターを非合法化しようとする政府の抑圧的姿勢に抗議している。運動の路線が分化する方向にあったとはいえ、労働組合とCSOは全国規模の連帯のキャンペーンを張り、政府の非民主的強権行動に反対している。また、1996年末には、野党議員

の反対を押し切って労働法を一方的に改訂することで労働市場の柔軟化を期そうとする動きに抗議している。1996年12月から1997年1月にかけて、FKTUとKCTUは前例のないゼネストを打っている。このストに際して、多くのCSOは公衆の抗議を動員するための反政府キャンペーンに積極的に参加している。この公衆の決起は労働組合とCSOを中心としていて、こうした状況のなかで、政府は1997年3月に焦眉の法改正に応じざるを得なかった。さらには、1996-97年の反政府キャンペーンは組合−CSO連携の政治的影響力を顕示することにもなった。

要するに、戦後民主化の局面は組合運動と市民社会運動の注目すべき展開期にあたっていただけでなく、運動間連携が分化した局面でもあったことになる。この局面の末期には、組合−CSOの連携が国民規模の公衆の抗議キャンペーンと結びつくことで、民主政の社会的規範を破ろうとする国家の一方的活動を阻止している。だが、1996-97年の反政府型抗議運動を含めて、この連携運動は、タターシャルとレイノルズが指摘しているように（Tattershall and Raynolds 2007）、注目すべきことに、特定の政策を争点とする短期の共同キャンペーンに過ぎず、レベルを多様にする場当たり的連携に属する運動であったことになる。

## 5 労働組合と市民社会組織の連携の空洞化：
### 新自由主義的再編期（1998年〜）

1997年の遅くに、2つの歴史的事態が韓国の政治経済を大きく変えるなかで、労働組合と市民社会組織も重要な変化に服することになった。ひとつは未曽有の経済危機のなかで金融危機が浮上したことであり、他は政権が平和裡に野党に移り、金大中（Kim Dae-jung）候補が大統領に選ばれたことである。経済危機のなかで、金大統領の「いわゆる民主的」政府は4つの経済分野で広範な新自由主義的改革に着手した。それは公的金融セクター、コーポリット・ガヴァナンス、労働市場、国際金融基金（IMF）の分野に及び、IMFの再編課題に応えて緊急ローンの供与を受け入れている。金大中大統領は、また、「三者委員会」を設置し、経済危機の克服と新自由主義的改革を実現するために組織労働者の協力を期した。新自由主義的再編策は韓国経済の急速な再生を呼んだ

が、社会に、とりわけ、労働市場に悪影響を与えることにもなった。経済危機と国家指導型新自由主義的再編策のなかで、正規雇用者数は1996年の750万人（52.1％）から2000年の640万人（47.9％）に減少し、同期間の臨時雇用者数は570万人（43.2％）から700万人（52.1％）に急増している。新自由主義的経済政策は盧武鉉（ノ・ムヒョン）（Rho Moohyum）大統領の民主的政権期にも継承されているし、李明博（イ・ミョンバク）（Lee Myung-bak）大統領期（2008-12年）の保守的政権においては強化されている。新保守主義レジームにおいて、経済的不平等が広まったことは、ジニ係数が1997年の0.264から2011年の0.313へと変わっていることに明らかである。また、この時期の所得分布を比較すると、上位20％と下位20％の都市家計の格差が広がっているという事実に示されている。その結果、主として、非正規労働者の増大と労働市場の分断化によって社会経済の分極化が進み、これが、この15年の市民社会と労働組合運動の中心的争点となった。

　新自由主義レジーム期の労働組合の組織力は、その社会的レバレッジ効果に鑑みると、実質的に低下している。その組織率は1990年の18.6％をピークとし、1998年には11.4％に、また、2011年には9.9％までに下がっている。より重要な問題は、労働組合運動が連帯の危機に瀕しただけでなく、企業の枠内（組合員）の利益に焦点を据えるあまり、未組織の外部（不定期雇用者と零細企業労働者）の利益を無視する傾向を強くしたことである（Lee, B. 2011b）。組合のなかには、とりわけ、KCTU傘下の組合のなかには自らの組織規模を広げ、労働市場の分断に取り組むために企業基盤型モデルから産業基盤型モデルへの転換を期した組合も存在した。だが、（大企業の抵抗にあうことで）中央交渉体制の構築や無防備の労働者の組織化を期し得なかった（Lee and Yi 2012）。労働組合運動が大衆を動員し得るだけの力量を失ったのは、その下層が保守化し、労働現場を超えるレベルの労働問題に関心を示さなくなっていただけでなく、経済危機期のなかで生活水準の改善と人員解雇の経験が重なってもいたからである（Lee, B. 2011b）。こういう状況のなかで、労働組合運動は新自由主義レジームのもとで自らの組織力と社会的影響力を弱くした。

　対照的に、市民社会運動は、この局面で大きく成長している。「韓国市民組織録」によれば、市民組織数は1999年の7,600から2009年の2万5,886に増えている。[2] 市民社会運動は、金大統領の「国民の政府（People's Government）」と

盧大統領の「参加型政府（Participatory Government）」の民主的政権が CSO の活動を支援するために財政的支援も受けて活性化している。だが、CSO は政府の政策立案に社会的影響力を行使し得ることになったにせよ、市民参加の欠如や公的メディアへの過剰な依存、政治的ロビー活動、専門家中心型活動、閉鎖的活動パターンといった弱点を長いあいだ抱えることにもなった（Kang, S. 2012 ; Lee, H. 2004 ; Park 1998）。

　他方で、市民社会運動には注目すべき趨勢も浮上している。それは保守的でサイバー型の市民運動である。これは保守的なキリスト教派、退役軍人組織、年長者の市民団体といった既定の市民グループが北朝鮮に対する民主的政府の平和政策に批判的であったことにうかがい得ることである。こうした保守的 CSO は民主的政府に対して抗議デモを打っただけでなく、CSO のラディカルで革新的な運動や労働組合の活動を非難するキャンペーンも張った[3]。こうして、韓国の市民社会運動は、CSO の保守的集団が他の CSO を敵視するなかで分極化を深くした。他方で、2002年に初めてサイバー型市民運動が自発的市民を動員するためにインターネットを使うことで注目されだしている。これは、米軍戦車が美善（Misun）と孝順（Hyosun）という名の女子中学生を自動車事故で殺すというニュースを学生と市民が広げるとともに、インターネットを使って政府の手ぬるい対応策や在韓米軍地位協定（SOFA）に抗議のキャンペーンを自発的に展開したことに例示される。サイバー型運動は市民社会の公的領域の強化という点で重要な意味をもった。というのも、社会的ネットワーク・サービス（SNS）が急速に広がり、市民活動家がインターネット型動員に訴えるための触媒となったからである。サイバー型運動のインパクトは大きく、牛海綿状脳症（一般的には、BSE ないし「狂牛病」と呼ばれている）が広がりながら、2008年に牛肉輸入策を採るという李政権の強硬策にローソク・デモが起こっている。また、いわゆる「ホープ・バス」キャンペーンにも例示されることであって、2010年の韓進重工業（Hanjin Heavy Industry）の縮小に伴うレイオフ反対の長期闘争に対して公衆が共感を示したことにもうかがい得ることである。

　労働運動の弱体化と市民社会運動の生成に例証されるように、市民社会の構造が変化していることを踏まえると、保守的運動は別としても、労働組合と

CSOとの運動間連携は大きく前進し、主として、民主的政権期の新自由主義政策や李政権下の一面的政策立案に反対するために、その都度に連帯運動が組織された[4]。こうした提携運動の台頭は労働組合とCSOの抗議型ネットワークの広範化をもって説明され得ることであるにせよ、両者は勤労市民の生活に新自由主義的政府が与えるインパクトを共通の関心としていたことによる。だが、運動間連携の諸例が多くあるにせよ、その強さは弱くなっている。これは、両者間の組織的凝集力と公的影響力が弱体化し、1997年の早期に浮上したように、政府に政策の転換を求める圧力にも限界があったことを意味する（Eun 2004）。提携運動の注目すべき変化として、労働運動が、とりわけ、KCTUが連携の中心となり、そのリーダーシップをPSPDのような革新的CSOが握ったことを挙げることができよう。これは、1990年代と比較すると大きな変化であった。この革新的CSOは政策課題の設定に指導的役割を果たし、周辺化した労働組合と共にキャンペーンに動員している（Chang 2003；Eun 2004）。だが、運動間連携内対立がKCTU派組合と改革的でリベラルなCSOとの間で繰り返し浮上している。その適例として、提携運動の亀裂が示しているように、定期労働者保護法をめぐって、また、参加型政府（Participatory Government）下で導入された移民労働者の就労許可制をめぐって両者の対立が浮上したことを挙げることができる。いずれの場合にも、KCTUと民衆の運動組織は政府の政策姿勢に激しく反対したが、改革的でリベラルなCSOは積極的姿勢をとり、非正規労働者と移民労働者の労働条件の改善に連なるという視点から、この政策を受け入れている。

　要するに、組合−CSO連携は1997年以降のレジームのもとで徐々に空洞化し、労働組合運動も弱体化する一方で、保守的でサイバー型市民行動主義を含めて、市民社会運動は大きく成長したことになる。運動間連携の空洞化は、提携の強さが低下し、その社会的影響力が弱体化したことに、また、この15年間に提携関係は多様化したとはいえ、労働組合とCSOとの亀裂が浮上したことに認め得る。その結果、組合−CSO連携は、2008年のローソク・デモや2010年の「ホープ・バス」キャンペーンのような例外はあるにせよ、運動の実効性を失う傾向を強くしている。

## 6 結論——要約と判断

　韓国近代史において、労働者の行動主義的組合と市民社会組織との運動間連携は開発国家（～1987年）下の抵抗型連携から民主化以降期（1988-97年）の分岐化を経て、1997年を端緒とする新自由主義レジーム（1998年以降）下の連携の空洞化という局面を辿ったことになる。この３つの局面の連帯のアクターと争点の性格の変化は次の表１にまとめることができる。

表１　韓国市民社会の組合－CSO 連携の歴史的推移

| 歴史の局面 | 労　働　組　合 | CSO | 労働組合－CSO 連携 |
|---|---|---|---|
| 開発国家<br>（～1987年） | 国家と雇用主によるKFTU 傘下の懐柔と挑戦：民主的組合と労働活動家 | 学生運動の指導的役割と一部の改革的宗教集団 | 民主化と労働権擁護の要求：1980年代のラディカル化 |
| 民主化以降<br>(1988-97年) | FKTU と KCTU 傘下の組合との分裂と競合 | CSO の台頭と多岐化 | 穏健改革主義派からラディカルな抗議派への運動間連携の多岐化 |
| 新自由主義レジーム<br>(1988年～) | 組織の縮小と労働組合運動の弱体化 | CSO の成長の継続と多岐化：サイバー型運動の出現 | 連携の強化と空洞化、新自由主義政策に対する抵抗 |

　本論の事例研究から、韓国における労働組合と市民社会組織との運動間連携には西側先進諸国には類例のないものであって、その力学と形状には固有のものがあることを明らかにした。この事例から、どのような相対的有意性が含まれているかについて検討し、西側諸国とは脈絡を異にする組合－CSO 関係の理論的理解を深め得ることになる。第１に、新しい社会運動の理論枠組みが西側の市民社会で浮上している新旧の社会運動の単純な類型化に依拠していることに鑑みると、韓国の政治経済の脈絡で展開されている組合と市民社会組織との運動間連携はもっと多岐的で、イデオロギー路線の違いという点では、ラディカルな、改革的でリベラルな、また、保守的な連携という形状を帯びていることになる。そして、西側の社会運動の研究書においては、古い階級基盤型（労働組合）運動から階級に特化されない新しい市民社会運動へと移行したとす

るパラダイムが描かれるのにたいし、韓国における組合 – CSO 関係の力学はより複雑で、開発国家の局面における学生運動中心型連携から民主化以降の局面の組合中心型連携を経て、新自由主義的グローバル化の局面に至って多極的でサイバー・ネットワーク型運動へと移行している。韓国の組合 – CSO 連携の形状の多岐化と力学の移動は、脈絡的には、マクロ・レベルの諸要因によって説明し得ることである。こうした要因として、民主化の遅れ、集中的産業化、国民の分裂と南北間対立、強力国家の遺産を、さらには、勤労市民の利益を代表し得る革新的政党の欠如を挙げることができる。この要因はミクロ・レベルのアクターとも結びついている。これには、利益と価値の点で労働者と市民には世代間の違いが存在していること（若年層と老年層との政治姿勢の違いに例示される）、こうした違いによる公益や公的関心に対する変化、組合と市民社会組織の活動家における運動のビジョンの多様性、（国家とビジネスにおける）支配エリートの権威主義的志向が、また、市民社会へのアピールにおける階級基盤型と階級不特定型争点の違いが含まれる。

　第2に、ヒーリーと同僚たちが指摘しているように（Heery et al. 2012b）、韓国における組合 – CSO 関係は（主として、応急的）連携と対抗の多様なパターンを辿っていると言える。本論の事例研究が明らかにしているように、組合 – 市民関係は共存しつつも、公的影響力を発揮すべく競合していると、また、近時の新自由主義レジームにおいて、組合 – CSO 連携が「ネットワークの拡大と凝集性の弱体化」という両面性を帯びているだけに、運動間連携の範囲と強度には矛盾が内在し得ると言える。さらには、西側の場合の研究とは対照的に、韓国の組合 – CSO 連携をコミュニティ・レベルに据えてみると、全国レベルの政策形成や政治と結びついていることになる。これは、民主化や新自由主義的再編といった全国的争点が労働組合と市民社会組織の中心的課題となっていることによると言えよう。

　第3に、運動間連携において、労働組合が周辺化していることである。これは、内的（組織・未組織の）連帯と外的（組合 – CSO の）連携の点で、組合の複合的危機を象徴しているが、今日の韓国労働組合運動が直面していることでもある。西側先進資本諸国において古い組合運動が社会的影響力を失わざるを得なかったことに鑑みると、また、積極的社会行動主義をリードし得るだけの潜

在力を再活性化を期そうとすると、「社会運動労働主義（Social Movement Unionism）」の文献が明らかにしているように、韓国の組合の地平と展望は「自己利益中心型労働活動から市民政治へと転換し、市民・コミュニティ住民・消費者・家族といった市民生活全体を包括し得るものへと展開」すべきことになる（Fairbrother 2008）。

## 【注】

1）学生運動は衰退したにせよ、その運動は労働組合と市民社会組織の活動主義の源泉となったという点で重要な役割を果たした。
2）保安と公行政省の記録に従えば、NPO 数も2007年の7,241 から2013年3月の 11,070 に増えているとされる。
3）保守的 CSO は2007年の李明博大統領の当選に大きく寄与している。
4）運動間連携型組織数は1990年後期の 15 から2000年代早期の 30 に倍加している（Eun 2004）。

## 【参考文献】

Abbott, Brian, Edmund Heery, and Stephen Williams（2012）"Civil Society Organizations and the Exercise of Power in the Employment Relationship," *Employee Relations* 34(1): 91-107.

Buechler, Steven（1995）"New Social Movement Theories," *Sociological Quarterly* 36(3): 441-464.

Chang, Sang-Chul（2003）"Sahoe Byundonggwa Sahoeundong Byunwha: Nodongundong Chimchewa Siminundongui Sungjang [Social Transformation and Change in Social Movement: Deterioration of Labor Movement and Growth of Civil Movement]," *Sahoebaljunyeongu* [Social Development Study] 9: 85-103.

Cho, Don-Moon ed.（1996）*Nondongundongui Yeondaewa Sinsaheoundong: Ironjuk Ihaewa Yeondae Gyungheom* [Solidarity of Labor Movement and New Social Movements: Theoretical Understanding and Experience of Solidarity], Seoul: FKTU Research Institute.

Cho, Hee-Yeon（1995）*Simin Sahoewa Simin Undong* [Civil Society and Civil Movement]. Seoul: Hanul.

Craft, James（1990）"The Community as a Source of Power," *Journal of Labor Research* 11(2): 145-160.

Ehrenberg, John（2002）*Civil Society: the Critical History of an Idea*, New York: New York University Press.

Eun, Soo-Mi（2004）"Gangwhadoen Networkgwa Yakwhadoen Yeondae: Sahoeundongui Networkinggwa Hankook Sminsahoe [Stronger Network, Weaker Solidarity: Net-

working of Social Movement and Korean Civil Society]," *Minjujuwiwa Ingwon* [Democracy and Human Rights] 4(2): 5-38.
Fairbrother, Peter (2008) "Social Movement Unionism or Trade Unions as Social Movements," *Employee Responsibility Rights Journal*, 20: 213-220.
Freeman, Richard (2005) "Fighting for Other Folks' Wages : The Logic and Illogic of Living Wage Campaigns," *Industrial Relations* 44(1): 14-31.
Heery, Edmund, Brian Abbott and Stephen Williams (2012a) "The Involvement of Civil Society Organizations in British Industrial Relations : Extent, Origins, and Significance," *British Journal of Industrial Relations* 50(1): 47-72.
Heery, Edmund, Stephen Williams, and Brian Abbott (2012b) "Civil Society Organizations and Trade Unions : Cooperation, Conflict, Indifference," *Work Employment & Society* 26(1): 145-160.
Hyman, Richard (2001) *Understanding European Trade Unionism : Between Market, Class and Society*, London : Sage Publications.
Kang, In-Soon (2011) "Chanwonjiyoek Siminundongui Daeduwa Jojikwha : 1987nyun Minjuhangjaeng ihu [Organization of Civil Social Movement in Changwon Region : since 1987 Democratization Movement]," *Inmunsonchong* [Journal of Human Studies] 27 : 311-358.
Kang, Soo-Taek (2012) *Yeondaejuui : Monadismul Numeo* [Solidarism : Overcoming the Monadism], Seoul : Hangilsa.
Lee, Byoung-Hoon (2011a) "Employment Relations in South Korea," in Bamber, Greg, Russell Lansbury, and Nick Wailes eds., *International & Comparative Employment Relations : Globalization and Change*, London : Sage, 281-306.
——— (2011b) "Labor Solidarity in the Era of Neoliberal Globalization," *Development and Society* 40(2): 319-334.
Lee, Byoung-Hoon and Sang-Hoon Yi (2012) "Organizational Transformation towards Industry Unionism in South Korea," *Journal of Industrial Relations* 54(4): 476-493.
Lee, Chul-Seung (2007) "Labor Unions and Good Governance : a Cross-National Comparative Analysis," *American Sociological Review* 72(4): 585-609.
Lee, Hee-Soo (2004) "Segewhasidaee Nodongundongui Gwanjumeseo Barabon Siminundongui Daejungsung [Popularity of Civil Society Movement viewed from the Perspective of Labor Movement in the Era of Globalization]," *Gioekgwa Joenmang* [Memory and Prospect] 8 : 58-67.
Müller-Jentsch, Walther (1991) "Productive Forces and Industrial Citizenship : an Evolutionary Perspective on Labor Relations," *Economic and Industrial Democracy* 12 : 439-467.
Offe, Claus (1985) "New Social Movements : Challenging the Boundaries of Institutional Politics," *Social Research* 52(4): 817-868.
Park, Won-Seok (1998) "Nodongundonggwa Siminundongui Saeroun Yeondaegwangye

Monsaek [New Approach toward Solidarity between Labor Movement and Civil Movement]," *Nondong Sahoe* [Labor Society Bulletin] 21 : 28-33.

Pichardo, Nelson (1997) "New Social Movements : a Critical Review," *Annual Review of Sociology* 23 : 411-430.

Suzuki, Akira (2008) "Community Unions in Japan : Similarities and Differences of Region-based Labor Movements between Japan and Other Industrialized Countries," *Economic and Industrial Democracy* 29(4) : 492-520.

Tarrow, Sidney (1998) *Power in Movement : Social Movements and Contentious Politics*, Cambridge : Cambridge University Press.

Tattersall, Amanda and David Reynolds (2007) "The Shifting Power of Labor-Community Coalitions : Identifying Common Elements of Powerful Coalitions in Australia and the U.S." *Working USA* 10(1) : 77-102.

Urry, John (1983) *The Anatomy of Capitalist Societies : the Economy, Civil Society and the State*, London : MacMillan Press.

(訳:中谷義和)

第**8**章

# 新自由主義時代における韓国の「性売買特別法」
―― 争点とフェミニスト的代案

李　娜栄（イ・ナヨン）

## 1　序論、そして問題提起

　過去の十数年間、韓国社会は抗うことのできない新自由主義の荒波に呑まれるなかで変化してきた。階層格差が拡大し、不確実性が日常的に増大しているにもかかわらず、それに対する問いかけや根本的な異議申し立ては「個別的安全保障」の言説に吸収され、市民は目の前の不安要素を取り除くことに汲々としてきた。政府は、社会的な不安感の拡大を競争・効率という言説に訴えることで個別的問題に解消したり、各種の「規制撤廃」と自力扶助に代替させる傾向を強めた。無人警備システムが強化され、突然の不幸に襲われた人びとはARS〔Auto Response System＝自動応答システム〕電話や少額の寄付金をもって「慰安」しなければならず、公的扶助は国民誠金〔寄付〕という私的扶助によって代替された。このような社会環境および言説のもと、女性に対する暴力についても、被害者が成人女性であれば、社会構造的な発生原因と文脈は問われないまま、本人の努力と意志によって、いくらでも解決可能な問題であるとする認識が強まっている。特に性売買については、成人した意思決定権のある個人の自律的権利であり、かつ選択可能な労働であるという主張すら広範に受け入れられている。

　こうした状況において、韓国では、2004年に制定された性売買特別法（以下、性特法）に対する異議申し立ても強まっている。「性欲総量の法則」、「性売買不可欠論」、「職業選択の自由としての性労働論」など、事実上、数十年間くり返されてきた性売買の通念に関する変奏曲が言論とSNSを埋め尽くしている。多くは男性の性的欲望を当然視しているだけでなく、特定の犯罪行為がこ

れまでも継続してきたように、性売買は今後もなくなることは無いだろうとされる。これは、あえて黙認しようという伝統的論理と結びついているだけでなく（Raymond 2013：2）、過去や現在の「技術」を未来の「当為」として受け入れるという論法に依拠しているのである。

こうした論理や論法により性売買は、またしても性を売る女性だけの問題となり、性特法と反性売買運動が性販売女性を抑圧する原因として指摘される一方で、性売買の根本的原因で、かつ再生産構造の根幹でもある性差別、性的暴力と搾取、権力のカルテル——家父長制、資本主義、階級主義、人種主義、異性愛中心主義が混じり合って生産され、維持される権力構造——に対してながらく存在してきたフェミニストの批判は、その立ち位置があいまいにされている（李 2009：2014）。そんななか、韓国男性たちによる海外への性売買遠征、国内の外国女性の人身売買、韓国女性の海外への人身売買が世界のメディアの注目を受けることになった。

では、これまで韓国で性特法をめぐって鋭く対立してきた主たる争点とは、具体的に何であり、それをどのように考えるべきであろうか。このような論争を見渡すことで浮かび上がる性売買に関する意見の衝突を解決するため、どのような思惟方法が必要とされるのであろうか。とりわけ、新自由主義時代に新たに登場する言説に対処するための代案とは何であろうか。

本稿では、まず性特法制定の意義を簡単に説明し、性特法に関する批判とその問題点を分析し、それを打開するためのフェミニスト論の戦略を概観する。こうした作業により、新自由主義時代のジェンダー暴力という観点から、代案となる制度について検討する。

## 2 性売買特別法制定の意義

性売買に関するフェミニストたちの議論と運動は[1]、家父長的な社会・文化や資本主義の経済論理による女性の身体と性の統制方法に挑戦し、または、ブレーキをかけつつ展開されてきた。フェミニストたちは、性売買は個人的な倫理の問題ではなく社会・構造的な問題であるという認識のもと、性売買女性の人権保護を中心に、この問題に取り組んできたのである。そのような努力と女

性部〔省〕による積極的な支援が結びつき、2004年3月2日ついに「性売買特別法」が国会を通過し、同年9月に施行された[2]。当時、女性部は、性売買法案を成立させるために行った同部の支援と努力を紹介しつつ、「女性部は性売買を個人の道徳上の問題ではなく、社会構造的な問題であるという認識を前提に政策を企画」し、「淪落女性を善導の対象とみなしていた地点から、女性の人権保護と権益増進の次元でアプローチ」するようになった点に意義があると説明した。

法はある社会の支配的イデオロギーを反映するが、同時に構成的な効果も帯びているので、新たな「可能性と意味構成の主要なアクター」として機能する (Sullivan 2007：68)。そのような意味で、同法案は次のいくつかの点において意義がある。第1に、「淪落行為等防止法（以下、淪防法）」(1961年制定)から40年余りのあいだ使われてきた「淪落」(自ら堕落し身体を売る行為の意)という用語に替えて「性売買」(性を売り買いする行為の意)が公の法律用語として採用されたこと、第2に、性売買を強要された女性たちを「被害者」とみなして刑事処罰の対象とせず、単純な「性売買者」については保護処分を原則とすること、第3に、これまでスルーされてきた第三者、すなわち「性売買の斡旋、勧誘、誘引、強要、場所の提供を行った者」の処罰を強化する一方、性売買の防止と被害者の支援、性売買予防のための教育など、国家の責任を強調したことである。

このような変化は、性売買についての社会的認識を変化させるためにフェミニストたちが行ってきたこれまでの努力が反映されたものといえる。性売買の社会構造的な文脈を明らかにし、「自ら身体を汚した女性」という従来の男性中心的な言語と視線に風穴を開け、女性暴力の観点から彼女たちを被害者として再構成しようとした女性運動の結実だったのである。とりわけ斡旋者の存在を強調したことは、これまで可視化されてこなかった性売買と人身売買の仲介者を犯罪行為の主体として位置づけ、性売買のプロセスに介入しうる暴力と搾取の主な要因を取り除こうとする強い意志の現れであったという点で意義が大きい（李 2005）。

法的な変化は、性売買に対する社会的な関心を増大させ、性売買に関する国内研究をも爆発的に増加させた。主には性売買の経験および自立に関する性売

買女性／被害者の研究、法と政策の研究が増加したが、性売買運動と政策の歴史、性売買に関する論争、国際的な比較研究、空間研究などへも研究の裾野は広がっていった。言説研究、フレーム研究、深層面接における（生涯）口述史や統計的な実証研究まで、多様な研究方法が動員されている点も注目すべきだろう。さらに、女性学や社会学のみならず、社会福祉、法学、行政学、看護学、心理学などの相当数の研究者が、従来は「タブー視」されていたテーマに関心を抱きはじめた。世論喚起や知的生産の拡大が性売買現場の変化と結びついているかどうかは判断が難しいが、筆者はこのような現象が性特法のもう一つの意義であると考えている。

## 3　性売買特別法の限界および効果

　以上のような意義にもかかわらず、性特法は多くの問題点をも内包している。2004年の同法施行直後から、フェミニズム活動家たちと反性売買女性運動陣営は、法律条項に内在する強制と自発の線引きのためには被害者が強制性を立証することを求められる点、法執行時の起訴率の低さや量刑の低さ、警察の強引な取り締まりによって侵害される性売買女性の人権などについて問題を提起してきた。
　具体的にみると第1に、同法に内在する自発／強制という二分法的尺度（フレーム）である。現行法は、強制された性売買女性を被害者とみなして処罰の対象から外す一方、「自ら」性を売る行為をした者は性売買行為者として処罰の対象としている。これについて、反性売買女性運動を長年けん引してきたチョン・ミレ（2014）は、強制／強要という性売買被害女性の構成要件は女性たちの現実から徹底的に目をそらしているだけでなく、性売買の本質を捉えていないとも強く批判している（チョン・ミレ 2014：60-62）。レイモンド（Raymond 2013）も同様に、狭義で自発／強制が分けられて後者の性売買のみが違法化されるのであれば、現実には法適用と処罰は大変に困難になると主張している。もし被害者が力の強制によって性売買に引き入れられ、監禁されたという事実を立証しなければならないとすると、加害者が起訴される確率は著しく低下せざるをえないからである（Raymond 2013：22）。韓国の場合も、実際に「性を売る行為を

した者」たちの証言に依存して斡旋者や購買者を特定するので、処罰を覚悟で届け出る女性はほとんどおらず、また、被害事実を立証することのできる「強制された性売買行為者」も多くはないということ、これが実情である（チョン・ミレ 2014）。

　第2に、執行力と実効性の問題である。まず、性売買事犯の増加の推移を見てみよう。2014年にナムユン・インスン議員室が警察庁から提供を受けた性売買取締現況（拘束、不拘束、年齢別、職業別、前科別）資料をみると、性売買の検挙件数は2009年から2013年までの5年間で57,435件であり、同時期の検挙人数は169,229人となっている（表1参照）。年度別の検挙人数（検挙件数）は、2009年が71,953人（25,480件）、2010年が28,244人（9,583件）、2011年が26,138人（7,241件）、2012年が21,107人（7,598件）、2013年が21,787人（7,533件）となっている。性売買の再犯率は、2009年の43％から2014年6月現在の51％へと毎年増加しており、特に累犯は増加し続けている。一方、同時期の年度別拘束率は、拘束が1,298人であるのに対して不拘束が167,931人であり、平均拘束率は0.77％に過ぎない。特に性売買の検挙件数と人数が最も多いソウル（14,439件）の場合、同じ5年間の拘束率は1％にも満たない（表1参照）。他の資料でも、数値に若干の差異はあるものの、平均拘束率は1％程度に過ぎないことが確認される（表2参照）。

　性売買事犯に関する信頼できる統計が不足しており、わずかに公表された資料ですら一貫性が乏しいという状況ではあるが、これまでに出された警察庁、国会議員室の資料などを総合すると、性売買関連事犯の検挙人数は性特法施行以後から2009年までは増加し、その後、急激に減少しているということが分かる（図1参照）。警察庁の資料を詳細に分析したチョン・ミレ（2014）によると、性売買斡旋事犯の取り締まりと処罰の現状はさらに深刻で、取り締まりは全体平均の15％にとどまり、処罰を受けた場合でもほとんどは罰金や起訴猶予処分となっているという（チョン・ミレ 2014：80-82）。特別法違反の場合、一般に起訴率は50％を超えるという点を考えると、性売買事犯の起訴率はひどく低調であることがわかる。結論的には、性特法はほとんど「死法」といえるほど執行率が低く、それは検察と警察、より広くは政府の性売買規制に対する意志の低さを傍証している。

表 1　性売買事犯取締現況（2008-2012）　　　　　　　　（単位：人）

| 区分<br>年度 | 検挙人数 | 処分 | | 性売買事犯 | | |
|---|---|---|---|---|---|---|
| | | 拘束（比率） | 不拘束 | 業種・関係者 | 性購買者 | 性売買女性 |
| 2008年 | 51,575 | 544（1.0%） | 51,031 | 6,032 | 39,071 | 6,472 |
| 2009年 | 73,008 | 633（0.86%） | 72,375 | 9,501 | 54,405 | 9,102 |
| 2010年 | 31,247 | 575（1.8%） | 30,672 | 4,437 | 21,436 | 5,374 |
| 2011年 | 26,136 | 228（0.87%） | 25,908 | 5,142 | 16,025 | 4,969 |
| 2012年 | 21,123 | 235（1.1%） | 20,888 | ― | ― | ― |

（出典）警察庁 2013。

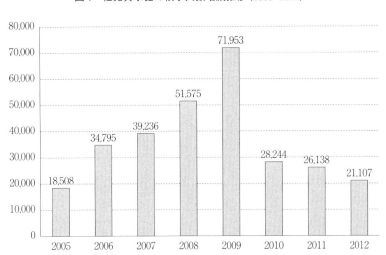

図 1　性売買事犯の検挙人数増減推移（2005-2012）

（出典）警察庁 2013。

　第 3 に、法適用の一貫性の欠如である。現行の性特法の処罰規定は、性購買者よりも性販売者に対してやや厳格に適用されている。2007年から 3 年間のうち、被害者の立場であった性売買女性のうち実際に起訴されたのは23.2%であったが、性購買男性の起訴率は17.3%にとどまっている。初犯の場合、ジョン・スクール〔John School. 訳注：初犯を対象とした性購買者教育プログラム〕の履修という条件付き起訴猶予の割合が圧倒的に多いが、同一条件の事案

表2　性売買関連の取締現況（2009-2013）

| 年度 | 検挙件数 | 検挙人数 | 処分 | | | |
|---|---|---|---|---|---|---|
| | | | 拘束（人） | 比率 | 不拘束（人） | 比率 |
| 2009 | 25,480 | 71,953 | 388 | 0.54% | 71,565 | 99.46% |
| 2010 | 9,583 | 28,244 | 216 | 0.76% | 28,028 | 99.24% |
| 2011 | 7,241 | 26,138 | 243 | 0.93% | 25,895 | 99.07% |
| 2012 | 7,598 | 21,107 | 244 | 1.16% | 20,863 | 98.84% |
| 2013 | 7,533 | 21,787 | 207 | 0.95% | 21,580 | 99.05% |
| 総計 | 57,435 | 169,229 | 1,298 | 0.77% | 167,931 | 99.23% |

(出典) ナムユン・インスン議員室提供。

において特段の理由なく通常の起訴猶予にとどまったり、略式命令を請求した事例もあり、一貫性を欠いている。

　さらに、現実には性売買女性の無罪認定の可能性は極めて低い（警察庁2013）。一方、性売買女性に対する強引な取り締まりはつづいており、2014年11月には警察のおとり捜査によって摘発されそうになった性売買女性が窓から飛び降りて自殺する事件が発生した。性風俗店の集中地区を主な対象とする取り締まりも、多くの人びとの生存権問題と実効性の議論を呼んでいる。

　このような捜査と法執行上の問題は、韓国社会のなかでつづく性売買女性に対する偏見と烙印、性別固定観念と男性中心の性文化に慣らされた捜査官と執行官の認識と結びついており、より直接的には予算不足と人員不足に関わっている。そのため性特法に内在する自発／強制のフレームと法執行の非一貫性や不公正性、それによる人権侵害の要素を改善するためには、予算の増額、処罰法の強化など、実質的な執行力の確保および保護法の改善、性特法の全面改正など、短期的な処方策が必要であると同時に、一方的で暴力的な性文化の改善、社会構造的な不平等を解消するための長期的で多角的な政策を模索することが求められる。

　以上のような問題もあるが、性特法はいくつかの点で肯定的な効果も生み出した。第1に、性特法実施から10年余り経過した今、性を購入または斡旋する行為が「問題」であるという認識が大韓民国の社会全般に広がっていることである。当然の行為、奨励された行為から問題ある行為、あるいは、少なくとも

処罰の対象となりうる行為へとその意味が変化したのである。以前は否定的であれ好意的であれ「売春女性」に焦点が集まっていたのに対して、現在は犯罪行為であり反人権的行為としての性購買と性産業の問題について、社会の構成員がわずかながらその認識を深くするようになった。この点で、性特法施行の意義は大きいと言える。

　第2に、救済、保護、脱性売買支援などの支援サービスの提供システムの拡大によって当事者の選択肢が増え、生き方の方向性が変化してきているという点である（チョン・ジェフン 2014：49）。実際、現場では先払金〔訳注：事業主が女性の雇用に際して貸与する前貸金・立替金〕の無効、女性団体の介入と支援などを活用し、当事者の交渉能力が高まっているという。性売買女性の特殊性を考えると、脱性売買のための支援制度は長期的な回復と力量強化に役立たなければならないが（チョン・ジェフン 2014：48）、この点で変化はゆっくりと始まっていると言える。

　ある社会に存在するいかなる法も、特定の犯罪行為を完全に根絶することはできない。法条文と制度の不完全性、執行の効率性の問題は、常に、法と制度に付随する問題である。そのため多くのフェミニストたちは、性特法に内在する問題点と法執行過程の非効率性の問題を指摘し、韓国的現実を反映して、女性たちの人権を実質的に保護するための制度的改善を求めてきたのである。というのも、制度的な改善は性的平等実現のための最善の方策ではないし、十分条件であるとは言えないが、出発点であり、土台とはなるからである。何よりも、法的な整備と制度の改善を求める過程のなかで、既存の観念に対して異議が突きつけられ、新たな意味構成の可能性が開かれるからである。結論的には、性特法は、性売買を思惟や論争の対象へと移行させ、当事者のアイデンティティはもちろん、われわれの認識を変化させ、ひいては性売買の意味そのものを再構成しているという点に大きな意味がある。

## 4　近年のフェミニストたちの論争と代案としての「ノルディック」モデル

　さらに現実的な法と制度の改善に対するフェミニストたちの要求は、性特法に関する以上のような問題に効果的に対処するためにはじまった。近年フェミ

ニズム内部で最も多く提案される対策は、大きく2つに分けられる。性売買を合法化し、性的販売行為を「性労働」として再定義する主張がある一方で、性を売る者を非犯罪化し、性購買と斡旋行為のみを処罰するいわゆる「性購買者処罰法」を施行するという主張が他方にある。

まず、「性労働」に関連する議論は、これまでに学界と進歩運動団体で急進的に広まり、若い層の広範な支持を集めてきた。彼らのほとんどは性売買を個人（成人）間の私的取引と考えるので、性労働概念の導入と自発的な性売買の全面的な非犯罪化が性販売者への偏見を弱め、社会的地位を向上させることができると主張する。事実上、性売買の非犯罪化論と矛盾しつつも重なり合う性労働論は、多数の進歩陣営と若者のみならず、これまで息をひそめていた保守的男性たちの同調を引き出し、合法化（性労働）／性販売者の非犯罪化（性購買者と斡旋者・事業主の処罰）／違法化（現行法の強化と維持）という新鮮味のない論争に再び火をつけた（李 2014）。

筆者が思うに、現在までの性労働に関する議論は「労働」と「労働者」の権利を大切な論点として提起しているようであるが、実際のセクシュアリティに関する（新）自由主義的観点とフェミニズム的観点、男性中心的（〔ジェンダーを考慮しない〕性盲的）観点が重なり合っており、錯綜している（李 2014）。その理由は第1に、性労働者の「労働する権利」の追及に集中し、個人の性的自由と権利、選択と個別的責任の名のもとに少しずつ拡大する性購買者と性産業（事業主）の「購買の権利」、それによって生み出される「搾取の自由」および「暴力を行使する自由」に対して問題を提起してはいない点にある。これは相対的に強者で、かつ既得権者が行使する幅広い自由とそれにもとづく多様な選択肢によって引き起こされる暴力の結果には関心をもたないことを意味する。性労働論者は、個人の性的自己決定権の問題と権力格差とを、そして、それがもたらす社会構造的問題とを切り離すことは困難であるという現実を無視しているのである。

第2に、性売買の根本的な原因であり、結果でもある性差別と労働搾取について批判的な声を上げないことである。彼らは性購買者と性産業によって維持され再生産される新自由主義・資本主義の現実、性売買内部の抑圧と暴力、搾取の構造によって蓄積される利潤、性売買の個人的・社会的な効果にも関心を

もたない。このことによって社会的弱者が性売買ではない別の生き方を選択できるよう保障し、差別と経済的格差を解消するべき国家と社会の責任は放棄される。

　第3に、自発と強制との区別という問題である。現実において、ある性的取引は自律的で、他のそれは強制的であると区別できる根拠とは何か。新自由主義経済体制下で選択肢の制限された社会的弱者がやむをえず選択する性販売行為を個人によるまったく自律的な選択と認め、国家の介入は中止されるべきなのだろうか。自殺、臓器販売、血液販売などに対する社会構造的関心と異なり、性売買のみが「自発的選択」という狭隘な自由主義的概念にもとづいて1対1の個人（成人）間取引であると信じられる根拠は何なのか。強姦の場合、物理的強制性よりは被害者と加害者の権力関係、その人たちの置かれた背景的な状況において判断されなければならないという社会的合意が形成されているが、性売買の領域においてのみ、唯一強制／自発のフレームが反復されている点は、むしろ皮肉である。

　最後に、性に対する本質論的な観点にもとづく。性労働論者は、性的欲求は男性の自然なものであるため性売買は避けることのできない現象だという極右の男性中心的主張と図らずも結びつき、男性による女性の性と身体の専有を容認し、性産業の拡大を正当化するという論理構造を提供する。そのため「労働」と女性の「性的自己決定権」という進歩的な主張の皮をかぶり、最も退行的で女性抑圧的な「公娼制」を主張するという悲しい逆説すら生み出されるのである。

　これに対して、相当数の反性売買活動家のフェミニストや研究者は、性差別的な社会で女性に対して体系的に強制される暴力という観点から性売買を認識しなければならないと主張する。特に性売買のサバイバーたちは、「性買収者が望むのは『セックス』ではなく『服従』」であると主張し、「性売買は個人間取引ではない。共同体全体が人間の身体を利用する取引に協力する構造的暴力であり、その暴力の最大の犠牲者は弱い立場へと追いやられる人間／女性であり、結局、それを容認した共同体全体が搾取の加害者であり被害者となること」であると指摘する（ムンチ 2014）。反性売買論者の最大の目的は、貧困と暴力、烙印の連鎖のなかで苦しむ弱者たちの現実の改善と支援、性差別と性暴

第Ⅱ部　社会経済構造の変容

表3　性売買に関する視点および政策の構図

| 政　策 | 禁止主義<br>(違法化、犯罪主義) | 部分的禁止主義<br>(性購買者処罰法) | 国家規制主義<br>合法化<br>(性労働論) | 非犯罪化<br>(規制撤廃論) |
|---|---|---|---|---|
| 認識論的フレーム | 道徳主義 | フェミニズム<br>(ジェンダー差別) | 自由主義<br>(反差別) | 自由主義 |
| 性売買の捉え方 | 罪、社会病理的な現象、退廃的行為 | 女性に対する暴力かつ性的搾取、ジェンダー間の不平等な権力関係にもとづく差別の問題 | 成人間の自由な性取引、サービス労働、性労働<br>正常な職業の一つ | 私的な性的取引、性的サービスとしての性売買は他の合法化された商業的行為に類似のものとして扱われ、特定の産業にもとづく規制の対象とはならない |
| 法的対応　性販売 | 違法 | 非犯罪化<br>(性販売者は被害者) | 合法<br>(性労働者：違法化することは性販売者に対する差別と抑圧を生む) | 合法 |
| 法的対応　性購買 | 違法 | 違法 | 合法 | 合法 |
| 法的対応　斡旋業<br>(抱え主、事業主) | 違法 | 違法 | 合法（部分規制と統制） | 違法 |
| 目　標 | 国民の健康と安寧のために健全な性文化を定着、性売買の根絶（抑制）、より強力な法案の整備と適用 | 女性に対する性的搾取の根絶、家父長的な性文化の変化、性売買の根絶（抑制）、ジェンダー差別と労働搾取に反対 | 自由な性的取引、性労働者の生存権の承認、性売買正常化による社会的烙印の解消 | 成人間の自律的な性取引行為への国家の介入を止揚、性売買規制法案の撤廃 |
| 採用国 | 韓国、中国、ロシア、リトアニア、ルーマニア | スウェーデン、ノルウェー、アイスランドなどから近年はフィンランド、デンマークなど他の北欧諸国に拡散<br>北アイルランド、フランス、スイスの近年の変化 | ドイツ、オランダ、スイス、オーストリア、オーストラリアの一部の州 | ベルギー、スペイン、ブルガリア、ポーランドなど |
| 現在の韓国における論争の構図 | 一部の保守的フェミニストと政策立案者、一部の一般国民 | 大多数のフェミニストと当事者団体（近年の性売買者非犯罪化のための連帯グループの組織、ムンチ）―性特法の全面改正と実効性の向上 | (保守的)男性連帯、一部のフェミニストや当事者、一部の進歩的男性、一部の一般国民―性特法の撤廃と合法化 | 一部の進歩的男性と一部のフェミニスト―性特法の撤廃と全面的な非犯罪化 |

力の解消、そして性売買の縮小にある。

　したがって、近年、反性売買フェミニズム運動陣営は、性を購買し搾取する権利のみが保障される韓国社会の現実において、自発／強制の二分法の縛りを断ち切り、進化する性産業の拡散と需要を遮断するため、性を売る者（「性買収の対象者」）に限って非犯罪化を実行しなければならないと主張している（非犯推委 2013）[3]。それは、性購買者と性産業（斡旋）に対して強力な制裁を課すヨーロッパ諸国の動きとも通底している。

　近年ヨーロッパ全域で性売買の需要縮小を優先的な目標とするいわゆる「ノルディック・モデル」に関心が集まっており、このモデルを採用した（スウェーデン、ノルウェー、アイスランド）、または採用を目指している国々（スコットランド、フランス、アイルランド、スイス、イギリスなど）の動きが活発化している（キム・ヨンジュ 2014）。ノルディック・モデルは、1999年に世界で初めて性購買者のみを処罰する法と制度を導入したスウェーデンの政策モデルが近隣のノルディック諸国へと広がりはじめたもので、性売買はジェンダー的不平等の原因であり結果でもあるとみなし、ジェンダー暴力の一環として考えるという特徴をもつ（キム・ヨンジュ 2014：61）（表3参照）。

## 5　新自由主義時代におけるジェンダー暴力の観点からの性売買の再考

　自然な生活の秩序と思われてきた「性別にもとづく特権」がもはや保障されない新自由主義の時代において、ジェンダー暴力は、女性への侮辱、無視、軽蔑という典型的な仕方を踏襲してはいるが、男性同士の差異を深めることで性平等を阻止し、多層的な差別を維持するという点に違いがある。ジェンダーにもとづく暴力（gender-based violence）とは、女性に身体的、性的、精神的な危険と苦痛をもたらす行為で、公／私双方の領域において行為に対する威嚇（脅迫）、強制的な行為、または、恣意的な自由の剥奪を包括し（UN 1993）、具体的には性別鑑別による女児中絶、女の嬰児殺害、女性器切除、セクハラ、人身売買、強制的な性売買、持参金関連の暴力、家庭内暴力、殴打、強姦、その他の性的攻撃なども含む（UNIFEM 2013）。以上の例がジェンダー暴力となる理由は、「単に女性であるという理由で女性や女児が被害者となる暴力」の形態

であるのみならず、暴力が結果的に「男性の権力を強化する機制」となり、男性の欲望の対象であり所有物でもある女性というジェンダーにもとづく人間の物理的、象徴的位相が再確認されるからである。こうして支配と統制としての男性（性）の権力が再確認され、「男性性／女性性（性別間）の位階的ジェンダー秩序が維持され強化」される（李娜榮、ホ・ミンスク 2014：82-83）。そのため生物学的な男性と男性（男児、貧困階層、相対的弱者など）間の強姦と性的攻撃もまた、ジェンダー暴力の範疇に含まれることになる。ジェンダー暴力の発生は、男性に比べて劣位な女性の経済、政治、社会、文化的な地位や非対称な権力関係と密接に関わっており、グローバル化の過程で変動し、あるいは持続する女（性性）／男（性性）間の地位の違いにも結びついている。したがって国際的にもジェンダー暴力は、生物学的女性の問題を越え、普遍的で「包括的な人権侵害」の問題とみなされている（WHO 2008；UNIFEM 2013）。

　ここにおいて、性売買はジェンダー暴力のメイン・イシューとなり、国際的なレベルで女性の基本的な自由と同等の権利を保障し、不平等な権力関係を解消しようとする女性の人権にとって最重要の実践領域となる（李 2014）。なぜなら、被害者たちに人権侵害をはじめ、直接的で多様な身体的・精神的傷痕（自己卑下、鬱、自殺願望など）や烙印と排除の原因となることで社会の公共保健の深刻な問題となり、より包括的には、社会的、文化的、経済的な（相対的）弱者（ぜい弱な者）に対する差別、搾取、暴力、人権侵害が可能であるというメッセージを発信し、潜在的な恐怖と不安を与え、それによって統制と規律の効果を生み出すからである。なによりも性売買は、権力と資本、暴力を介する行為の正当化と正常化を通じて各種の不平等と差別を合理化し、人間が享受すべき普遍的権利を根本的に脅かす。結果的に既存の位階的ジェンダー、人種、階層的秩序が再生産されるという点で、韓国社会における性売買の現象はジェンダー暴力と切り離して考えることは難しい。この点において、性販売者の非犯罪化は、ジェンダー暴力を縮小するための主要な実践的方法となる。

　性売買をジェンダー暴力の観点から考える、いわゆる「ノルディック・モデル」に転換すべき別の理由は、消費資本主義の時代に徐々に拡大する性産業を根本的に遮断すべき現実的必要性にある。現代社会を鋭く洞察したジグムント・バウマン（バウマン 2013）は、「脱規制化、個人化」された消費資本主義

社会において「われわれが投じざるをえない賽は、そのほとんどが不平等によって利益を得る人びとにとって有利なものとなっている」と指摘した（バウマン 2013：89）。別の批判的学者たちも、新自由主義的市場経済体制のもとで「購買する権利」という自由主義的観念に後押しされた「消費主体」の虚像を縷々指摘してきた（ボードリヤール 1992；ハーヴェイ 2010；スティグリッツ 2013）。しかし、このような観点から出発して性売買について研究する韓国の学者たちはそう多くはない。性売買の領域に限り、進歩主義者ですら自由と権利、選択という自由主義的価値に過度に依存しているように見える。ジェンダー的観点の不足した男性学者の限界性はさておき、一部のフェミニストや若者たちですら自由主義的論理に魅了されている理由は何か。

　新自由主義的市場経済下で、今や経済的能力のある者は私生活をアウト・ソーシングし、能力のない人びとは私生活の意味すら失ってしまった（ホックシールド 2013）。進化した資本主義の恐るべき現実は、性別や階級にかかわらずすべての老若男女から感情という私的領域を奪い去ってしまったのである。逆説的で、あまりにも当然の帰結は、すべての労働関係と経済秩序が脱規制化され、自由市場と経済論理に浸潤された日常のなかで、性を購買し販売する行為は市場論理と個人の選択（自己決定権）という狭隘な論理に縛られているという点にある。労働市場そのものが社会的不平等の溝を深めつづける現実において、サービス労働者のほとんどが移住者、貧困層、女性などの社会的弱者であり、性を取引する行為や中間で利得をあげる行為が包括的な不平等の問題と無関係ではありえないにもかかわらずである。このような現象のなかで、暴力はあまりに陳腐な言説となってしまった。

　筆者が特に眉をひそめるのは、個人の「自由」の名のもとに行われる数多くの取引行為（資本と権力の不当な相続と取引、麻薬取引、武器取引、臓器取引など）やその過程と結果として発生する不当性、搾取、不平等、暴力、殺人などの行為について怒りの声を上げる人びとが、性的取引についてだけは寛容な態度をとる点である。コーヒー1杯やカバン1つを購入するにしても取引の効果を懸念し、公正取引を論じておきながら、性的な取引過程の公正さや性的購買行為の公共善に関する議論には無感覚である点も理解に苦しむところである。

　さらに大きな問題は、「選択」と「自発」という思弁的論理にこだわって性

売買を擁護しているあいだにも、なお、多くの男性が性を購買し、性産業は成長しているという点である。性売買に対する男性の需要と女性の搾取によって利潤を得て成長する性産業、政府と性売買合法化のロビーたちの密接な関係を調査・分析したレイモンド（Raymond 2013）は、合法化や非犯罪化政策は暴力と烙印を全く減少させることができない一方、購買者、抱え主、さらには人身売買業者だけを正当化してきたと主張している。性労働者という新たな「顔」は、性を売る女性を「機敏な企業家精神（shrewd entrepreneurialism）」にもとづいて行動する権利主体とみなすことに由来する。しかし、このようなフレームワークは、実際の資本主義、性差別主義、人種差別主義に抵抗しながら抑圧を打ち破り、生存しようと努力する女性の経験に何らの回答も示さない。レイモンドは特に、オランダ、ドイツ、オーストラリアの事例分析を通じて、性売買の合法化は実際の女性の生き方と仕事の条件を改善するのではなく、むしろセックス観光を増加させ、それによって税収も増加させることに貢献してきたと論じている。同じくサリバン（Sullivan 2007）も、合法化以降のオーストラリア社会を詳細に検討した結果、新自由主義的経済論理の承認と拡大にあわせて性産業が急成長し、正常化されることで、違法領域の統制すらも困難になったと指摘している。結果として、合法化は女性の人権保護に失敗した政策だとされる。オーストラリアの女性学者ノーマ（ノーマ 2012）も、また、性産業が政府の監督と介入を受けず自由に運営されたため、抱え主や人身売買犯にとって魅力的な投資先となっており、事業主たちは、さらに多くの利潤獲得のため、海外の性産業経営者や国際的ネットワークと連携して女性を調達していると指摘している（ノーマ 2012 : 17-22）。巨大資本によって武装した人身売買、性産業の主体が政治権力、司法権力、言論権力と結託して莫大な利潤を得るために努力するあいだに、児童と女性の性的取引、性的搾取は次第に深刻化しているのである。

　フレイザー（フレイザー&ホネット 2014）は、物質的な分配という客観的条件と、同等の機会保障という相互主観的条件がすべて満たされるとき、同等な市民の社会参加は可能であると主張している（フレイザー&ホネット 2014 : 71-72）。彼は、また、「差異の承認要求はすでに存在する特殊な不正を是正するための対応」（フレイザー&ホネット 2014 : 89）であり、「承認は自己実現にか

かわる問題ではなく、正義に関する問題」であると主張している。筆者はこれを踏まえ、性労働者の承認は、新たな命名による自己実現の問題ではなく正義にかかわる問題であり、文化的次元と経済的構造の双方を結びつける努力によってのみ、彼女たちに対する烙印と排除、差別の問題が解消されるであろうと考える。身分従属と経済的な階級従属はそれぞれの社会ごとに異なる構造と度合いをもつが、両者が密に絡まり合い、共通してもいる。特に性売買は、ジェンダー、人種、性、階級という従属の軸が密接に交差し、別の差別を再生産する領域である。そのため経済的な分配と文化的な承認を包括する「フェミニズム正義」の観点から性販売者の非犯罪化を追求する取り組みは、ジェンダー暴力と性産業に対する根本的で構造的な変化を求めるフェミニストの実践と密接にかかわっている。

## 6 おわりに

本稿で筆者は、性売買をめぐるフェミニストたちの論争の構図を確認し、ジェンダー暴力とフェミニズム正義の観点から、性売買の非犯罪化に替わる理論的・政策的代案を提示した。これは、性売買によって維持され再生産されるジェンダー、人種、階層、資本の秩序とは何であるかという問いを喚起する作業であり、新自由主義時代に拡大し深化する不平等と貧困、それに対応する公正性と公共善についての思考を性的取引にも適用することを求める取り組みである。経済的分配と文化的承認を包括する「フェミニズム正義」の戦略は、ここにおいて重要な資源となる。

ある者は、過去十年間、韓国の性売買はさらに拡大する一方で、変化したことは何もないと嘆く。しかし別の者は、性売買を罪悪感なく「堂々と」する者はそう多くはないはずで、男性の接待文化が変化したのは事実であるとも言う。われわれが進むべき道は遠いが、確かに世界は少しずつでも変化してきたし、これからも変化するであろう。進路を決める舵はいま、この土地と文化の上に立っているわれわれが握っている。結局、性売買の問題を解決しようとするフェミニストは、単なる「個人の権利」ではなく、不公正な権力関係の下での資源の構造的再分配と文化的承認という二重の次元を連結すべき課題を抱え

ていることになる。性購買の「権利」や斡旋・運営による搾取の「自由」は、そのような次元で真摯に再考されなければならない。

したがって、われわれが負うべき倫理的責任と世界を変えようとする正義の企画(プロジェクト)は、ジェンダー暴力が個別的な選択または取引と認識される新自由主義社会を直視し、性的取引が接待手段化、常態化している消費資本主義社会に挑戦しなければならない。性を売る者の制限的な自由と選択に関心をもつのも重要ではあるが、性を買う者と仲介する者がもつ相対的にきわめて大きな自由と選択の量と質、彼らの選択の結果に、もっと大きな関心を向けるべきである。彼らが性購買のために注ぎこむ金と性的取引によって獲得する利潤を全世界の少数者と弱者、差別される者と貧しい者のために使うのであれば、おそらく平等な世界はもっと早くわれわれの前に現れるだろうから。

【注】
1) 本稿では、語法上から「性売買運動」という用語の代わりに「性売買に関連するフェミニズム運動」または「反性売買女性運動」などと表記する。
2) 性売買特別法は、「性売買斡旋等の行為の処罰に関する法律（以下、処罰法）と「性売買防止及び被害者保護等に関する法律（以下、保護法）からなる。
3) 2013年、女性学者、法律家、現場団体が連帯し、いわゆる「性搾取反対および性売買女性非犯罪化共同推進委員会」が組織され、性売買防止法の全面改正のためのワークショップや活動が行われている。
4) オーストラリアの性産業は、1999年から2005年まで毎年5.2%－7.4%と成長の一途をたどり、個人のサービス産業においてもっとも多くの比率（80%）を占めている。これは国内総生産額よりも高い水準で、特に特定の形態の性産業業者は、オーストラリアの全商社（trade company）のうち上位50位以内にランキングされるほどであるとされる。

【参考文献】〔以下、英語文献を除き、すべて韓国文献〕
李娜榮（2005）「性売買：女性主義性政治学のための試論」韓国女性学会『韓国女性学』21(1)、41-84頁。
―――（2009）「女性主義『性労働』論議についての再考」批判社会学会『経済と社会』84、132-157頁。
―――（2014）「性売買特別法10年：新たに登場した論争構図と女性人権実現のための提言」韓国女性人権振興院『女性と人権』2014（上半期）、12-25頁。
李娜榮、ホ・ミンスク（2014）「韓国のジェンダー暴力と新自由主義ジェンダー秩序：言説と実践の再構成のための試論」韓国家族学会『家族と文化』26(4)、58-90頁。キム・ヨンジュ（2014）「国外の性売買政策の変動と韓国社会の方向」性売買防止法10年連続

第 8 章　新自由主義時代における韓国の「性売買特別法」

　　討論会『性平等な社会に向けた道探し』発表文、国会議員会館、2014 年 9 月 19 日。
警察庁（2013）「性売買事犯団束現況」（未公刊）。
─────（2014）「全体性売買団束現況」（未公刊）。
シンパク・チニョン（2014）「性売買処罰法の施行と性産業の変化」韓国女性人権振興院『女性と人権』2014（上半期）、101-125 頁。
GG（性労働者権利の会 GG）（2014）「韓国性売買特別法の人権侵害事例」性労働者の日懇談会『韓国と日本の性労働者の人権現況』発表文、代案映像文化発展所アイゴン、2014 年 6 月 29 日。
スティグリッツ, ジョセフ（イ・スニ訳）（2013）『不平等の対価：分裂した社会はなぜ危険か』ソウル：ヨルリンチェクトゥル（Stiglitz, J. E. (2012) *The Price of Inequality*, New York：Penguin.）。
チョン・ジェウォン（2012）「性搾取目的の人身売買、性購買需要に対する抑制方案」韓国女性人権振興院『女性と人権』7、30-47 頁。
チョン・ジェフン（2014）「性売買防止および被害者支援体系の強化」性売買防止法施行 10 年連続討論会『性売買政策とシステムに関する評価と反性売買女性人権運動の方向の模索』報告文、国会議員会館、2014 年 9 月 26 日。
チョン・ミレ（2014）「反性売買女性人権運動の 10 年、変化と進展のために新たな道を開く」性売買防止法施行 10 年連続討論会『性売買政策とシステムに関する評価と反性売買女性人権運動の方向の模索』発表文、国会議員会館、2014 年 9 月 26 日。
ノーマ, キャロライン（Norma, Caroline）（2012）「性売買合法化が人身売買に及ぼす影響：オーストラリアの事例を中心に」韓国女性人権振興院『女性と人権』7 号：17-29 頁。
ハーヴェイ, デヴィッド（イム・ドングンほか訳）（2010）『新自由主義世界化の諸空間』ソウル：文化科学社（Harvey, D. (2005) *Spaces of Neoliberalization : Towards a Theory of Uneven Geographical Development*, Franz Steiner Verlag.）〔日本語版は、本橋哲也訳『ネオリベラリズムとは何か』青土社、2007 年〕。
バウマン, ジグムント（Bauman, Zygmunt）（アン・ギュナム訳）（2013）『なぜわれわれは不平等を甘受するのか？今あるものさえ奪われる私に投げかける問い』ソウル：トンニョク（Bauman, Z. (2013) *Does the Richness of the Benefit Us All?* Cambridge：Polity Press.）。
非犯推委（性搾取反対および性売買女性非犯罪化共同推進委員会）（2013）「性売買防止法全面改正論議のための現場団体ワークショップ（未刊資料集）」。
フレイザー, ナンシー&アクセル・ホネット（キム・ウォンシクほか訳）（2014）『分配か、認定か』ソウル：四月の本（Fraser, N. & H. Axel (2003) *Umverteilung oder Anerkennung?* Frankfurt am Main：Suhrkamp Verlag.）〔日本語版は、加藤泰史訳『再配分か承認か？──政治・哲学論争』法政大学出版局、2012 年〕。
ボードリヤール, ジャン（イ・サンリュル訳）（1992）『消費の社会』ソウル：文芸出版社（Baudrillard, J. (1970) *The Consumer Society*, London：Sage.）。
ホックシールド, アーリー・ラッセル（リュ・ヒョン訳）（2013）『私を貸してあげます』

ソウル：イマジン（Hochschild, R. (2013) *What Happens When We Pay Others to Live Our Lives for Us*, New York: Metropolitan Books.）。

ムンチ（2014）「2014韓国性売買防止法制定10年 性搾取根絶『性売買女性非犯罪化』のための宣言文」http://blog.daum.net/moongchi_2014/25（2015年4月11日アクセス）。

─── (2015)「性売買斡旋等行為の処罰に関する法律違憲訴訟に対する性売買経験当事者ネットワーク『ムンチ』の立場発表記者懇談会」発表文、女性未来センター、2015年4月2日。

Raymond, J. (2013) *Not a Choice, Not a Job*, Dulles, VA: Potomac Books.

Sullivan, M. L. (2007) *Making Sex Work: A Failed Experiment with Legalized Prostitution*, North Melbourne, Australia: Spinifex Press.

UN. (1993) "Declaration on the Elimination of Violence against Women". 1993 http://www.un.org/documents/ga/res/48/a48r104.htm（2015年4月8日アクセス）。

UNIFEM (The United Nations Fund for Women) (2013) "Women's Human Rights". http://www.unifem.org.（2014年11月1日アクセス）。

WHO (World Health Organization) (2008) "Violence against Women". http://who.int/factsheets/（2009年3月18日アクセス）。

（訳：呉　仁済）

# 第9章

# 社会的包摂に向けた日本の政策課題
―― 生活困窮者自立支援制度を中心に

櫻井純理

## 1 本章のテーマと背景

### 1 本章の分析対象と意図

　1990年代以降、先進諸国において低処遇の不安定雇用が急速に増加したことは、周縁的地位に追いやられた人々の自己有用感の喪失や社会的紐帯の弱体化という、深刻な社会的課題に帰結している。この問題は「社会的排除」として捉えられ、すなわち、雇用・労働に関連した経済的格差のみならず、社会的・政治的・文化的側面での権利の未保障・剥奪への留意が重要であることが共通に認識されるようになってきた。排除された人が増大することは、社会不安や社会の不安定化をもたらし、社会的結束や国民統合を揺るがす要因ともなるからである。EUでは2000年9月の欧州理事会で貧困と社会的排除を除去するための共通目標を定め、加盟各国での行動計画の策定と実施を促してきた（中村2012：5-9）。その前後から、欧州諸国やアメリカ等の先進諸国において、社会的排除に対抗する多様な政策、すなわち「社会的包摂」に向けた政策が展開されてきた。

　本章は、日本における社会的包摂政策のなかでも特に、地方自治体が統括し実施されてきた雇用政策（地域雇用政策）を分析の対象とする。具体的には、2004年度以降、大阪府内の全ての基礎自治体（市町村）で実施されてきた「地域就労支援事業」と、2015年4月から全国の地方自治体（福祉事務所を設置する自治体）で本格的に開始された「生活困窮者自立支援制度」の2つを取り上げる。両事業は、前者が「就職困難者等」を、後者が「生活困窮者」を対象としている点で異なってはいるが、就労を含めた社会的活動を通じて当事者の経済

的・社会的自立を促すために、就労支援等のサービスを給付するという政策の目的と事業内容は類似している。

これらの事例を取り上げる意図は、第1に、グローバルな経済競争の激化やポスト産業社会への移行が雇用・労働、ひいては生活全般の不安定化を招いていることが、家族のあり方や地域社会の変化ともあいまって「新しい社会的リスク」(宮本 2009：51-52)に対応した社会政策の必要性を高めていることである。近年多くの国が多様な社会的包摂政策を導入していることについて、新川敏光は「自由競争社会の維持・再生産のため」にそれが「不可欠のもの」(新川 2014：119)だからだと指摘する。すなわち、自由競争が必然的に生み出す「敗者」には「「自発的に」再訓練・教育を受け、自由競争に再び参加していくことが期待される」。そして、「そのための手助けをするのが、社会的包摂である」(新川 2014：119)。このように、新川は各国の社会的包摂政策に「労働の再規律化」や「福祉の就労義務強化」という傾向が共通して見られることを指摘し、そこにグローバル化や産業構造の変化の影響を見出している。

第2に、その一方で、そうした社会政策の実施を担う地方自治体においては、求められる仕事が増えているにもかかわらず、職員数や予算の削減という制約が強まっている。より「小さな政府」がより多くの仕事を担わざるをえないという矛盾は、政策が遂行される現場に様々な課題を生じさせている。本章では、福祉国家がケインズ主義的段階から「シュンペーター主義的競争国家」(ジェソップ 2005：135)、「競争志向の福祉国家」(加藤 2012：65-66)に移行する段階で直面している変化の一断面として、日本の社会的包摂政策の実情を見ていく。

## 2　日本の事例を検討することの意義

### (1)　経済格差と貧困の顕在化

日本の社会的包摂政策の実態を分析することの意義としては、とりわけ次に挙げる3点が重要である。第1に、1990年代後半からの顕著な「雇用の非正規化」のもとで急速に経済的格差が拡大し、政策的対応が迫られていることである。グローバルな企業間競争の激化や円相場の不安定化といった先行きが不透明な経済環境の下で、日本企業は正社員の人員削減と非正規社員への置換えを

促進してきた。経済活動の中心が製造業からサービス産業に移行したことも、こうした変化を促す要因となった。パートタイム労働者や契約労働者の増加に加えて、1985年に導入された労働者派遣は1999年に原則自由化され、派遣・請負といった間接雇用労働者の「活用」も進められた。1995年から2015年の20年間で、正規雇用者数が約500万人減少した一方、非正規雇用者数は約1000万人増加し、非正規雇用比率は雇用者全体の約4割にまで高まっている。[1]

　非正規雇用者の約3分の2は年収150万円未満だが（総務省「就業構造基本調査」2012年）、契約社員・派遣労働者の7割以上、パートタイム労働者でも3割以上は自身の収入が生活を賄う主な収入源である（厚生労働省「平成22年就業形態の多様化に関する総合実態調査」）。こうした低収入の非正規雇用者の増加により、2000年代に入ると国内の所得格差の拡大や、「ワーキングプア」（働く貧困層）の増加が社会問題化した。2015年12月の生活保護受給者・世帯数は過去最高値の約217万人・約163万世帯で、この20年間で2倍以上に増加している（厚生労働省社会・援護局保護課 2015：25、および厚生労働省社会・援護局「被保護者調査」平成27年12月分概数を参照）。

　しかも、五石敬路による推計では、日本の生活保護の実質的な捕捉率は20％にも届いておらず、その比率はワーキングプア世帯（就労者が1人以上いる世帯）ではさらに低い。五石は、生活保護を受給していないワーキングプア世帯は300万戸にのぼると指摘している（五石 2011：40-42）。また、2014年4月から消費税引上げに伴い導入された「臨時福祉給付金」[2]の予算上の受給者数（住民税非課税者）は、2014年度には2400万人であり（厚生労働省 2016）、人口全体の5分の1にのぼった。こうしたデータから、経済的困窮層が社会内部に相当の厚みを持って存在していることがうかがわれる。

### (2) 企業的包摂の崩壊

　第2に、企業中心社会の日本では特に、上で述べたような雇用面の変化がもたらす影響は経済的格差に留まらず、社会的に孤立し、あるいは社会から疎外され、自分の存在が認められていないと感じる人々の増加に直結すると考えられる。バラ＆ラペールは『グローバル化と社会的排除』において、次のように述べている。

私たちは、長期失業や不安定さと物的・社会的剥奪とのあいだの関係性の重要さを強調しておく必要がある。なぜなら、所得と社会的承認へのアクセスを確保するにあたって仕事が中心的役割を担っている社会において、失業と不安定さは〔剥奪の〕分配的な側面と関係的な側面を反映しているからである。(バラ・ラペール 2005：112)。

日本は、まさしく「所得と社会的承認へのアクセスを確保するにあたって仕事が中心的役割を担っている社会」であり、雇用の劣化が社会的関係の不安定化に結びつきやすいと思われる。それは、企業での長期雇用を前提に、世帯主である夫が家族の生計費の大半を稼ぎ、生活を支えるという「標準的な家族」を念頭において社会制度が構築されてきたからである。医療・年金・住宅などの社会サービス給付においては、勤め先の企業が中心的役割を担ってきた。また、労働者の職業能力は企業内教育訓練を通じて形成されることが通常だった。そして、性別役割分業社会のなかで、妻は家事労働と子どもの教育に情熱を注ぎ、夫や子どもの成功に自己実現を投影してきたのである。

宮本太郎は、行政・官僚制が業界保護等によって企業経営をサポートし、その企業が雇用を通して労働者の生活を保障してきた従来の状況を「企業的包摂」と表現する（宮本 2013：5）。また、本田由紀は、正社員雇用が家族の生活を支え、家計が私的な教育支出を通じて新規の労働力を育成してきた、仕事・家族・教育という3つの社会領域の堅牢な連関に着目し、それを「戦後日本型循環モデル」として説明している（本田 2014：14-17）。1990年代に仕事の世界が劣悪化したことがこのモデルの破綻をもたらし（本田 2014：39-41）、企業的包摂の掘り崩しが進行した。それは排除された人々の生活基盤の脆弱化と同時に、依拠できる社会関係資本の収縮にもつながる。雇用の流動化・不安定化は「企業や地域社会の一定の場に埋め込まれることで蓄積されてきた人間関係の形成が困難」（杉田 2015：8）になることを意味するからである。人間関係の「溜め」のなさは、生き方の自由な選択肢を奪う（湯浅 2008：78-81）。そして、先行きの見えない人生への絶望感や自己肯定的な感情の低下は、時に他者への暴力的な行為に結びつき、不幸な帰結をもたらしもしてきた。[4]

### (3) 社会的包摂政策の「揺れ」

日本の実態を検証する第3の意義は、社会的包摂政策の多様性に関して意味

ある知見が得られると考えるからである。これまで「ワークフェア」、「ワークファースト」、「アクティベーション」などの概念をどのように定義し、これらの概念に照らしながら各国の政策をどう評価するか、様々な議論が展開されてきた。上では労働規律の強化（たとえば就労の義務付け）という側面を強調した新川の見解に触れたが、実際に各国で実施されてきた社会的包摂政策は国ごとに多様であり、一国においても時期によってその性質を変化させてきた。こうした議論をリードしてきた第一人者が宮本太郎である。宮本は、就業規律を高めるという意味での「ワークフェア」や、サービスコストの削減に重点を置いた政策を「新自由主義的包摂」と呼ぶ。他方、雇用と福祉の連携を重視した「アクティベーション」に取り組み、社会的投資の観点からサービス供給を行う政策を「社民主義的包摂」として区別している（宮本 2012：208-210）。

　福原宏幸らは EU 諸国の社会的包摂政策の言説分析から3つのパラダイム（再分配、社会的シティズンシップ、アクティベーション）を導き、その「〈揺れ〉または〈振幅〉」について、「国に応じて、あるいは社会的・政治的力関係や情勢に応じて、優位に立つパラダイムは変化する」（福原他 2015：27）と論じている。実際に就労支援サービスや福祉サービスを市民に給付しているのは地方自治体であり、政策がどのような理念のもとで打ち出されたものであれ、その性質は各地域での活動を通じて決定されていく。そこで本稿では、自治体ごとの取り組みには大きな相違、すなわち「振幅」があることを指摘し、そこにどのような要因や問題があるかについて考えていきたいのである。

## 2　大阪府・地域就労支援事業における「自治体間格差」

### 1　地域就労支援事業の概要と推移

　初めの事例として、大阪府独自の就労支援事業である「地域就労支援事業」を取り上げる。この事業は「就職困難者等」の雇用・就労の促進を目的とし、各市町村に設置された地域就労支援センターで職業・生活に関わるカウンセリングを行い、個別相談者に適した就労支援プランを策定・実施するものである。2000年に和泉市・茨木市でモデル事業が開始され、2004年以降は府内すべての市町村で実施されてきた。同事業は同和行政として展開されてきた職業相

談活動をベースとしつつも、多様な生活問題を抱える地域住民全般を視野に入れて、地域や他者とのつながりを再構築していくという意図をもって創られた（社団法人おおさか人材雇用開発人権センター 2005)。制度の構築に関わった人たちの間では、日本版ソーシャル・インクルージョン（社会的包摂）の実現が明確に意識されていたのである（大谷 2008：10-13)。対象となる「就職困難者等」は「働く意欲・希望がありながら、雇用・就労を妨げる様々な阻害要因を抱える方々」と緩やかに規定されていて、実際に多様な相談者（年間約6500人）がセンターを利用している[5]。

　導入当時、この政策にかかる財源の2分の1は大阪府が市町村に対し補助金を支給する形で負担していた。使途を個別事業に限定した補助金は、「府内で均衡ある行政サービスを提供」するという観点から実施されてきたものだった（櫻井 2009：82)。しかし、2008年に大阪府は「住民に身近なサービスはできるだけ身近な市町村で」という原則を徹底する方針を明確化し、「補助金の交付金化をすすめる」ことを決定する（櫻井 2009：81)。その結果、地域就労支援事業については、その他3つの相談事業と統合される形で「総合相談事業交付金」が支給されることになった。翌2009年からは、各市町村への交付金の配分基準に実績主義が導入され、相談件数や「効率化等」の実績に基づく配分割合が設定された。さらに2012年度以降は「創意工夫割」の拡大など配分基準の見直しが行われ、「より頑張る市町村を支援」する傾向が強められている（大阪府就業促進課 2015)。

　同事業における大阪府の役割は、市町村のみでは解決が難しい事案に対する広域的なバックアップ、「困難ケース検討連絡協議会」の運営、市町村の担当職員に対する研修の実施といった側面的な支援である。これらの事業に対する大阪府の予算額（市町村地域就労支援推進事業費）自体も年々減少しており、2010年度の約164万円が2014年度には約72万円と2分の1以下になった（大阪府就業促進課 2015)。

## 2　自治体間格差の現状

　地域就労支援事業が導入されて10年強が経過するなかで露呈してきたのは、自治体ごとの実績値（相談件数や就労者数）にきわめて大きな差があることだ。

第9章　社会的包摂に向けた日本の政策課題

　図1は、府内33市それぞれについて、2009年度（交付金の実績主義的配分が開始された年）と2013年度の人口1万人あたり相談件数をプロットした結果である。「2009-13年度間に自治体間の格差が拡大した」とは言いきれないが、いくつかの重要な変化は確認できる。まず、この期間に相談件数を増加させた（図中の斜線より左上に位置する）市は33市中10市に留まり、2003-06期間の19市、2007-09期間の25市に比べてかなり少ない。また、2009年度の段階で1万人あたり相談件数が10件に満たない市は8市だったが、2013年度には15市とほぼ倍増した。高い相談件数を維持している市（たとえば泉南市、柏原市）や件数を大きく伸ばした市（吹田市、豊中市）が存在する一方で、1万人あたり相談件数が2件に満たない市（池田市、岸和田市、門真市）も出てきている。

図1　2013/2009年度の実績の対比

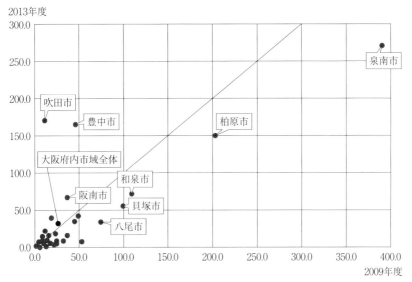

（出典）大阪府・市町村就労支援事業推進協議会がまとめた「市町村就職困難者等就労支援事業報告」の各年度データに基づき、筆者が作成。

　上記のような実績値の違いだけをもって、自治体間格差が問題であると直ちに断じることは適切ではないだろう。なぜなら、それぞれの地域でどのような問題を抱えた「就職困難者等」がどの程度存在し、いかなる支援を求めている

183

かは異なると考えられるからである。また、自治体によっては別の事業を通じて「就業困難層」への支援が行われている可能性もある。これほどの大きな差が生じている要因が何かについては、慎重な検討が必要である[7]。とはいえ、同事業を統括している大阪府就業促進課の職員に対して筆者らが行った調査では、事業の停滞状況や自治体間の格差に対する懸念が多く語られた[8]。

たとえば、A市では2009年にそれまで市内4カ所に設けていた相談場所を1カ所に統合して就労支援コーディネーターの人数を1名に減らし、担当の正職員も別の仕事と兼務になった。B市では交付金化の時に統合された4相談事業すべてを（目的や対象者は異なるのだが）同じ1つの窓口で提供している。C市では、いわゆる「労働相談」と地域就労支援の相談を委託された社労士の方が併せて担当している。こうした事業の「効率化」に加えて、自治体の中には担当者が異動する過程でノウハウが適切に継承されず、支援プランを決定するための「ケース会議」自体が開けていないところが出てきていると言う。同事業は、当初の理念としては地域における社会的包摂の実現を目指して導入されたものだったが、実際の状況が自治体によって相当異なっていることはたしかである。

## 3　生活困窮者自立支援制度の導入と経過

### 1　生活困窮者自立支援制度の概要と特徴
#### (1) 生活困窮者自立支援制度の概要と支援の流れ

次に取り上げる社会的包摂政策の事例は「生活困窮者自立支援制度」である。同制度は生活困窮者の自立を促進するために設けられたものであり、法的には2013年12月に成立した「生活困窮者自立支援法」（2015年4月施行）を根拠とする。ここでの「生活困窮者」とは「現に経済的に困窮し、最低限度の生活を維持することができなくなるおそれのある者」（同法第2条）を指しており、生活保護に至る前の段階にある者を支援する「第二のセーフティネットの充実・強化」が意図されている（厚生労働省社会・援護局地域福祉課生活困窮者自立支援室 2014：16）[9]。

この制度のもとで実施される事業には、①自立相談支援事業、②住宅確保給

付金の支給、③就労準備支援事業、④一時生活支援事業（宿泊場所や衣食の一時的な提供）、⑤家計相談支援事業、⑥学習支援事業、⑦就労訓練事業（いわゆる「中間的就労」）の認定がある。国庫負担は必須事業とされている①②で４分の３、任意事業のうち③④で３分の２、その他事業で２分の１である。簡潔に事業全体の流れを説明すると、自治体は生活困窮者に対する相談窓口を設けて支援プランを作成し（①）、就労に至る以前の訓練が必要だと判断した人には訓練を実施（③）、それでも就労に至るのが難しい場合には中間的就労の機会を設ける（⑦）。その他、必要性に応じて生活面の支援（②④⑤）を行うとともに、貧困の連鎖を防止する学習支援（⑥）を提供する。現金給付は住宅確保の②に限られている。

### (2) 生活困窮者自立支援制度の重要な特徴

この制度の主な特徴は次の３点にまとめることができる。第１に、対象者の規定が緩やかで、幅広い人への支援が可能であることだ。つまり、従来の様々な「自立支援制度」は対象者を年齢・所得・障害の有無などで明確に限定してきたが、この制度の対象は「生活困窮者」なので、いわゆる「障害ボーダー層」や稼働年齢層の人たちも支援を受けることができる。本制度の導入を通じてこれまでの諸制度の狭間を埋めることや、複合的な課題を有する人に対して個別的・包括的な支援が展開されることが期待されている。

第２の特徴は、支援を受ける側の意思を尊重した「自己決定」に基づく支援の提供を重視している点である。厚生労働省が作成した「自立相談支援事業の手引き」は、「「自立」という概念を構成する最も重要な要素は自己決定、自己選択である」と述べたうえで、生活困窮者の多くが「自信や自己有用感や自尊感情」を失っていることに配慮し、信頼関係を築きながら「尊厳の確保」に務めていくことが重要だと強調する（厚生労働省 2015：2-3）。生活困窮者自立支援制度の導入と同時期に行われた生活保護法の改正では、「就労・自立支援の強化」と「不正受給への厳正な対処」等の方針が打ち出され（厚生労働省社会・援護局保護課 2015）、貧困問題の研究者や支援者らからは大きな批判の声があがった。生活困窮者自立支援における「自立」が即「就労」を意味するのではない、という含意が「手引き」の文章には込められているようである。

そして第３の特徴は、実際の事業運営が地方自治体を中心とした地域での取

り組みに委ねられていることである。上記の「手引き」においては、同事業の効果的な実施には「地域づくりの視点」が必要であるとし、「行政、関係機関、地域住民が協働で…（中略）…生活困窮者の支援に理解のある参加型包摂社会を創造していくことが重要」（厚生労働省 2015：4）だと述べている。前述した２つの特徴が示しているように、同制度における支援は個人の尊厳を尊重した個別的・包括的なものであることが目指されている。そのような支援を現実のものにするには、すぐに一般就労に移行することが難しい相談者の社会参加を促進するような「居場所やつながりの形成」（厚生労働省 2015：3）が欠かせない。事業の実施主体は地方自治体であり、しかも多くの事業は「任意事業」[10]である。各自治体がそれぞれに支援体制を構築する過程で、丁寧なコンサルティングを提供することや、行政・関係機関が連携して相談者個別の状況に適合した「参加の場」を地域のなかに見出し、あるいは創出していくことが支援の質を左右する重大な要因となる。

## 2　事例１：大阪府豊中市における取り組み

　さて、上記のような特徴を持つ生活困窮者自立支援制度は2014年度からモデル事業が全国68自治体[11]で実施され、2015年度は全ての福祉事務所設置自治体（901自治体）で本格的に開始された。以下では具体的な事例として大阪府の２つの中核市を見ていく。

　最初の事例は府北部（北摂地域）に位置する豊中市（人口約40万人）である。同市は前節で紹介した「地域就労支援事業」を2003年８月に開始し、高い実績（相談件数・就労者数等）をあげてきた。2006年には自治体無料職業紹介所を開設し、2011年度には生活困窮者自立支援制度の前身であるパーソナル・サポート・サービス事業を導入した。同市におけるこうした雇用政策の取り組みは、地方自治体が主導する就労支援政策の「先進事例」として全国に知られており（厚生労働省アフターサービス推進室 2015）、生活困窮者自立支援の制度設計にもその経験や支援手法が取り入れられている。筆者は2008年以降、共同研究者らとともに同市の自治体職員や関係機関等に対する聞き取り調査を重ねてきた。[12]豊中市の取り組みに関わる以下の記述は、主にそれらの調査データと豊中市の提供資料に基づくものである。

## (1) 生活困窮者自立支援事業の実施体制

下の表1は、2015年度の豊中市における生活困窮者自立支援事業の実施状況を簡潔にまとめたものである。必須の中核的事業である「自立相談支援事業」は、行政直営のくらし再建パーソナルサポートセンターが中心になり、2か所の委託先機関（社会福祉協議会、一般社団法人キャリアブリッジ）とも連携して行われている。行政直営の相談窓口は市内2か所（生活情報センターくらしかん、労働会館）にある。2015年度の担当課は市民協働部雇用労働課（2016年度にくらし支援課と改称）で、正職員3人（課長を含む）、相談員13人（主任相談員1人含む、福祉部門に所属する7人含む）、無料職業紹介事業の担当者4人が事業に関わっていた。相談員の雇用形態は2014年度以降、それまでの「嘱託」から「一般職非常勤職員」（市の独自制度）に変わった。1年ごとの雇用だが原則的に継続雇用で毎年の昇給がある。2003年からこの仕事を担当している主任相談員がいて、5～6年の経験者がその後に続く。1人あたり30～50件のケースを担当している。

**表1　豊中市における生活困窮者自立支援事業の実施状況（2015年度）**

| | |
|---|---|
| 自立相談支援事業 | 行政直営（くらし再建パーソナルサポートセンター）と一部委託（豊中市社会福祉協議会、一般社団法人キャリアブリッジ）。 |
| 住居確保給付金 | 行政直営（相談窓口は豊中市社会福祉協議会に委託）。 |
| 就労準備支援事業 | 行政直営と一部委託（NPO法人、市民団体等）。 |
| 家計相談支援事業 | 行政直営（多重債務者相談窓口を設置）。 |
| 就労訓練事業 | 行政直営（訓練・実習を企業等に委託）。認定事業者数は4。 |
| 学習支援事業 | 行政直営（教育委員会）、今後は官民協働した拡大を予定。 |
| 一時生活支援事業 | 府内2ブロック単位の共同事業。 |

（出典）豊中市市民協働部雇用労働課に対する聞き取りに基づき、作成（2016年2月）。

## (2) 「雇用と福祉の連携」を支える仕組み

豊中市では雇用・労働部門が管轄して地域就労支援事業と生活困窮者自立支援事業を一体的に実施している。つまり、地域就労支援センターとくらし再建パーソナルサポートセンターは実質的に同一であり、相談担当者は両事業を兼任している。相談支援の担当者は主にコンサルティングや生活面のサポートを

担当する「見守りチーム」と、無料職業紹介や社会的活動との繋ぎを担当する「マッチングチーム」に分かれているが、週1回全員で担当ケースの情報を共有・検討する会議を実施している。また、相談場所の1つである労働会館では、生活保護を担当する福祉部門と隣り合わせで仕事をしており、支援状況に関する部門間の情報共有や支援方針の検討等は日常的に実施される。こうした仕組みのもとで「雇用と福祉の連携」の実現が図られている。

くらし再建パーソナルサポートセンターで受けた新規相談は、当事者の「生活困窮の緊急度」と「就労までの距離」に応じて支援を主に担当する部署や担当者が決定される。比較的就労を阻害する要因が少ない人については地域就労支援センターで支援プランを作成し、マッチングチームが就労先を検討する。また、豊中市社会福祉協議会がコミュニティソーシャルワークの取り組みをベースに、地域社会との結びつきの強化に重点を置いた支援を実施する場合もある。他方、就労阻害要因が多い人の場合、経済的の困窮度の低いケースは地域就労支援センターの見守りチームが主に担当する。また、個別阻害要因に対応できる専門的な支援機関にリファー（紹介）するケースもあり、たとえば、生活保護受給に繋ぐ場合や医療・障害福祉サービス等の適用へと導く場合がある。さらに、一般社団法人キャリアブリッジが受託・運営している「くらし再建パーソナルサポートセンター＠いぶき」では、看護師・精神保健福祉士他の専門資格や支援ノウハウを有するスタッフが、特に困難度の高いケースを担っている。こうした諸機関へのリファーは就労阻害要因を点数化して決定されていて、より適切な機関が支援にあたる仕組みが徐々に作られてきた。

このように、同市では地域就労支援事業の実施を通じて構築された仕組みのうえに、新たに導入された生活困窮者自立支援事業を上乗せするような形で、切れ目のない支援を実現することが目指されている。生活困窮者支援事業の開始以降は、連絡会議の開催等を通じて庁内外の関係機関が情報を共有し事業を推進する体制が強化された。実際に、生活困窮者に関する情報は納税課、保険納付課、保健所、多重債務相談窓口、児童福祉課、住宅課等の各部門から紹介されていて、くらし支援課等による支援に結びつけられている。

(3) 多様な「出口」の模索

同市の事業のもう1つの特徴は、多様な就労（活動）場所の重要性を早い段

階から意識し、地域における仕事の開拓と当事者とのマッチングに力を入れてきたことである。行政による自治体無料職業紹介事業の実施に加え、事業を一部委託している社会福祉協議会やキャリアブリッジでも、いわゆる「一般就労」にすぐに結びつけることが難しい人たちが無理なく働ける職場の開拓や仕事の切り出しを、それぞれ独自に行ってきた。また、母子・父子家庭の親が働きやすい飲食店や、障害者の新たな就労モデルを提起する事業など、新たな就業機会の開拓も試みられてきた（筒井他 2014、特に第7章・第9章を参照）。

さらに、生活困窮者自立支援制度が重視するとしている「自己選択」や「尊厳の確保」のためには、就労以外の社会参加や職業訓練の機会があることが重要な鍵となる。豊中市ではモデル事業に取り組み始めた頃から、清掃・介護・かばん縫製・園芸など幅広い分野で職業訓練や職業体験を提供する民間事業者を開拓し、2015年度には12事業を就労準備支援事業、市内4事業所を就労訓練（中間的就労）の認定機関として位置づけている[13]。個別相談者の状況（就労阻害要因、就労に対する希望や適性など）を適切に見極めたうえで、それに適合した仕事や訓練に結びつけていく。そのために多様な働き場所や働き方を創り出し、広げる努力が続けられている。

### 3　事例2：大阪府枚方市における取り組み

もう1つの事例は、2015年度から生活困窮者自立支援事業に取り組み始めた枚方市である。筆者らの研究グループでは2015年8月に同市の生活福祉室に対する聞き取り調査を実施した[14]。事業開始から5ヶ月という時期に行った調査の結果からは、事業に着手して間もない大多数の地方自治体が直面している様々な課題を垣間見ることができる。枚方市は京都と大阪の中間に位置し、府内4中核市の1つである（人口40万人強）。生活保護受給率は中位で、地域就労支援事業の過年度の実績は低位に属する。

#### (1) 生活困窮者自立支援事業の実施体制

生活困窮者自立支援事業は福祉部生活福祉室（生活保護も担当する部署）が担っている。全国的に見ても、同事業を行政直営で実施している自治体の大半で、福祉部署が事業を管轄している[15]。担当課長は事業開始時に新たに赴任しており、課長代理は生活福祉室係長や保護課係長の経験者である。相談窓口は

「自立相談支援センター」の名称で市役所の庁舎内に設置され、相談員4名のうち正職員は1名（50代の係長）、あとの3名は非常勤職員（1年ごとの更新で最長3年まで勤務可能）という体制になっている。

表2　枚方市における生活困窮者自立支援事業の実施状況（2015年度）

| 自立相談支援事業 | 行政直営（自立相談支援センター）。 |
| --- | --- |
| 住居確保給付金 | 行政直営。 |
| 就労準備支援事業 | NPO法人ホース・フレンズ事務局に委託。 |
| 家計相談支援事業 | （自立相談で必要と判断した人に行う方針） |
| 就労訓練事業 | 未実施。 |
| 学習支援事業 | 未実施。 |
| 一時生活支援事業 | 府内2ブロック単位の共同事業。 |

（出典）枚方市福祉部生活福祉室に対する聞き取りに基づき、作成（2015年8月）。

　表2に2015年度の事業実施状況をまとめた。自立相談支援は上述した体制で実施されていて、「既存の制度では支援が難しい人」を中心に幅広い対象者からの相談を受けている。直接本人が相談窓口を訪れる場合もあるが、庁内の別の部門の担当者に伴われて紹介されてくる場合も非常に多い。また、地域包括支援センター、民生委員、市議会議員から紹介を受けて支援を行ったケースがある。これまでに支援プランを作成した件数はまだ少ない（1カ月あたりの相談件数約40件のうち、2～8件程度）。その主な理由は、生活保護制度や障害者支援制度など、既存の支援制度の適用対象者であると判断されれば、当該機関にケースを繋いでいることである。また、ハローワークとの緊密な連携によって、プラン作成前に就労先が決定し、プランに基づいた3カ月の支援期間を待たずに支援が終了するケースもある。

(2) 庁内外の連携の状況

　個別の支援方針は「本人の意向・意思に沿うかたちでできてくるもの」（永田課長）と考えているが、これまでのところ、就労がきわめて困難な層が相談者全体の7割程度を占めている。そのような当事者に対しては、委託先であるNPO法人ホース・フレンズ事務局による就労準備支援事業を実施する場合がある。同法人は主に若者を対象としたホースセラピーで実績のある団体であ

り、キャリアコンサルタント、心理カウンセラー、臨床心理士等の計4人体制で事業を実施している。就労への距離が近い当事者（全体の1割未満）への支援については、相談窓口のすぐ隣にハローワークのスタッフが2名常駐しており、日常的に連携した支援が行われている。これまでに介護事業所、警備会社、建設会社などへの就職が決定した事例がある。自立相談支援センターとこれらの連携機関（NPO法人およびハローワーク）との間では、月に2回支援調整会議を実施している。

　また、貸付けに関する相談が多いことから、社会福祉協議会とも密に連絡を取っている。庁内関係部門の連携を深めるための関係課長会議は、事業開始からの5カ月間で2回開催された。同会議にはこども青少年課、年金児童手当課、納税課、障害福祉室、高齢社会室、市民相談課、産業振興課、人権政策室、保健所、教育委員会が参加している。生活福祉室では、こうした「庁内外を横断する支援体制の構築」は今後の最重要課題の1つと認識している。同市ではひきこもり支援の担当者ネットワーク会議がすでに構築されていることから、その仕組みを援用して庁内の協力体制を強化するよう働きかけている。

（3）就労場所や中間的就労機会の開発

　担当部署がもう1つの重要課題と認識しているのが、2015年8月時点で、就労訓練事業（中間的就労）の実施機関として手を挙げる事業所がまだ市内で見つかっていないことである。大阪府の担当課長会議の際、非公式な議論のなかで「広域実施」（複数市町村による合同事業）という話が出たことがあったが、具体的な検討は始まっていない。また、同事業を開始する場合には自治体無料職業紹介の届け出が必要になる。したがって、今後、就労訓練事業に伴って無料職業紹介事業に着手する可能性はあるものの、地域内で（ハローワークとは異なる）独自の求人開拓を積極的に行うところまでのイメージは持てていない。その背景には、上述した豊中市の事業担当部署は労働部門であるのに対して、福祉部門が求人開拓やマッチングをうまく行うのは難しいという認識がある。「企業支援とかも、豊中さんはしっかりされているので、それがあって（の求人開拓）なのかなっていうのが…（中略）…福祉部門で同じことができるかってなると」（課長代理・小林さん）、「お願いだけでは回らへん世界ですから」（課長・永田さん）。それぞれの地域で多様な働き場所や訓練的な就業機会を掘り起

こしていくという意味での「地域づくり」のためにも、前項で述べた「庁内外を横断する支援体制の構築」を進めていくことが急がれると思われる。

## 4　政策の揺れをもたらす「小さな政府」化の圧力

　前節では2つの自治体での生活困窮者自立支援制度の実施状況を見てきた。同制度は、掲げられている理念から判断して、全国的には初めての本格的な、それも「社民主義的」な社会的包摂政策であると考えられる。ただ、その理念を現実化するには、「働けない人」は生活保護受給、「働ける人」はハローワークの職業紹介という二分法ではなく、その中間領域に置かれている多くの人たちに対して、より多くの選択肢が開かれた地域社会を創っていかねばならない。しかし、現状には懸念されるいくつかの重要な課題がある。

　1点目は、各相談窓口で実際にコンサルティングを提供する支援者の育成と定着に関わる課題である。つまり、それぞれの地域の事情に精通し、数多くの支援を通してスキルを積み重ねた職員が基幹的職員として長く働き働けられる条件を整備する必要がある。そのことを通じて、困窮者等が抱える多様な課題を見極めた丁寧な支援が提供できると思われる。現実には、多くの相談支援担当者は期限付きの「非正規」職員として、あるいは事業委託先の諸機関で恵まれているとはいえない労働条件で雇用されている。2点目は、中間的就労を含めた多様な就労場所・機会の開拓が不十分であることだ。地域のなかに多様な包摂の場を創り出していくには、福祉・労働の両部門を中心に、自治体内部の各部署や庁外の関係機関が情報を共有し、相互の有するノウハウや資源を融通しながら「地域づくり」にあたっていく必要がある。よく言われる行政の「縦割り」の壁を越えていくことが求められている。そして3点目は、就労準備支援事業での現金給付がないことである。また、就労訓練事業も「非雇用型」は最低賃金非適用の「訓練」とされている。仮に自治体がこうした事業を準備しても、生活困窮度が高い相談者は生活保護の受給を希望・選択せざるをえなくなる可能性がある。おそらくは、こうした制度設計上の問題が現時点での支援プラン作成数の少なさに帰結しているものと思われる。

　地方自治体による政策の実施状況は大きく異なっており、そこには明らかに

格差がある。筆者は、社会参加を人々に保障する政策については、地域ごとの「振幅」が大きなままであってはならないと考えている。特に問いたいのは、現実に生じている自治体の取り組みの実績や進展度の相違に対する国の政策のあり方である。たとえば、生活困窮者自立支援制度では、豊中市のような先駆的自治体の過去の取組み実績に基づいた目標（目安）値が国から提示されているが、大半の自治体ではその数値を達成できていない。なぜ多くの自治体で取組みがなかなか進展しないのかについて、釧路市において中間的就労の先駆的取組みを構築したことで知られる櫛部武俊さんは、主に「財政上の問題」であると述べている（「インタビュー　生活困窮者自立支援制度の本格施行と自治体の課題」2015：7）。つまり、「この制度をまともに動かそうと思うならば、必須事業に関しては交付税の補てんがあるにしても、1000万円ほどの持ち出しが必要で、財政課も渋い顔をしています。そういう壁の前で躊躇する自治体がほとんどでしょう」（同）というのである。

　新たな政策を導入・推進する地方自治体にとって財政的制約が隘路になっているとすれば、国はむしろ目安値の達成に苦労している自治体に対し、より多くの財源を割り当てて支援するのが本来の役割だと考えられる。しかし、近年の国の財政政策で重視されている要素は、職員給与や定員数削減の促進である。2013年度の地方財政対策では、地方公務員の給与削減8500億円を見込み、それを前提に地方交付税が約4000億円減らされた。また、この年の地方財政計画に計上された「地域の元気づくり事業費」3000億円の配分は、各自治体の給与・定数削減の成果を反映して実施されている（澤井 2013：4）。

　地方交付税の削減は地方自治体における職員数のさらなる削減を促すことになる。自治体は、人件費ではなく物件費として計上できる非正規公務員を増やすことや、民間への事業委託を推進することで国が導入した新たな事業に対応するのである。実際に、市町村公務員数は1996年度の約156万人をピークに2014年度の約124万人まで減少している。上林陽治によると、2005-12年の間で最も非正規公務員数が増大した職種は「その他」であり、ここには各種の相談業務が含まれている（上林 2015：30-31）。生活困窮者支援の核となる相談支援事業の相談員に非正規職員が多いことには、こうした背景が存在するのである。また、沼尾波子は社会福祉事務所費を分析した結果として、職員数の減少

とともに若手職員の割合を増やすことで給与費の抑制が行われていることを指摘している（沼尾 2016：21）。本来であれば、高い技能を持ったベテランの相談員が対応すべき業務であっても、自治体がそのような職員配置を行う財政的余地は限られているということである。

大阪府における地域就労支援事業の推移（第2章）を見ても、「選択と集中」を志向する財政政策の推進は地域間の格差拡大に繋がることが懸念される。高齢者、一人親、家族のケアを抱える人、生活困窮者等、社会において多様な支援を要する人がますます増えるなかで、地方自治体がどのように諸政策を再構築し、政策の理念を現実化していくのかと同時に、地域の努力を支える国の政策のあり方が問われている。

※本報告は科学研究費助成事業「地方分権下におけるアクティベーション政策のガバナンス構造に関する研究」（平成27〜29年度）の成果の一部である。

【注】
1） 総務省「労働力調査特別調査」の結果によると、非正規雇用者比率は1990年度には20.2％だったが、2015年度は37.5％へ大幅に増加している。
2） 臨時福祉給付金とは、「平成26年4月の消費税率の引上げによる影響を緩和するため、低所得者に対して、制度的な対応を行うまでの間の、暫定的・臨時的な措置として、簡素な給付措置（臨時福祉給付金）を支給するもの」。住民税非課税者を対象としており、課税対象者の扶養家族や生活保護受給者は含まない。厚生労働省 HP「簡素な給付措置（臨時福祉給付金）」を参照（http://www.mhlw.go.jp/stf/seisakunitsuite/bunya/hukushi_kaigo/seikatsuhogo/rinjifukushikyuufukin/　2016年5月10日アクセス）。
3） 日本の職業能力開発法は、その第4条（関係者の責務）において、事業主が雇用する労働者の職業能力の開発・向上の促進を行うことの努力義務を規定している。他方、国や地方自治体の（在職者に関する）責務は、「事業主その他の関係者の自主的な努力を尊重しつつ」、事業主による措置を奨励することとされている。
4） 生きがいのない人生に対する絶望感や将来への閉塞感は、極端な場合には他者に対する暴力的な行為を生み出すと考えられる（たとえば2008年の秋葉原連続殺傷事件）。
5） 相談者の類型別内訳は、中高年齢者等（約56％）、若年者（約22％）、障害者（約9％）、母子家庭の母親（約5％）となっている（大阪府・市町村就労支援事業推進協議会「平成25年度（4月〜3月）市町村就職困難者就労支援事業報告」に基づく）。
6） 2006年度までと2007年度以降では統計の取り方が変化したため、期間を区切って比較を行った。
7） たとえば、各地域における失業者数、生活困窮世帯数、地域就労支援事業以外の就労

8） 2015年2月9日に実施した聞き取り調査。大阪府商工労働部雇用推進室就業促進課の直山葉子さん（総括主査＝当時、以下同様）、寺田智和さん（主事）、大阪府総合労働事務所の橋本芳章さん（専門員）に対し、阿部真大・嶋内健・仲修平・野口鉄平との共同調査として実施した。
9） 第1のセーフティネットは社会保険制度・労働保険制度を、第3のセーフティネットは生活保護制度を意味している。
10） 生活困窮者自立支援事業の実施主体は都道府県、指定都市、中核市、福祉事務所を設置している市区町村である。
11） 正式名称は「生活困窮者自立促進支援モデル事業」。
12） 最近のものは2015年2月9日、豊中市雇用労働課（当時）の地域就労支援センター・コーディネーターの小川英子さんに対する聞き取り調査（阿部真大・嶋内健・仲修平・野口鉄平との共同調査）。
13） モデル事業時の詳細については、三菱UFJリサーチ＆コンサルティング 2014 を参照されたい。
14） 2015年8月31日に生活福祉室の永田理さん（課長・困窮者支援担当）と小林裕之さん（課長補佐）に対する聞き取り調査（野口鉄平との共同調査）を実施した。
15） 枚方市の場合、「生活保護の相談に訪れたが、対象にならなかった人が主な支援対象者になる」と想定し、福祉部が担当することは事業開始の1年前頃には決定していた。福祉総務課（社会福祉協議会への事業委託の担当部署）と生活福祉室のどちらに事業を位置づけるかで議論が行われた。

## 【参考文献】

「インタビュー 生活困窮者自立支援制度の本格施行と自治体の課題」（2015）『北海道自治研究』No. 554、2-15頁。
大阪府就業促進課（2015）「地域就労支援事業の実施状況について」。
大谷強（2008）「大阪府における雇用・就労政策の取り組み──すべての市民の暮らしを実現する自治体の雇用政策」大谷強・澤井勝編『自治体雇用・就労施策の新展開』公人社、1-60頁。
加藤雅俊（2012）『福祉国家再編の政治学的分析』御茶の水書房。
上林陽治（2015）『非正規公務員の現在──深化する格差』日本評論社。
五石敬路（2011）『現代の貧困ワーキングプア』日本経済新聞社。
厚生労働省（2015）「自立相談支援事業の手引き」。http://www.mhlw.go.jp/file/06-Seisakujouhou-12000000-Shakaiengokyoku-Shakai/01_jiritsu.pdf（2016年4月6日アクセス）
───（2016）「II 給付金関係」。http://www.mhlw.go.jp/topics/2016/01/dl/tp0115-1-13-06p.pdf（2016年5月10日アクセス）
厚生労働省アフターサービス推進室（2015）「生活困窮者自立支援法の施行に向けて──6自治体の取組」（アフターサービス推進室活動報告書 Vol. 18）。http://www.mhlw.go.jp/

iken/after-service-vol18/dl/after-service-vol18_houkoku.pdf（2016年4月5日アクセス）
厚生労働省社会・援護局地域福祉課生活困窮者自立支援室（2014）「新たな生活困窮者自立支援制度について」『生活と福祉』1月号、16-21頁。
―――（2016）「生活困窮者自立支援法の施行状況等について」。http://www.mhlw.go.jp/file/06-Seisakujouhou-12000000-Shakaiengokyoku-Shakai/0926_shiryou02_4.pdf（2016年5月19日アクセス）
厚生労働省社会・援護局保護課（2015）「社会・援護局関係主管課長会議資料」。http://www.mhlw.go.jp/file/06-Seisakujouhou-12000000-Shakaiengokyoku-Shakai/0000077381.pdf（2016年4月5日アクセス）
櫻井純理（2009）「市町村による地域雇用政策の実態と課題――大阪府「地域就労支援事業」の交付金化に関する考察」『現代社会研究』（京都女子大学現代社会学部紀要）第12号、71-88頁。
―――（2015）「『格差と排除』を生む雇用・労働のあり方を問う」櫻井純理・江口友朗・吉田誠編著『労働社会の変容と格差・排除』ミネルヴァ書房、1-12頁。
澤井勝（2013）「2013年度地方財政対策とその課題」『自治総研』第413号、1-23頁。
ジェソップ，ボブ（中谷義和訳）（2005）『資本主義国家の未来』御茶の水書房。
社団法人　おおさか人材雇用開発人権センター編（2005）『おおさか仕事探し――地域就労支援事業』解放出版社。
新川敏光（2014）『福祉国家変革の理路――労働・福祉・自由』ミネルヴァ書房。
杉田真衣（2015）『高卒女性の12年――不安定な労働、ゆるやかなつながり』大月書店。
筒井美紀・櫻井純理・本田由紀編著（2014）『就労支援を問い直す』ミネルヴァ書房。
中村健吾（2012）「EUの雇用政策と社会的包摂政策――リスボン戦略から『欧州2020』へ」福原宏幸・中村健吾編『21世紀のヨーロッパ福祉レジーム――アクティベーション改革の多様性と日本』糺の森書房。
沼尾波子（2016）「社会保障制度改革と自治体行財政の課題」『社会政策』第7巻第3号、12-26頁。
バラ，アジット・S・ラペール，フレデリック（福原宏幸・中村健吾監訳）（2005）『グローバル化と社会的排除――貧困と社会問題への新しいアプローチ』昭和堂。
福原宏幸・中村健吾・柳原剛司編著（2015）『ユーロ危機と欧州福祉レジームの変容』明石書店。
本田由紀（2014）『社会を結びなおす――教育・仕事・家族の連携へ』岩波ブックレットNo.899。
三菱UFJリサーチ&コンサルティング（2014）『豊中市との連携による生活困窮者の就労支援の制度化に関する調査研究報告書』。
宮本太郎（2009）『生活保障――排除しない社会へ』岩波新書。
―――（2012）「社会的包摂のポリティクス―包摂戦略の対抗と政策過程」武川正吾・宮本太郎編『グローバリゼーションと福祉国家』明石書店、204-227頁。
―――（2013）『社会的包摂の政治学――自立と承認をめぐる政治対抗』ミネルヴァ書房。
湯浅誠（2008）『反貧困――「すべり台社会」からの脱出』岩波新書。

# 第10章
# 超高齢社会に直面する日本とボランタリー・セクター

小澤 亘

## 1 はじめに

　日本の高齢化率（65歳以上人口比率）は、2015年、総人口の26％となり、今まで世界が経験したことのない水準の超高齢社会に突入している（内閣府 2015）。「高齢化社会（高齢化率7％）」から「高齢社会（高齢化率14％）」に到達するまでに、日本は24年間だったが、フランスはじつに126年間、英国は46年間、そして、ドイツは40年間を要している。国連機関の人口動態推計によれば、東アジアでは、日本同様に高齢化が進んでおり、「高齢化社会」から「高齢社会」への移行は、香港では29年間、台湾では23年間、さらに韓国では19年間と急速な高齢化が予想されている（UN "World Population Prospects: the 2012 revision"）。今世紀半ばごろには、東アジアの多くの国で、高齢社会もしくは超高齢社会に突入することになる。東アジアにおいては、少子高齢化は社会のあり様を決定する重大な社会問題となりつつあるのである。

　新川敏光氏によれば、東アジアもしくは東南アジア諸国の福祉システムは、福祉国家制度と市民社会のコンビネーションを基盤とする欧米社会とは異なり、家族内の相互扶助に基盤を置いているところに特徴があり、家族主義レジームと呼称すべきであるという（新川 2015）。また、これらの地域では、経済成長を遂げ、福祉制度が一定発展してから高齢社会を迎えられる国と開発途上国の状態で福祉制度が未発達のまま高齢社会を迎えざるをえない国という2つのグループが存在する。前者では、日本、韓国、台湾などが、後者では中国がその代表的事例として挙げられている（苅込 2008）。

　これらいずれのパターンの国においても、急速な高齢化の進行に伴い、家族

第Ⅱ部　社会経済構造の変容

表1　高齢化社会から高齢社会への到達期間（年／年数）

| 高齢化率 | (a) 7% | (b) 14% | (a)から(b)の期間 |
|---|---|---|---|
| 日　本 | 1970 | 1994 | 24 |
| 韓　国 | 1999 | 2018 | 19 |
| シンガポール | 1999 | 2021 | 22 |
| 台　湾 | 1994 | 2017 | 23 |
| ベトナム | 2016 | 2033 | 17 |
| タ　イ | 2002 | 2022 | 20 |
| インドネシア | 2023 | 2045 | 22 |
| マレーシア | 2021 | 2045 | 24 |
| 中　国 | 2001 | 2027 | 26 |
| フィリピン | 2035 | 2070 | 35 |
| フランス | 1864 | 1990 | 126 |
| イギリス | 1929 | 1975 | 46 |

（出典）UN "World Population Prospects: the 2012 revision"

以外のセイフティーネットの構築が、早晩、重要な課題として浮上してくる。日本では、15年戦争期の1936年に全国に導入された方面委員制度が地域社会を支えるセイフティーネットとして長年にわたり重要な役割を果してきた。終戦とともに、財閥解体など、日本国内の諸制度の民主化が進められたが、民生委員制度として存続し、その中身の民主化が進められていった。こうした伝統的な地域コミュニティにおけるセイフティーネットの在り方は、東アジアの諸国においても参考になるはずである。

　さて、日本では、1980年代以降、新自由主義的政策が取り入れられ、所得格差の拡大、貧困層の増大など社会の構造的な変質が顕在化している。1991年バブル経済崩壊、2008年リーマンショックを経て、日本における混合経済体制の行き詰まりは顕著であり、今や、国の借金総額は、1000兆円を上回るレベルに達している。こうした中、超高齢社会の到来とともに、高齢者自殺率の増加、高齢者孤独死の増加、認知症問題という深刻な社会問題が出現している。

　日本では、2000年に介護保険制度が導入され、超高齢社会に対応した法整備

が目指されてきた。「措置から契約へ」という言葉に象徴されるように、公的機関が介護ニーズに全面的な責任を持つという発想から、当事者側が自律的な契約に基づき、それぞれの介護ニーズを福祉専門事業者から充足していくべきという発想への大転換である。これは、公的な福祉制度への依存からの脱却という意味で、新自由主義政策の流れに位置づけられることもできるが、介護保険費用の半額は公費負担されている点では、福祉国家的制度として踏み止まっているとも言えるだろう[1]。

　介護保険制度の導入以降、その費用負担は毎年増大している。政府は、団塊の世代が後期高齢者となる2025年を目前として、地域包括ケアシステムの導入に踏み切った。こうした政策の導入とともに、地域社会における「相互扶助」「共助」の重要性が強調されている。日本では、80年ほどの歴史を持つ伝統的な制度として民生委員制度があり、さらに地域によっては、高齢者の見守り活動のために、住民ボランティア制度が導入されている[2]。近年、こうした地域社会に、長年、ビルトインされてきた地域ボランティア制度への期待が高まっているのである。

　そこで本稿では、日本の地域社会を支えてきた伝統的なボランティア制度である、民生・児童委員［民生委員と略称］やその他の地域ボランティア制度（京都市における老人福祉員制度）に注目し、実証データに依拠して、日本的なボランタリー・セクターの現状と課題を解明していくことにする。本稿における基本的な問いは、以下の3点である。

　第1に、日本の地域社会に永く根差してきた伝統的なボランティア制度は、超高齢社会のなかで、いかに機能しているか。

　第2に、地域ボランティアによる高齢者見守り活動が直面する問題とは何か。活動を阻害する要因があるとすれば、それはいったい何か。

　そして第3に、危機的社会状況を乗り越えていくために、民主的で社会創造力に溢れたボランタリー・セクターを、いかにして発展させていくことできるのか。

　こうした問いを通じて、日本の地域社会における伝統的なボランティア制度の光と影を理解することにより、日本的なボランティア制度がアジア型超高齢社会において、はたしてモデルとなりうるか考察していこう。

第Ⅱ部　社会経済構造の変容

ではまず、日本社会におけるボランタリー・セクターの位置と日本の地域ケア制度について振り返っておこう。

## 2　日本におけるボランタリー・セクターと地域ケア制度

　厳しい財政状況のなかで、超高齢社会に伴う困難な問題を乗り越えようとするとき、ボランタリー・セクターの可能性に改めて注目せざるをえない。政府と市場の両セクターの機能不全のなかで、社会的セイフティーネットを維持していこうとすれば、ボランティアの社会創造力に依拠せざるをえないからである。しかし、こうした発想自体、新自由主義を擁護する論理にすぎないであろうか。福祉国家政策の縮小を埋め合わせるものとして、ボランタリー・セクターを見るのであれば、新自由主義とボランティア重視が互いに補い合っているとも受け取れる。だが、こうした反論は、ボランティア活動の可能性をあまりに過小評価している。ボランティア活動とは、その活動を通じて、実社会を学んでいく過程でもあるからである。むしろ問われるべきは、ボランタリー・セクターの在り方であろう。[3]

　ボランタリー・セクターの大きさを、労働時間から見積もったジョン・ホプキンス大学の調査によれば、ボランタリー・セクターが一番大きな割合を占める国は、OECD 諸国ではオランダ（14.1％）であり、カナダ（11.1％）がそれに続いている。ちなみに、アメリカは9.8％、イギリスは8.5％であり、日本は4.2％、韓国は3.0％である。先進国平均は、7.6％、開発途上国は、1.9％となっている。こうしたデータ計測基準は、NPO・NGO が発展する欧米諸国の社会状況に基づくものであり、こうした計測に基づけば、日本はボランティアにおいて発展途上にある。[4]だが、これらの調査データには、民生委員の活動などの地域ボランティアの活動、地域自治会の活動、学校教員の部活動指導、そして、日々、何気なく行われている自宅周辺の掃除や店舗周辺の掃除などは含まれていない。実はこうした日々のボランティア活動、えてして、本人さえも、とりわけて「ボランティア」と意識していない活動こそ、日本の地域社会を基底において支えてきたのではなかろうか。

　さて、民生委員制度の起源は、先に述べたように20世紀初頭に遡る。民生委

員制度の前身は、小河滋次郎によって提起され、1918年、大阪市で導入された方面委員制度と言われている。貧困問題の深刻化から生じた米騒動を背景として、治安維持を図るため、大阪市で16管轄区300名の方面委員が配置された。方面委員は、地域名望家層の中から選ばれ、地域の貧困者の把握やその生活支援活動を担うこととなった。<sup>5)</sup>

　1936年には、方面委員制度は全国的に法制化され、これが民生委員制度の直接的な起源となった。まさに、15年戦争突入と軌を一にしており、方面委員は、貧困問題など地域問題に当たるばかりではなく、地域住民の掌握と地域社会の安定化、そして、国家総動員体制の担い手として期待されていたものと思われる。

　第二次世界大戦が終結すると、国家総動員体制を支えた様々な組織はGHQによって解体され、民主化が急速に進められていった。こうした中で、民生委員制度として存続することになる。そのかわりに、制度の民主化が進められ、1947年には民生・児童委員として、改めて、地域のあらゆる福祉ニーズ、すなわち、生活保護世帯、障害者、児童、そして、高齢者に関連する支援活動を担う者と位置付けられ、地域から推挙され、厚生労働大臣によって委嘱される「准公務員」としての性格が付与された。民生委員の原則は、民生委員法に規定され、①社会奉仕の精神、②基本的人権の尊重、③政党・政治的目的への地位利用の禁止が「３つの基本姿勢」として掲げられた（高齢者の見守りと民生委員の活動研究会　2013：82）。

　こうした民生委員の役割規定は、その後、全国民生委員児童委員連合会において豊富化されていく。1967年の創設50周年［1917年岡山県の済世顧問制度から数えている］で「３つの基本的性格（自主性・奉仕性・地域性）」を定め、1977年の創設60周年で「活動の３つの原則（住民性の原則、継続性の原則、包括・総合性の原則）」、および、「活動の５つのはたらき（調査・相談・情報提供・連絡通報・意見具申）」を定めた。そして、1987年の創設70周年で２つのはたらきを加え、「民生委員・児童委員活動の７つのはたらき」として、①調査、②相談、③情報提供、④連絡通報、⑤調整、⑥生活支援、⑦意見具申を定めた。その内容は、詳しくは、以下のようなものである。

　「①社会調査のはたらき＝担当区域内の住民の実態や福祉需要を日常的に把

握します。②相談のはたらき＝地域住民がかかえる問題について、相手の立場に立ち、親身になって相談にのります。③情報提供のはたらき＝社会福祉の制度やサービスについて、その内容や情報を住民に的確に提供します。④連絡通報のはたらき＝住民が、個々の福祉需要に応じた福祉サービスが得られるよう関係行政機関、施設、団体等に連絡し、必要な対応を促すパイプの役割をつとめます。⑤調整のはたらき＝住民の福祉需要に対応し、適切なサービスの提供が図られるように支援します。⑥生活支援のはたらき＝住民の求める生活支援活動を自ら行い、支援体制をつくっていきます。⑦意見具申のはたらき＝活動を通じて得た問題点や改善策についてとりまとめ、必要に応じて民児協（民生委員児童委員協議会）をとおして関係機関などに意見を提起します。」（高齢者の見守りと民生委員の活動研究会　2013：82）。

　現在では、民生委員の役割原則として、「3つの基本姿勢」「3つの基本的性格」「活動の3つの原則」「活動の7つのはたらき」が確立されている。つまり、こうした役割規定によって、民生委員は、地域住民によるボランティア・ソーシャルワーカーであり、民主的精神を持ち社会創造に当たるアクターとして位置づけられるに至ったわけである。こうした流れのなかで、2000年の民生委員法改定により、「民生委員は名誉ある仕事である」という名誉職規定が廃止され、民生委員に支払われていた手当ても同時に廃止された。

　京都市では、1974年に、高齢化の進展を睨んで、独居高齢者の見守りボランティア活動の担い手として老人福祉員制度が導入されており、現在、40年余の歴史を持つ。こうした京都市を事例として、高齢者を中心として、日本における地域ケアシステムの全体像を図式化すれば、図1のようになる。

　地域包括ケアシステムの中では、地域包括支援センターが地域のコアセンターとして位置づけられており、公的福祉施設・福祉事業者・社会福祉協議会・医療事業者などの医療福祉専門職とともに、民生委員や町内会・自治会を基盤とする地域ボランティアによって、地域支援ネットワークが形成されている。

　地域ケアの一翼を担う地域ボランティアに関する調査研究は、その重要性に比して、きわめて少ないのが現状である。本稿では、筆者もその一員として参加した京都市をフィールドとして実施された調査研究プロジェクトによる実証

第10章　超高齢社会に直面する日本とボランタリー・セクター

図1　京都市における地域ケアシステムの図式化

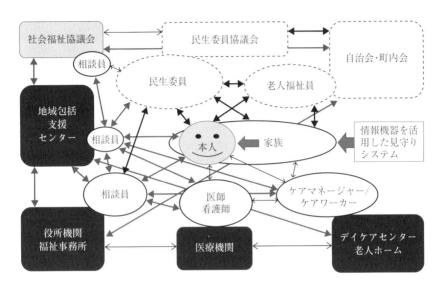

(出典) 小澤他 2014: 10　Figure2.

データに依拠して、日本の地域コミュニティに根差す住民ボランティア活動の実態に迫っていこう。

## 3　高齢者見守りに向けた地域ボランティアの可能性と直面する課題

　京都市の高齢化率は26.7％であり、ほぼ全国平均に等しい（2015年9月時点）。外国人比率は2.2％であり、全国平均の1.7％（2010年9月時点）と比べてやや高くなっている。京都市の在日外国人の特徴は、在日コリアン高齢者の比率が高いことにあり、これは、多文化社会における高齢化問題を先取りして検証するうえではかえって貴重なフィールドと捉えることができるだろう。古都であるがゆえに、伝統的な制度と現代的な制度が混在し、また、多くの大学が存在している点も特徴である。

　主として参照する調査研究は、加藤博史教授を代表者とする科研費研究プロジェクトが実施した2010年京都市高齢者調査（小澤他 2012）、2012年京都市・

宇治市・八幡市民生委員悉皆調査（高齢者の見守りと民生委員の活動研究会 2013)、そして、筆者が立命館大学産業社会学部の社会調査士プログラム実習として実施した京都市・老人福祉員制度に関する調査研究（産業社会学部社会調査士プログラム2015年度 SC クラス 2016) である。これら3つの調査に依拠して、日本の地域社会における高齢者見守りボランティアの実態と直面する課題について考察していく。

## 1 民生委員調査と老人福祉員調査からの知見

まず、2012年民生委員調査に基づき、民生委員活動の実態を見ていこう。この調査は、京都市・八幡市・宇治市3市の民生委員全員を対象とした悉皆調査として、アンケート配布方式で実施された（ただし、回収は民生委員組織による）。京都市データは回収率90％であり、有効データは2140件だった。調査票では、民生委員の活動実態、直面する困難事例の詳細、ネットワーク形成の状況、教育プログラムへの希望など様々な角度から質問がなされている。ここでは、活動実態、直面する困難事例、そして、ネットワーク形成の3点に注目してデータ解析結果を見ておこう。

表2は、京都市データに基づき、民生委員の活動量を決定する要因を多変量解析によって、明らかにしようとした分析結果をまとめたものである。この表

表2 民生委員の活動量に関する多変量解析

|  | Pearson's R | モデル1 | モデル2 |
| --- | --- | --- | --- |
| 年　齢 | .232** | .076*** | .075*** |
| 民生委員としての活動期間 | .306** | .211*** | .215*** |
| 直面する困難事例の数 | .419** | .327*** | .327*** |
| 民生委員と他の団体・個人との相互的関係の保持 | .335** | .219*** | .219*** |
| 見守り活動への関心度 | .168** | .089*** | .089*** |
| 担当地域の生活保護受給率 | -.086** | -.065*** | -.065*** |
| ダミー（女性） | .043** |  | .000 |
| 担当地域での在住期間 | .041* |  | -.010 |
| 調整済み R2 乗 |  | .309 | .308 |

StdYX Estimates, *p＜.05, **p＜.01, ***p＜.001, N＝2140

（出典）小澤他 2014：7 Table4.

から明らかなように、民生委員の活動量を規定する要因は、民生委員が直面している困難事例の数、民生委員としてのキャリア期間、地域の福祉機関や他のボランティアたちとの相互的な関係性で見たネットワーク形成量などとなっている。ここで、相互的なネットワーク形成量とは、相談を受けたり、あるいは、相談したりという双方向的な関係性を地域の関連アクターとどれだけ持っているかという指標である。

こうして見ると、民生委員の活動量は、その地域の高齢化率とは相関性を持たず、また、生活保護受給率（生活保護者の人口比率）とは、わずかに負の相関性があることが分かる。高齢化率と生活保護率は、民生委員の担当地域の福祉ニーズの大きさに比例すると考えられるので、これらのデータ解析から、民生委員の活動量は担当地域の福祉ニーズに規定されるわけではないことが明らかとなる。むしろ、民生委員の活動量は、民生委員が抱えている困難事例の多さによって規定されており、このことは、民生委員が、地域活動の中で、困難事例に直面すればするほど、活動量が増加していくことを示している。民生委員活動を続けていくと、やがて必ず、対応が難しいケースに直面するが、こうした困難にめげることなく、さらに熱心に活動していく民生委員のアクティブな姿を垣間見ることができる。民生委員が困難事例に遭遇すると、そうした体験を通じて、地域の問題を発見・自覚し、職責意識を増していること、そしてさらに、地域の福祉機関やボランティアとの関わりも増加していくと推察される。困難度の高い事例について聞いたところ、44％の民生委員が少なくとも1例を抱えており、9％の民生委員は、じつに、3件以上のとても困難な事例を抱えているという。

こうした民生委員の活動実態からは、日本の地域社会が民生委員の熱いボランティア精神によって支えられていることが明らかとなる。民生委員は、かつて、地域の名誉職に過ぎないとも思われてきたが、先に見た民生委員全国協議会の指針に添うように、地域社会を支える中核的ボランティア制度として、日本社会に根付いていることが確認できる。

ところで、民生委員が遭遇する困難事例の上位を見ておくと、①認知症関連、17.4％、②近隣とのもめごと、15.6％、③支援者側の拒否的態度、9.8％となっている。現在、日本において、65歳以上の高齢者の15％ほどが認知症を

患っていると推計されているが、地域における高齢者見守り活動の中で、認知症に関わるトラブルが今後ますます増大していくことが危惧される。

調査票の自由筆記欄から、民生委員が直面している壁を読み取っていくと、孤立した高齢者へ対処、とりわけ、オートロック式マンションに暮らし始めている孤立高齢者への対応の難しさが挙げられる。また、高齢者になって、貧困問題を背景として会費が払えず、町内会・自治会から離脱するケースも目立っている。民生委員をもっとも苦しめているのは、個人情報保護法によって、地域の中に生活する人びとと情報の共有化が難しくなり、こうした孤立高齢者の把握が難しくなっている点である。

それゆえ、民生委員が困難事例に対処するうえで、地域ケアに携わるアクターとのネットワーク形成力が一層重要となる。そこで、民生委員が地域の様々なアクター（組織・個人）といかなるネットワークを構築しているのか、その現状を整理して示したのが、表3である。

表3からは、民生委員が地域の福祉専門職やボランティアたちと多様なネットワークを築いている現状が浮かびあがってくる。とりわけ、民生委員同士や独居高齢者の見守り活動を担っている地域ボランティアである老人福祉員との関係性は深い。また、それに加えて、地域包括ケアシステムのコアセンターである地域包括支援センターとの関係性も深い。さらに、地域自治会、福祉事務所、そして、社会福祉協議会と連携しながら活動していることも分かる。民生委員側からのこれらの組織・個人に対する信頼度を見ておくと、地域包括支援センター、民生委員の同僚、老人福祉員への信頼度が高い。こうした信頼度の背後にも、日常的なコミュニケーション通路の存在が基盤としてあるものと推察される。実際、地域によっては、民生委員と老人福祉員とが定期的に会議を持っているところもある。

表3から明らかになる日本社会における地域ケアシステムにおける特徴は、NPO・NGO的な組織の影の薄さである。京都外国人高齢者障がい者生活支援ネットワーク・モア（ボランティア団体）が推進している外国人高齢者支援ボランティア、「外国人福祉委員」がリストアップされているが、民生委員の認知度は低い。高齢者支援を目指すNPO・NGO（新しい市民活動）と伝統的な地域組織との連携は、日本社会の重要課題の1つとなっている。

表3 民生委員の地域におけるネットワーク形成（％）

|  | 相談する | 相談される | 相談するし・相談される |
|---|---|---|---|
| 民生委員同僚 | 83.1 | 43.0 | 38.6 |
| 老人福祉員 | 59.5 | 45.6 | 33.5 |
| 自治会役職者 | 34.5 | 33.8 | 16.8 |
| 大家さん | 10.9 | 10.8 | 3.5 |
| 福祉事務所 | 61.3 | 21.9 | 18.0 |
| 保健所 | 15.3 | 4.4 | 2.7 |
| 他の区施設 | 11.5 | 3.4 | 1.6 |
| 警察・消防 | 16.2 | 6.5 | 3.5 |
| 消費者情報センター | 5.7 | 1.2 | 0.4 |
| 地域包括支援センター | 66.3 | 27.9 | 24.2 |
| 在宅ケアサポートセンター | 10.7 | 4.5 | 2.5 |
| 医療機関 | 10.1 | 4.1 | 0.4 |
| 社会福祉協議会 | 33.1 | 19.4 | 13.2 |
| ホームヘルパー機関 | 11.9 | 7.3 | 3.6 |
| その他の福祉機関 | 4.9 | 3.4 | 2.2 |
| 近隣住民 | 25.7 | 44.0 | 15.2 |
| その他の地域ボランティア | 10.1 | 12.4 | 4.8 |
| 外国人福祉委員 | 0.6 | 0.3 | 0.0 |
| その他 | 2.3 | 2.2 | 0.9 |

（出典）小澤他 2014：10　Table 5.

　さて、図2は、地理情報システム（GIS）を使用して、民生委員と地域包括支援センターの相互的関係性を地図化したものである。こうして地図化して見てみると、地域包括支援センターと民生委員との繋がりの強さは、センター管区ごとで様々であり、一律ではないことが一目了然となる。センター側の運営方針や地域に対する姿勢、それと同時に、地域側（町内会・自治会や民生委員会）の姿勢も影響しているものと推察される。社会資本の理論に基づけば、こうした地域ネットワーク形成は、地域のアクター間における相互の信頼度の高低が

第Ⅱ部　社会経済構造の変容

大きく影響しているであろう。地域包括支援センターを中核とする地域ネットワークの形成は、地域包括ケアシステムの今後の成否を決定する鍵となる。

図2　地域包括支援センターと民生委員の相互的関係の濃淡
（地域包括支援センター管轄区ごと）

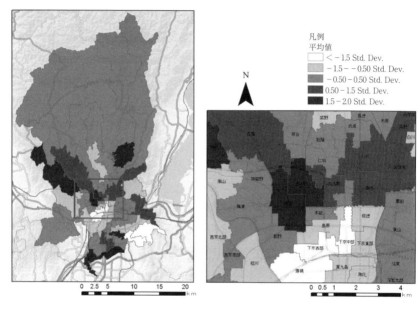

（出典）小澤他 2014: 12 Figure 3.

次に、図3は、同様にGISを使用して、民生委員の中で在任期間が6年未満の者の比率を示した地図である。6年間に新任の民生委員を迎えられていない地域が白く浮きあがっている。つまり、民生委員の新しい担い手が探しづらい地域が現れているのである。地域ボランティア制度においては、役割意識の高いボランティアを再生産していくことが制度維持の大前提であるが、民生委員の構成を見ていくと、京都市の場合、7割が女性であり、男性は3割にとどまっている。また、44％を66歳以上の高齢者が占めている。担い手層が「女性化」し「高齢化」しているのである。

京都市においては、1974年に老人福祉員制度が導入されて以来、40年余りにわたって、老人福祉員による独居高齢者の見守り活動が継続されてきた。2015

第10章 超高齢社会に直面する日本とボランタリー・セクター

## 図3 在任期間6年未満の民生委員構成比（学区ごと）

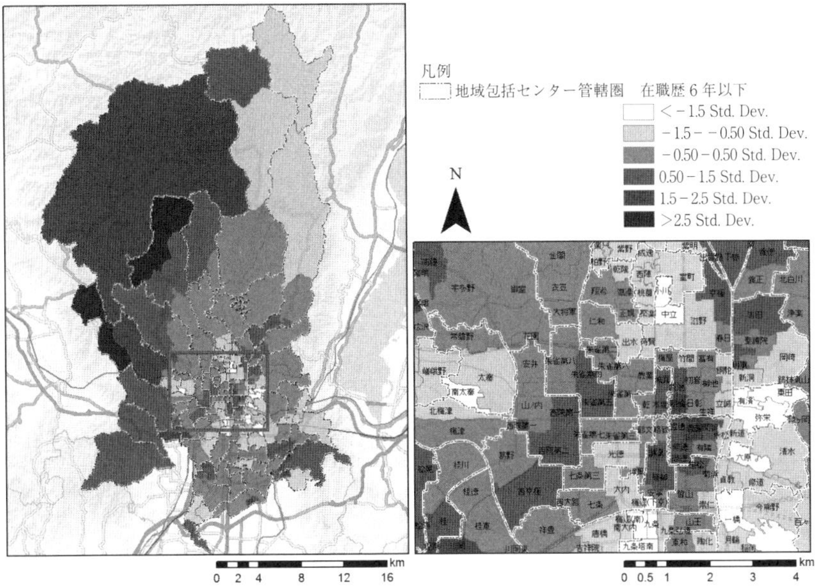

凡例
地域包括センター管轄圏 在職歴6年以下
< −1.5 Std. Dev.
−1.5 − −0.50 Std. Dev.
−0.50 − 0.50 Std. Dev.
0.50 − 1.5 Std. Dev.
1.5 − 2.5 Std. Dev.
> 2.5 Std. Dev.

（出典）小澤他 2014: 14 Figure 5.

年度立命館大学産業社会学部社会調査士プログラム調査実習の担当クラスにおいて、京都市内の4つの学区を対象として、合計42名（当該学区配置数合計の87%）に対する面接調査を実施した。限られた対象者数の調査ではあるが、70歳を超える老人福祉員は55%を占めており、男性は10%に留まっていることが明らかとなった。地域ケアに携わる地域ボランティアの「女性化」と「高齢化」は、老人福祉員制度でも見受けられる。これは、地域が直面する重大な問題であり、老人福祉員制度も、「担い手」不足問題に見舞われているのである（産業社会学部社会調査士プログラム2015年度 SC クラス 2016：88-90）。

データ結果分析に当たっては、老人福祉員の見守り活動実態を見ていく数値として、「見守りカバー率」（「過去2ヶ月間の高齢者訪問活動回数」÷「見守り担当高齢者数」）という指標を工夫した。この指標で見ていくと、0～50%は全体の19.0%（8人）、50～100%は同33.3%（14人）、101～150%は、同9.5%（4人）、150%以上は、同33.3%（14人）であった。一部の老人福祉員で活動率が低く

なってはいるものの、見守りボランティア制度としては、立派に機能していると言えるだろう（産業社会学部社会調査士プログラム2015年度 SC クラス 2016：88）。

　また、興味深いことに、自らを「健康だ」と思っている老人福祉員の見守りカバー率は111％であるのに対し、「健康ではない」と思っている老人福祉員の見守りカバー率は146％となっている。老人福祉員による見守りボランティア活動は、献身的なボランティア精神に支えられて継続されてきたことを改めて確認することができるだろう（産業社会学部社会調査士プログラム2015年度 SC クラス 2016：28）。

　しかしながら、この調査では、一部の老人福祉員から、自由回答形式の設問に対する回答データの中で、老人福祉員制度の必要性に対する率直な疑念や不要であるとする意見が散見された。具体的には、「どんな成果や効果が出ているのか疑問だ」「行政が形だけでやっているだけの制度ではないか？」「老人福祉員制度はいらないと思う。自分たちにお年寄りはどうすることもできないし、どこにどんな人が住んでいるのかは役所が知っている。高齢者の方はヘルパーなど福祉専門事業者に依存している」など、その批判は辛らつである。こうした批判は、一定の学区に偏って存在し、全体では、17％を占めている。

　2000年介護保険法の施行以降、利用者と福祉施設との契約に基づく高齢者支援サービスが充実していくと、一部の老人福祉員たちの役割意識が低下していったのである。「自助・自立」の思想による市場契約の発想に基盤を置くセイフティーネットの発想が、「共助」の思想に基づく従来型の地域社会における助け合いシステムを侵害・阻害しているのはないかと思われる。引き続き、高齢者側の調査研究の視点からさらに課題を探っていこう。

## 2　高齢者調査からの知見

　加藤博史氏らによる2010年京都市南部での高齢者調査は、3学区の自治連合会および団地自治会の協力を得て実施されたもので、日本人高齢者427名、在日コリアン高齢者141名、中国帰国者高齢20名、総計588名に対して調査票に基づく訪問面接調査が実施されている。

　この調査では、質問の最後に、高齢者の幸福実感度を7段階で聞いている。

7段階の選択肢メモリから、指差しで選んでもらうという回答方法だが、1段階から3段階を「不幸せ」、4段階（中央値）を「ふつう」、5段から7段階を「幸せ」として見ていくと、日本人高齢者の大半は、「普通」あるいは「幸福」と答えており、「とても不幸」という答えは見当たらない。これに対して、コリアン高齢者の20％は「不幸」だと回答、コリアン高齢者・中国帰国者高齢者の5％は「とても不幸」と回答している。また、中国帰国者高齢者のうち、「幸福」と答えたのは10％に過ぎなかった。日本社会でエスニック・マイノリティが置かれた状況を端的に反映した数値であると言えよう。

こうした高齢者の主観的な幸福度に関する数量データを基盤として、その決定要因を多変量解析した結果が表4（樋口耕一氏作成）にまとめられている。高齢者の幸福度は、①経済的な生活状況、②自宅の保有、③健康度、④ホームドクター（かかりつけ医）の有無、⑤孫たちの訪問、⑥趣味などが決定要因となっている。しかし、驚くべきは、第2番目の決定要因として、「老人福祉員（高齢者支援ボランティア）を知っているか否か」が高齢者の幸福度に大きく関わっていることである。

老人福祉員の見守り活動によって高齢者の福祉ニーズが満たされている、あるいは、老人福祉員との関わりが持てるような高齢者、つまり、社会的ネットワークを豊かに保持している高齢者に幸福な人びとが多いと解釈することができる[6]。いずれにしても、ある地域においては、老人福祉員の存在が、高齢者の幸福度に影響えていることは、地域ボランティア制度の有効性を端的に示す結果と言えるだろう。しかしながら、裏返せば、地域ボランティアとのネットワーク形成に失敗している高齢者、あるいは、そうしたネットワークからは切断されている高齢者は幸福度が低いということでもある。

そこで、A学区の高齢者の地域ケアのアクター（福祉機関スタッフ、民生委員・老人福祉員等地域ボランティア）に対する認知状況をベン図を用いて示したのが図4である。こうして見ると、地域には、地域ケアに携わるアクターを全く知らない高齢者は、4分の1程度も存在することが明らかとなる。さらに詳しく見ていくと、民生委員の認知は、コリアン高齢者や中国帰国者高齢者の場合、日本人高齢者に比較して低く、また、老人福祉員の認知では、日本人高齢者の31.5％は老人福祉員が誰かを知っているのに対して、コリアン高齢者や中

表4 高齢者の主観的幸福度に関する多変量解析結果

|  | Pearson's R | モデル1 | モデル2 | モデル3 |
|---|---|---|---|---|
| 国籍（韓国・朝鮮籍） | −.139** | −.221** | −.085 |  |
| 地域：A学区 | .027 | .123 | −.015 |  |
| 地域：B学区 | .017 | .144* | .062 |  |
| 経済的生活状況 | .293** |  | .252** | .189** |
| 担当老人福祉員を知っている | .244** |  | .204** | .146** |
| 持家 | .242** |  |  | .125* |
| 健康 | .180** |  |  | .128* |
| ホームドクターの保持 | .104* |  |  | .120* |
| 孫の訪問 | .153** |  |  | .128* |
| 趣味の保持 | .148** |  |  | .110* |
| 調整済みR2乗 |  | .027 | .122 | .175 |

StdYX Estimates, *p＜.05, **p＜.01, N=319

（出典）小澤他 2012：30 Table4.

国帰国高齢者の場合は10％しか知らないことが明らかとなる。つまり、エスニック・マイノリティ高齢者には、地域の福祉専門家に依存している場合が多く、地域ボランティアとは接点を持てない傾向が見られるのである。

もちろん地域によって状況は一律ではないが、日本社会において、在日コリアン高齢者や中国帰国高齢者のような「マイノリティ中のマイノリティ」に対しては、地域の支援が届きにくい現状があるということである。これは、今後、問題がさらに深刻化していく認知症のようなケースにおいても、同様な問題状況、つまり、地域社会からの孤立問題が再生産されるであろうことを容易に推察できるだろう。

日本の伝統的な地域コミュニティが、マイノリティに対して排除的であるということの背後には、いった

図4 A学区における高齢者が認知している民生委員・老人福祉員・福祉専門職等に関するベン図

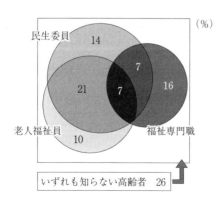

（出典）A学区 調査報告会資料 石川久仁子氏作成。

い、どのようなメカニズムが横たわっているのであろうか。たとえば、日本人住民の声を聞いていくと、「在日コリアン高齢者は、自治会活動で役員として参加するのに熱心でない。無責任だ」という不満を聞くことがある。地域社会から恩恵を得ているのに義務は果さないという不満は、えてして、自治会組織にはありがちであるが、こうした認識が在日コリアンに、一旦、ラベリングされると、在日コリアン全般に対する差別意識を助長する一因ともなる。

　そこで、自治会の役職分担に対する意欲と実際の役職分担体験について、それぞれの決定要因を多変量解析した結果が、表5～8（樋口耕一氏作成）である。自治会の運営方法は、地域により、まちまちであり、それゆえ、学区の違いが、役職就任意欲に影響する要因の1つとなることは当然である。自治会役職者が、ローテーションで、各年、改選されている場合もあるし、一定のメンバーが長期間にわたって役職を担う場合もあるからである［ちなみに、C学区は前者の場合であり、A学区・B学区は後者の場合である］。表5からは、自治会役職を担当しようとする意欲の規定要因は、「本人の健康度」「読み書き能力」「持家か否か」、そして、「年齢」であることが分かる。表6は、日本人高齢者と在日コリアン高齢者に分けて、多変量解析した見た結果であるが、日本人高齢者は、表5の結果と大差はないが、コリアン高齢者の場合、「読み書き能力」が主たる決定要因になっていることが明らかとなる。これは、在日1世コリアン高齢者の多くが、その生育過程において基礎教育を受けることができ

表5　自治会役職への就任意欲の多変量解析

|  | Pearson's R | モデル1 | モデル2 | モデル3 |
|---|---|---|---|---|
| 国籍（韓国・朝鮮籍） | $-.194^{**}$ | $-.151^{**}$ | $-.049$ | $-.062$ |
| A学区 | $-.139^{**}$ | $-.196^{**}$ | $-.195^{**}$ | $-.222^{**}$ |
| B学区 | .001 | $-.138^{*}$ | $-.121^{*}$ | $-.158^{*}$ |
| 健　康 | $.254^{**}$ |  | $.194^{**}$ | $.165^{**}$ |
| 新聞を読むことができる | $.264^{**}$ |  | $.186^{**}$ | $.156^{**}$ |
| 持　家 | $.074^{*}$ |  |  | $.163^{**}$ |
| 年　齢 | $-.221^{**}$ |  |  | $-.137^{**}$ |
| 調整済みR2乗 |  | .051 | .126 | .157 |

StdYX Estimates, $^{*}p<.05$, $^{**}p<.01$, N=515

（出典）小澤他 2012：31　Table6.

表6　自治会役職への就任意欲の多変量解析（日本人・在日コリアン別）

|  | 日 本 人 | 在日コリアン |
|---|---|---|
| B学区 | .041 | .140 |
| 健　康 | .186** | −.005 |
| 新聞を読むことができる | .129* | .213* |
| 持　家 | .222** | .055 |
| 年　齢 | −.222** | .045 |
| 性別（女性） | −.089 | −.179* |
| N | 297 | 121 |
| 調整済み R2 乗 | .192 | .115 |

StdYX Estimates, *p＜.05, **p＜.01

（出典）小澤他 2012：32　Table7.

表7　自治会役職経験に関するロジスティック解析

|  | Correlation | モ デ ル |
|---|---|---|
| 国籍（韓国・朝鮮籍） | −.178** | −.134* |
| A学区 | .085 | −.280** |
| B学区 | −.340** | −.619** |
| 健　康 | .138** | .026 |
| 新聞を読むことができる | .172** | .166* |
| 持　家 | −.032 | .196** |
| 年　齢 | −.170** | −.046 |
| McFaddenの R2 乗 |  | .179 |

StdYX Estimates, *p＜.05, **p＜.01, N＝526

（出典）小澤他 2012：32　Table8.

表8　自治会役職経験のロジスティック解析（日本人・在日コリアン別）

|  | 日 本 人 | 在日コリアン |
|---|---|---|
| A学区 | −.368** | −.174 |
| 健　康 | −.007 | .139 |
| 新聞を読むことができる | .284* | .242 |
| 持　家 | .241** | .012 |
| 年　齢 | −.156* | .193 |
| 性別（女性） | −.010 | .118 |
| N | 309 | 119 |
| McFaddenの R2 乗 | .182 | .047 |

StdYX Estimates, *p＜.05, **p＜.01, N＝526

（出典）小澤他 2012：32　Table9.

ず、読み書きに困難を抱えているという歴史的背景を反映したものである。

次に、実際の自治会役職経験について、ロジスティック解析を行った結果が、表7・8である。国籍によって、役職経験が異なることは明らかだが、日本人と在日コリアンとに分けて、分析すると表8からは、在日コリアンにとって、「読み書き能力」が自治会役職経験の有無に大きく関わっていることが判明する。

これらのデータから、在日コリアンも、自治会の役職者になろうとする意志はあるにもかかわらず、「読み書き能力」の欠如ゆえに、自治会役職を受けづらく、けっして、地域自治の責任を回避しているわけではないことが明らかとなる。こうした誤解を、ひとつずつ、解消していくことが、すべてのマイノリティを包括するインクルーシブな地域コミュニティを目指すときに、重要な実践課題となることを肝に銘じるべきである。

マイノリティが置かれている状況に対する地域の無理解は、認知症問題においても、同様に生じているものと推察される。日本の地域ケアシステムが有効に機能するためには、こうした地域コミュニティの持つ弱点を克服することが、今後、大きな課題となるだろう。

## 4　結びに代えて——課題の乗り越えに向けて

超高齢社会に対して、いかに対応するべきか。これは、今世紀、日本を含む東アジア諸国が直面する重大な社会問題である。だが同時に、新しい社会形成に向けた可能性をわれわれに提供する契機ともなりえる。

ルソーは、社会形成の基盤を、「自己利益の追求」と「ピティエ（他者の不幸への共感）」という人間の自然な特性に求めた。しかしながら、従来の社会科学においては、「自己利益の追求（利己心）」が基本前提とされ、「他者の不幸への共感」は等閑視されてきた。後者は、むしろ、キリスト教の「愛」の精神など、宗教的な世界における原理とされてきた。「他者の不幸への共感」は、その「不幸」が自分自身から切断されたものではないとき、つまり、自分自身も陥る可能性が強いときに良く機能する。人間は、無力な赤子として生まれ、老いの果てに、赤子のような無力さに戻って死を迎えていく。高齢化は、人びと

がこうした人間としての存在構造に、日々、向き合わざるをえない過程でもある。社会構成の原理として「自己利益の追求（利己心）」に偏りがちな新自由主義思想を乗り越えていこうとする際に、誰しも逃れることのできない高齢化（共通の不幸）は、人びとに「共助」の精神の重要性を覚醒させるきっかけとなるだろう。

　本稿では、日本の地域社会の「共助」のシステムである地域ボランティアに注目することにより、日本社会のセイフティーネットを検証してきた。方面委員制度から見れば100年ほどの歴史を持つ民生委員制度は、第二次世界大戦後、確実に民主化された制度として生まれ変わり、日本社会を基盤から支える「地域ボランティア」として発展していることを実証データに依拠して確認することができた。また、高齢者見守りボランティアとして40年余りの歴史を持つ京都市老人福祉員制度も、熱心な活動地域においては、地域高齢者の幸福感を支える存在ともなっていることが明らかとなった。

　しかし、こうした地域ボランティア制度自体が、「高齢化」「女性化」という課題に直面しており、制度維持において課題に直面していることも明らかとなった。また、老人福祉員調査においては、介護保険制度導入以降、日本の地域社会に根付いていた「共助」の思想が、市場主義に基づく「自助」「自立」の思想によって侵食され始めていることも明らかとなった。そして、新しい市民活動と位置付けられるNPO・NGO的な組織と伝統的な地域コミュニティ組織との間でのネットワークの弱さは、大きな課題として残っていること、エスニック・マイノリティ問題など、マイノリティ問題は、地域社会の死角となりがちであり、こうしたマイノリティに対して、伝統的な地域コミュニティ制度が有効なセイフティーネットとして機能しない傾向性を持つこと、それゆえ、認知症問題など新たなマイノリティ問題への対処も大きな課題となることが明らかとなった。

　では、こうした日本の地域ボランティア制度をアジア的なセイフティーネットのモデルとして、再構築していくためには、どうしたら良いであろうか。そのためには、地域ボランティアを民主的な社会創造力の担い手として、いかに陶冶していけるかが論点となるだろう。その際、社会創造に向けたスキルとしての「意見具申」、すなわちアドボカシー能力が重要なポイントとなる。「意見

具申」は民生委員の役割の中にもすでに謳われているが、新たな社会創造に向けてエンパワメントされていく必要があるからである。

　2012年に実施した民生委員に対する悉皆調査において、回収した調査票の欄外まで、民生委員たちによって書き連ねられた意見の記述や困難事例の乗り越えに向けた創意工夫の記述を見る限り、「意見具申」に基づく新たな社会形成力は大いに潜在しているものと思われる。私たちが努力すべきは、そうした創造力を社会的に顕在化させていく仕組みをいかに工夫していくかである。そのためには、地域の社会的創造力を活性化していく媒介者、地域の中での様々な社会創造に向けた化学反応を生み出していく触媒的な存在を生み出すことが不可欠である。

　伝統的な地域ボランティア制度を民主的にエンパワーしていこうとする際に注目すべき具体的な事例として、筆者の目が届く範囲で挙げるとすれば、以下の3つの試みを提示することができる。

　まず第1に、近年、全国的にも注目されている勝部麗子氏などの尽力によって展開されている豊中市における社会福祉協議会を基盤とする地域作りは注目に値する。コミュニティソーシャルワーカーがまさに触媒的な役割を発揮して、地域社会に支え合いの仕組みを住民も主体的に関わりながら形成していこうとする試みである。[7]

　また第2に、京都市右京区で、ここ数年来、試みられてきた伝統的な地域コミュニティ組織とNPO・NGO、企業関係組織、新たな住民活動グループなどが一体となって構成される「まちづくり推進会議」の実践も注目に値する。ここでは、NPO・NGO関係者が、推進会議の協力パートナーとしてしっかりと位置付けられている。

　そして第3に、加藤博史教授を中心とする大学プロジェクトによる独居高齢者見守り支援に向けた地理情報システム（GIS）活用の提起も重要である。新たに発展する情報技術を地域ケアに活用して、地域の見守り活動のエアポケットを明示化することができれば、地域包括ケアシステムを支える有効な支援システムとなりえるからである。[8]

　こうした試みは、日本全国で多様な形で、展開されている。地域住民が地域ケアに関わっていくという日本の伝統的な地域ボランティア制度は、こうした

様々なチャレンジによって、直面する課題を一歩ずつ乗り越え、陶冶されていけば、超高齢社会を乗り越えるアジア的なセイフティーネットのモデルとして発展していくことができるだろう。

【注】
1) 日本の介護保険制度では、加入者40歳以上の介護保険収入から50％が費用負担され、残りは国税から25％、地方税から25％の公費負担となっている。これに対して、ドイツの介護保険制度の場合は、医療保険への加入者、赤子から高齢者まで全員の保険費で100％が賄われている。
2) 京都市の老人福祉員は、地域からの推挙に基づき、京都市長から委嘱されるボランティアである。その役割は、市内に住む65歳以上の一人暮らしの高齢者を訪問し、安否の確認を行ったり、話し合い手になったりして見守り活動を行うことである。具体的には、訪問や電話での高齢者の安否確認、高齢者の日常活動のなかで話し合い手となることなどによって、高齢者が抱える問題を把握し、民生委員や福祉専門機関と連携して、こうした人びとの抱える問題の解決に当たっている。
3) 新自由主義化が進展する韓国において、筆者が実施した高校教員に対するボランティア意識調査のデータ分析によれば、ボランティア体験およびボランティア関心が増すと反新自由主義的姿勢が強まる傾向があることが明らかとなっている（小澤 2008）。
4) 日本におけるボランティア文化の後進性については、小澤 2008 を参照されたい。
5) 方面員制度は、小河滋次郎が、ドイツを訪問中に、ハンブルク市で行われていたエルバーフェルト・システムを元に考案したものとされている（柴田 1964）。
6) 老人福祉員制度は、ボランティア制度であるがゆえに、各地域ごとにその活動実態は一様ではない。A学区では、老人福祉員と民生委員、そして地域包括支援センターの連携はとりわけうまくいっているようである。A学区では、民生委員と老人福祉員と京都市南区の支援課が主体となって、同行訪問と小地域の見回り訪問を推進している。また、こうした地域組織による訪問や見守り活動に加えて、地域包括支援センターが主管する全戸訪問（京都市全体で実施されている）によって、独居老人の様子を把握しようとしている。個別ケースへの対応状況を互いに知り合い、経験値を積み重ねていくこと、他機関の状況を互いに知り、連携関係を活性化することを目指して、小地域に区切り、地域ケア会議では情報交換の機会をもてる仕組みを工夫しようとしている。A学区の地域ネットワークのもう一つの秘密は、会食サービス活動を熱心に取り組んでいることである。こうしたイベントを通じて、ネットワーク形成が活性化されているのである。
7) 豊中市では、2005年にコミュニティソーシャルワーカー（CSW）制度が導入されている。市社会福祉協議会の職員として、介護保険制度の生活圏域ごとに2名ずつ配置され、孤独死の防止、ごみ屋敷や引きこもりへの対応など地域の多様な問題の発見と対応に当たっている。当事者の能力と生きがいを引き出すことを目指して、関係機関の連携を創り出し、当事者本位で問題解決に当たろうとしている。住民参加での問題解決という手法が重視されており、支援対象者の近隣の住民と民生委員とのミーティングを持

ち、近隣住民の心配事や本音を引き出し、利害関係者が積極的に協力する雰囲気を作り出している。また、障害のある人や高齢者が気軽に訪れることができるサロンの運営も支えており、運営者（一般市民）に対するケアにも当たっている（豊中市社会福祉協議会 サイトより）。
8）京都市で、2013年から全市的に取り組まれている独居高齢者の全戸訪問情報を地理情報システム（GIS）で活用しようとするプロジェクトである。「GIS を活用した高齢サポート等による高齢者支援に向けた調査研究の実施」として、「第6期京都市市民長寿すこやかプラン」でも新たな試みに位置づけられている。高齢者見守り支援に関する GIS 利用としては、個人情報保護という課題もあり、初歩的・試行的な試みに留まっている。

## 【参考文献】

小澤亘（2008）「市民教育とボランティア」加藤哲郎・國廣敏文編『グローバル化時代の政治学』法律文化社、220-223頁。

─── (2009) "Foreign Citizens' and Public Sphere in Japan"（立命館大学産社論集 45巻3号）pp. 43-52.

小澤亘他（2012）Ozawa, W. Makita, Y. Higuchi, K. Ishikawa, K. Yamada, H. Mensendiek, M. Ogawa, E. & Kato, H. "Volunteer Support Network for Elderly Foreigners: A New Movement of Korean Residents in Kyoto"（立命館大学産社論集 48巻3号）pp. 19-40.

小澤亘他（2014）Ozawa, W. Makita, Y. Higuchi, K. Nishimura, K. Ishikawa, K. Ogawa, E. Kato, H. "The Local Community Volunteer Social Worker System in Japan: Analysis of Survey"（立命館大学産社論集 50巻3号）pp. 1-20.

苅込俊二（2008）「東アジアにおける高齢化の進展と政策対応の課題」（みずほ総研論集 2008年Ⅳ号）1-29頁。

高齢者の見守りと民生委員の活動研究会（2013）『民生児童委員調査報告書──2012年京都市・宇治市・八幡市悉皆調査』

国際連合（2013）"World Population Prospects: the 2012 revision" 2015年3月1日取得 http://esa.un.org/unpd/wpp/publications/Files/WPP2012_Volume-II-Demographic-Profiles.pdf

産業社会学部社会調査士プログラム2015年度 SC クラス（2016）小澤亘監修、小泉暁子、塚田花梨、MENG Keyu、谷口智晴、嘉村結香、磯部奈都美、吉母力也、北川昇太郎、今井実紀、鈴木歩『高齢者見守りボランティアの現在──京都市・老人福祉員制度に関する調査報告書』

柴田善守（1964）『小河滋次郎の社会事業思想』（日本生命済生会）152-198頁。

豊中市社会福祉協議会（2016）「コミュニティソーシャルワーカー（CSW）」（2016年3月31日取得 http://www.toyonaka-shakyo.or.jp/nav/nav_chiki/csw）

新川敏光（2015）『福祉レジーム』ミネルヴァ書房。

内閣府（2015）『平成27年度版高齢社会白書』（2016年3月31日取得 http://www8.cao.go.jp/kourei/whitepaper/w-2015/zenbun/27pdf_index.html）

第Ⅲ部

# リージョナル・ガヴァナンスと地域統合

# 第11章

# ASEAN 経済共同体(AEC)とリージョナル・バリュー・チェーン(RVC)

西口清勝

## 1 問題の所在——AEC による ASEAN 経済統合の現状

2015年末に ASEAN 経済共同体(ASEAN Economic Community、以下 AEC と略記する)が発足した。AEC は ASEAN 加盟10カ国による地域経済協力(経済統合)のための組織であり、以下の4つの柱から構成されている(ASEAN Secretariat 2008)。

1) 単一の市場と生産基地(a single market and production base)
2) 競争力ある経済的地域(a highly competitive economic region)
3) 公平な経済発展(a region of equitable economic development)
4) グローバル経済への統合(a region that is fully integrated into the global economy)

上記の4つの柱の中で最も重要なものと考えられているのは第1の柱である「単一の市場と生産基地」の形成であって、地域経済協力によって、物品、サービス、投資、労働、等の生産要素の自由な移動を通じて達成することが計画されている。これは、単一市場の形成という市場の拡大による規模の経済や生産要素の自由な移動による資源の最適配分ならびに競争の促進による生産効率の向上といった経済統合の動態的な効果を重視する「市場統合の新理論」[1]をベースにしたものと考えられる。

ASEAN は、物品貿易では AFTA (ASEAN Free Trade Area、ASEAN 自由貿易地域)を1993年に、それをさらにレベルアップして継承する ATIGA (ASEAN Trade in Goods Agreement, ASEAN 物品貿易協定)を2010年に締結した。サービス貿易の分野では AFAS (ASEAN Framework Agreement on Services,

ASEAN サービス枠組み協定) を1995年に、投資の分野では AIA (ASEAN Investment Area, ASEAN 投資地域協定) を1998年に、それをさらにレベルアップして継承する ACIA (ASEAN Comprehensive Investment Agreement, ASEAN 包括的投資協定) を2012年に、それぞれ締結した (ASEAN Secretariat 2015a)。

　このように ASEAN は AEC の発足に向けて地域経済協力の努力を払ってきているが、それが地域経済統合を推し進め実態のある経済共同体が形成されてきているかという実績で見てみると決して十分なものであるとは言えない。なるほど関税は、ASEAN 先発6カ国 (ブルネイ、インドネシア、マレーシア、フィリピン、シンガポール、タイ) で99.2％、後発の CLMV 諸国 (カンボジア、ラオス、ミャンマー、ヴェトナム) で90.8％、ASEAN 全体で96.0％、が削減されてきており、ほぼ関税の無い地域になってきている (op.cit.: 10)。しかし、国立シンガポール大学の Chia Siow Yue (2013: 24) が言うように、地域経済統合の進捗度を測る主要な指標は①域内貿易比率と②域内投資比率であるが、①域内貿易比率は2014年で24.1％ (2007-2014年の平均では24.8％) で約25％と横ばいであり域外貿易比率の3分の1に過ぎず (ASEAN Secretariat 2015b: 22)、②域内投資比率も2014年は17.9％ (2007-2014年の平均では16.1％) であり20％にも満たず域外投資比率の4分の1以下という低水準である (op.cit.: 44)。このように2015年末の AEC 発足に向けて努力が払われたにも拘わらず、これまでのところ統合され実態のある経済共同体が実現してきているとはとても言えないという結論を我々は下した。[2]

　しかし他方では、我々のそうした見解とは逆に ASEAN 域内でリージョナル・バリュー・チェーン (Regional Value Chain、以下 RVC と略す) が進展することで、ASEAN 域内の取引が拡大し地域統合と連結性 (connectivity) が強化されてきており、その中心に ASEAN 地域経済協力を推進する AEC が据わっているという見解が内外から提起されている。その代表的なものは、ASEAN 事務局と UNCTAD (国連貿易開発会議) が協力して作成した報告書 (ASEAN Secretariat and UNCTAD-DIAE 2014) – *ASEAN Investment Report 2013-2014: FDI Development and Regional Value Chain*, ASEAN Secretariat, Jakarta, Indonesia, 2014 – であろう。[3] 図1「地域統合、RVC と ASEAN の結合」がそのことを端的に示している。それは、①AEC という地域経済協力

第11章　ASEAN経済共同体（AEC）とリージョナル・バリュー・チェーン（RVC）

図1　地域統合、RVCとASEANの結合

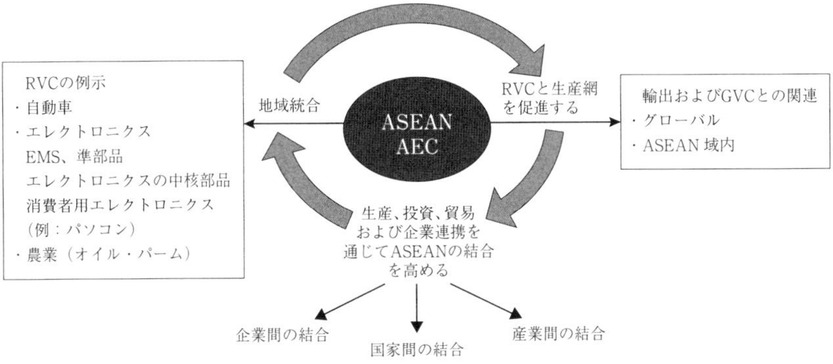

RVCの例示
・自動車
・エレクトロニクス
　EMS、準部品
　エレクトロニクスの中核部品
　消費者用エレクトロニクス
　（例：パソコン）
・農業（オイル・パーム）

地域統合
ASEAN AEC
RVCと生産網を促進する
生産、投資、貿易および企業連携を通じてASEANの結合を高める

輸出およびGVCとの関連
・グローバル
・ASEAN 域内

企業間の結合　　国家間の結合　　産業間の結合

（出典）ASEAN Secretariat and UNCTAD-DIAE 2014: xix.

の組織が中核となって➡②RVC と地域的な生産網の形成を促進し（それはまた、世界と域内の輸出並びに GVC［Global Value Chain, グローバル・バリュー・チェーン］への参加を促進し）➡③生産、投資、貿易およびビジネス上の連関を通じて ASEAN の連結性を高め➡④AEC による地域的な経済統合をさらに前進させるという好循環を生み出すという内容になっている。

　そこで、本稿では AEC と RVC の関係と ASEAN 経済統合の現状を検討することを通じて、こうした見解にリプライしたいと思う。考察は次の順序で行われる。第2節では、GVC の基礎的概念と理論を取り上げる。というのは、RVC とは1つの地域－本稿の場合は ASEAN 地域－における価値連鎖を扱うものであるが、それは GVC の理論を地域に適用したものであるからである。1) まず GVC の基礎的概念を OECD-WTO の TiVA（Trade in Value Added、付加価値貿易）のデータ・ベースの説明を用いて述べ、2) GVC 研究の代表的な論者の一人であるスイスのジュネーブにある「国際・開発研究大学院大学」（The Graduate Institute of International and Development Studies）に所属する Richard Baldwin の研究に基づいて GVC の理論を紹介し、3) UNCTAD に所属し Baldwin とは異なる立場から GVC の理論を展開している Rashmi Banga の見解を対置する。GVC に関するこのような考察を踏まえて、第3節では上記の報告書を主たる資料にして、1) AEC による ASEAN 地域統合を牽引す

る主体である外国直接投資（FDI）の動向並びに2）投資環境と外資政策の改革について概観し、3）RVC の進展と ASEAN 経済統合の実態について検討する。最後に「展望」では、今後 ASEAN が採用すべき政策について、Rashmi Banga や Richard Baldwin の場合と同じスイスのジュネーブにある「南センター」(South Centre) に所属する Yilmaz Akyuz の見解を参考にして提言したい。

## 2　GVC の基礎的概念と理論

### 1　OECD-WTO の TiVA Database による説明

　OECD と WTO が共同して TiVA (Trade in Value Added、付加価値貿易) のデータ・ベースを作成する作業に乗り出したのは2012年のことだった。そして、OECD-WTO (2013) が言うように2013年1月16日に初めてその暫定的な結果が発表された。図2「伝統的貿易と TiVA（付加価値貿易）」は、A 国から C 国へと完成財（最終財）が輸出される伝統的貿易では、総輸出 (gross export) は 100 となる。しかし、中間財が中心となっている現在の

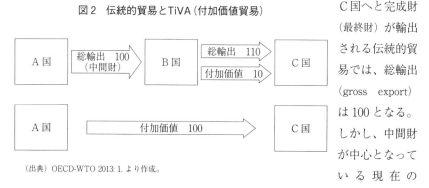

図2　伝統的貿易とTiVA（付加価値貿易）

（出典）OECD-WTO 2013: 1. より作成。

GVC の下での貿易においては、A 国から B 国へ 100 の価値が輸出され B 国で 10 の付加価値は付けられると、総輸出は 210（= 100 + 110）となる。が、純輸出 (net export) を表す TiVA（付加価値貿易）では 110 となり、貿易統計上に大きな差異が生じる。その理由は伝統的貿易では二重計算 (double accounting) が行われているためであり、そのために誤った政策が採られる可能性がある。そこで、世界の生産の95％を占める 58 の経済に関する国際産業連関表を用いて TiVA のデータ・ベースを作成したとその意図を述べている。

第11章　ASEAN経済共同体（AEC）とリージョナル・バリュー・チェーン（RVC）

　OECD-WTO（2016）では、TiVA のデータ・ベースは、①外国貿易の１国経済への実際の貢献度、②国民経済とＧＶＣとの相互連結、および③サービス産業が貿易に及ぼす影響、について洞察力を与えてくれる、また④GVC に関連する諸問題－中間財の貿易、貿易円滑化、外国直接投資（Foreign Direct Investment、以下 FDI と略す）、等－もカバーできる、とその意義を述べた上で、図３「総輸出の付加価値構成部分と GVC 下での貿易の流れ」を用いて、GVC の基礎的概念について次のように整理して説明している。

図３　総輸出の付加価値構成部分とGVC下での貿易の流れ

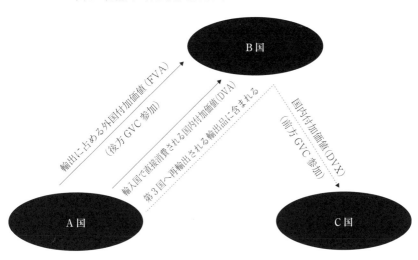

······▶ GVC 参加の貿易の流れ

（出典）OECD-WTO 2016: 2. より作成。

　1）TiVA を用いることによって、総輸出を国内付加価値（Domestic Value Added、以下 DVA と略す）と外国付加価値（Foreign Value Added、以下 FVA と略す）に分解することができる。

　2）DVA には２つの種類がある。即ち、

　①１つは、ある国から輸出されるものの中で、輸入国で直接消費される最終財、中間財およびサービスに含まれている国内付加価値をいう。

　②他の１つは、ある国から輸出されるものの中で、最初の輸入国を経由して

第3国へ再輸出（re-export）される輸出品に含まれる中間財およびサービスに体化されている国内付加価値（Domestic Value Exported、以下 DVX と略す）をいう[5]。これを、「前方 GVC 参加」（"forward GVC participation"）」と呼ぶ。

3）FVA とは、ある国が輸出するために中間財とサービスや最終財を生産するために輸入した投入財（inputs）が有する付加価値を指す。これを、「後方 GVC 参加」（"backward GVC participation"）」と呼ぶ。なお、上記の定義からグローバルなレベルでは FVA の合計は DVX の合計と等しいことになる。

4）GVC への参加には2つのタイプがある。

①1つは川上連関（upstream links）である。これは即ち「後方 GVC 参加」を指す。ある国が輸出用の財やサービスを生産するために外国から投入財を輸入する場合を指す。（この場合は、GVC の「購買者」ないしアウトソーシングの側面を示している。）

②他の1つは川下連関（downstream links）である。これは即ち、「前方 GVC 参加」を指す。ある国が自国で生産した投入財を他国が下流の生産過程で使用する際に輸出する場合を指す。（この場合は、GVC の「販売者」ないし供給者の側面を示している。）

5）ある国の総輸出に占める FVA と DVX の合計が、その国の GVC への参加指数（参加度）を表す。

## 2　Richard Baldwin の理論

Baldwin（2012a）で展開しているように、彼の GVC[6] の理論の基礎を成すものは、「グローバル化のアンバンドリング［unbundling、分離を意味する］」の議論であり、それを「第1のアンバンドリング」と「第2のアンバンドリング」の時期に区分し対比して述べている。

Baldwin によれば、グローバル化をけん引してきたのは、2つの大きく異なるタイプの「連結」の技術、即ち、①輸送（transportation）と②通信（transmission）、であった。グローバル化以前は、各村落は消費するものの殆どを生産していた。生産と消費は輸送技術が発達していなかったので一体とならざるをえなかったのである［地産地消］。「第1のアンバンドリング」の時期の蒸気機関の革命－鉄道と汽船－が輸送＝交通革命を惹き起こし生産と消費の空間的

な分離を可能にし、規模の経済と比較優位とが分離を利益あるものにした。それは、次の5つの事実によって特徴付けられるように世界を大きく変化させた。

1)「北」において離陸（take-off）＝経済成長が開始された。蒸気機関による交通革命により外国貿易の取引上のコストが大幅に低下し、それが大量生産を利益あるものにした。

2) 技術革新と規模の経済並びに特化（農工間の国際分業）により、「北」の産業は「南」の産業に対して強いコスト優位を得ることになった。こうして、「北」の工業化と「南」の脱工業化が進行した。

3) それに伴って、南北間の所得格差が大きくなり、その傾向は1980年代まで続いた。

4) 国際貿易と労働移民が盛んになった。

5)「北」に工場地帯や産業地域が集積していった。世界の経済地理は、「北」と「南」で非対称的なものになっていった。

このような19世紀から20世紀の世界の趨勢を逆転させたのが、1980年代から始まり現在に至る「第2のアンバンドリング」の時期の生じた通信＝情報通信革命（ICT Revolution）であると彼はいう。「北」の工場地帯や産業地域に集積していた生産段階［工程］間の結合がICT革命により分離した。これによって、GVCが進展して行った。ICT革命によって、①距離の問題が解決され生産段階［工程］をグローバルに分離＝分散できるようになり、②先進国と途上国との間の賃金格差がこの分離を利益あるものにした。

Baldwin（2012b）は、「第2のアンバンドリング」が世界経済にもたらした大きな変化を、図4「G7諸国の世界経済に占める割合—輸出、GDPおよび工業と世界の工業化—」を用いて、次の3点にまとめている。

1) 1980年代末までのグローバル化は、世界の貿易と所得におけるG7諸国［先進7カ国］の地位の上昇と一致していた。1980年代以降、GVCが進展することにより世界貿易と所得の構図は激変した。世界の輸出に占めるG7の割合は、1991年の55％から2008年には30％台へ、また世界のGDPに占めるそれは1988年の67％から2008年55％へと急激に低下した。

2) 代わって台頭したのは中国やインド等々の新興国であった。それを可能

図4　G7諸国の世界経済に占める割合—輸出、GDPおよび工業と世界の工業化—

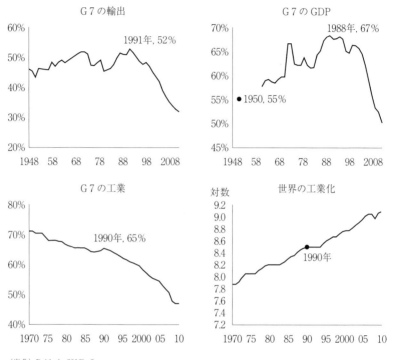

（出典）Baldwin 2012b: 3.

にしたのは GVC の進展だった。こうして、ハイテクの司令塔経済（headquarter economies）と低賃金の工場経済（factory economies）が生まれることになった。G7が世界の工業に占める割合は急低下しているが世界の工業化は急速に伸長しており、「北」の脱工業化と「南」の工業化が進行している。

3）1980年代を画期とする GVC の進展により、世界貿易の構造が激変してきている。それ以前の時期では、工業製品や農産物の完成品（最終財）が世界貿易の中心でありその輸出入は国境の壁＝関税等によって規制されていた。ところが、国境を跨ぐ多国籍企業の FDI が牽引する GVC が進展することにより、世界貿易は完成品（最終財）から部品や中間財が中心になった。この点については、WTO の前事務局長である Pascal Lamy（2013）によって補足しておきたい。Lamy は、①20年前（1990年代初め）の世界貿易の構成はほぼ、先

## 第11章　ASEAN経済共同体（AEC）とリージョナル・バリュー・チェーン（RVC）

進国間（北北）が60％、先進国・途上国間（南北）が30％、途上国間（南南）が10％だった。それが、2020年までにはほぼ３等分になると予想される。つまり、先進国間貿易は60％から33％へとほぼ半減することになる。②世界貿易に占める中間財の割合がこの20年間で約60％にまで上昇した。換言すれば、完成品（最終財）の貿易が占める比重は急速に低下した。③輸出に占める輸入の割合が、1990年（20％）➡2010年（40％）➡2030年（60％）へと、急速に高まる傾向にある。こうして、④輸入した中間財を組立加工した「メイド・イン・ワールド（"Made in World"）」（*op.cit.*：2）の製品が作られその割合が高まってきている、と述べている。

　Baldwinは上記の３点の事実に基づいて、以下の２点の主張を行うのだが、それは本稿にとって重要な意味を持っている。第１点は、GVCが進展する中での先進国側と途上国側との間に新たに形成される関係である。BaldwinはGVCの進展によりハイテクの司令塔経済と低賃金の工場経済が生まれることになったと指摘していた。ハイテクを有する先進国の企業は収益率を上げるために所有するハイテクと途上国の低賃金とを結合を図り、他方途上国の政府はGVCに参加することで自国の工業化を目指そうとする。こうして、両者の間に「新タイプのウィン－ウィンの状況（a new type of win-win situation）」（Baldwin 2012b：9）が創り出されるというのである。つまり、彼はGVCの下で先進国と途上国との間に両者の利益が一致する調和的な世界が生まれると主張しているのである。第２点は、途上国の開発政策に関するものである。①途上国が自国の工業化を目指しGVCに参加するためには、部品や中間財を輸入し加工して完成品（最終財）を輸出する必要がある。かつてGATTの時代においては、途上国は関税等によって自国産業を保護した。しかし、GVCの時代においては関税等は部品や中間財の輸入を阻害し途上国の工業化を妨げることになる。そこで、途上国は一方的な貿易の自由化をすべしと主張しているのである。また、②途上国が自国の工業化を目指しGVCに参加するためには、多国籍企業によるFDIを誘致するために先進国からの資本移動の自由や知的所有権の保護等の要求を受け入れるべきであり、そうした要求を盛り込んだ二国間投資協定（Bilateral Investments Treaty、以下BITと略す）や自由貿易協定（Free Trade Agreement、以下FTAと略す）を締結すべしとも主張しているのである。

図5　途上国による一方的な関税削減
（途上各地域の平均的な関税率）：1988-2009年

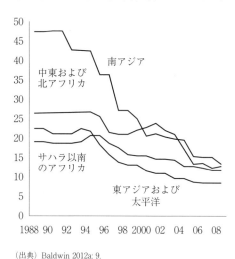

（出典）Baldwin 2012a: 9.

図6　BIT・FTAの締結数と世界のFDIの関係

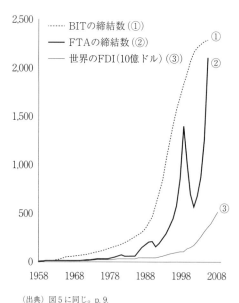

（出典）図5に同じ。p. 9.

そして、Baldwinによれば、図5「途上国による一方的な関税削減：1988-2009年」が示すようにGVCの時代－1980年代以降現在まで－に入ると途上世界に共通して一方的な関税の削減が行われてきている。また、図6「BIT・FTAの締結数と世界のFDIの関係」が示すように、GVCの時代に入るとBITとFTAの締結数は急増し世界のFDIも増加している。

このように、GVCに関するBaldwinの主張＝提言は途上諸国において広汎に受け入れられているように見える。そこで、前者については次項でRashmi Bangaの見解を対置することで検討し、後者については本稿の第4節「展望」で吟味することにしたい。

## 3　Rashmi Bangaの見解

Richard Baldwinは、GVCに参加することで先進国と途上国の間に「新たなウィン－ウィンの状況」が創り出され、両者の利益が一致し調和的な世界が生まれると、と主張していた。Banga（2015）は、GVCへの参加によって、①国際競争力の強化、②グ

第11章　ASEAN経済共同体（AEC）とリージョナル・バリュー・チェーン（RVC）

ローバル市場へのアクセス、③国内生産と雇用の増加、等の利益がもたらされると途上国の政策立案者の間で期待が高まってきているが、そうした利益が実現するかどうかは明瞭ではないという。彼女はその理由を以下のように説明していく。

　GVC の進展によって世界貿易網（world network trade）による取引は急増したことは事実である。1990-1991年の9,880億ドルから2009-2010年の4兆5,000億ドルへと20年間に4.6倍も増加した。しかし、TiVA の定義によるように世界の総輸出と世界の総付加価値輸出との間には大きな差異がある。2009年を採ると、前者は13兆4,709億ドルで後者は10兆3,195億ドルとなっている（op.cit.: 36-37）。つまり、総輸出は二重計算［というより多重計算］によって総付加価値輸出＝純輸出に比して23.3％も過大に表示されている。GVC に参加することで、たとえ総輸出が増えても貿易利益や国内生産（GDP）が同じように増えるということが保証されている訳ではない。なぜなら、TiVA の定義によって、総輸出＝外国付加価値（FVA）＋国内付加価値（DVA）となっており、総輸出に占める外国からの部品や中間財の輸入を意味する FVA は当該国の輸出稼得から控除され GDP の増加にも寄与するものではなく、付加価値輸出（純輸出）を意味する DVA のみが輸出稼得にも GDP の増加にも貢献できるからである。ところが、多くの途上国にとって－1995年と2009年とを比較すると－総輸出に占める DVA の割合が低下し、FVA の割合が上昇してきているのである（ibid.: 38-39）。

　上記の議論を踏まえて Rashmi Banga は、GVC への参加による利益配分を測定する方法を提起する。TiVA の定義によって、ある国の総輸出に占める FVA と DVX の合計が、その国の GVC への参加指数（参加度）を表す。彼女は FVA（後方 GVC 参加）と DVX（前方 GVC 参加）との比較を行うことで、GVC への参加から得られる利益について洞察することができる。もし前方参加が後方参加と比べて大きかった場合、その国は輸入による FVA よりもより多くの DVA を創り出し輸出していることになる。したがって、FVA と DVX の比率はその国が GVC に参入することから得られる相対的な利益の尺度を提供することができる、というのがそれである。この方法を用いて彼女は、①先進国は前方参加の方が後方参加よりも大きい傾向がありしたがって両

### 表1　GVCへの参加度と前方参加および後方参加の割合並びに比率（2011年）

1. ASEAN諸国

|  | GVCへの参加度（％） | 前方参加の割合（％） | 後方参加の割合（％） | 前方参加と後方参加の比率 |
|---|---|---|---|---|
| ブルネイ | 46.9 | 42.7 | 4.3 | 9.93 |
| カンボジア | 48.7 | 11.9 | 36.8 | 0.32 |
| インドネシア | 43.5 | 31.5 | 12.0 | 2.63 |
| マレーシア | 60.4 | 19.8 | 40.6 | 0.49 |
| フィリピン | 50.9 | 27.4 | 23.5 | 1.17 |
| シンガポール | 61.6 | 19.9 | 41.7 | 0.48 |
| タイ | 54.3 | 15.4 | 39.0 | 0.39 |
| ヴェトナム | 52.3 | 16.0 | 36.3 | 0.44 |

2. 東アジア諸国・地域とインド

|  | | | | |
|---|---|---|---|---|
| 日本 | 47.4 | 32.8 | 14.6 | 2.25 |
| 中国 | 47.7 | 15.6 | 32.1 | 0.49 |
| 韓国 | 62.1 | 20.5 | 41.6 | 0.49 |
| 台湾 | 67.6 | 24.1 | 43.5 | 0.55 |
| 香港 | 43.6 | 23.2 | 20.4 | 1.14 |
| インド | 43.1 | 19.1 | 24.0 | 0.80 |

3. 欧米諸国

|  | | | | |
|---|---|---|---|---|
| 米国 | 39.8 | 24.9 | 15.0 | 1.16 |
| 英国 | 47.6 | 24.7 | 22.9 | 1.08 |
| ドイツ | 49.6 | 24.1 | 25.5 | 0.95 |
| フランス | 47.0 | 21.9 | 25.0 | 0.88 |
| カナダ | 42.4 | 19.0 | 23.4 | 0.81 |
| 豪州 | 43.6 | 29.5 | 14.1 | 2.09 |

（出典）OECD-WTO 2015、より作成。

者の比率は1を上回る傾向がある、②途上国はそれとは逆に前方参加よりも後方参加の方が大きくしたがってその比率は1を下回る傾向がある、③一次産品輸出国の場合は後方参加が少なく前方参加が大きいために比率は1を上回る傾

向がある、という結果を得た (ibid.: 43-44)。つまり、GVC に参加することで、先進国はより多くの利益の配分を受け、他方途上国へは−一次産品輸出国を除いて−より少ない利益の配分しか行われない、という両者の非対称関係を明らかにして見せたのである。

表1「GVC への参加度と前方参加および後方参加の割合並びに比率（2011年）」は Rashmi Banga の方法にしたがって、筆者が GVC への参加度と前方参加と後方参加の比率を、①ASEAN 諸国、②東アジア諸国とインド、および③欧米諸国、について OECD-WTO の TiVA Database から算出したものである。[7] この算出結果は Rashmi Banga のそれとほぼ一致する。すなわち、①米国、英国、ドイツ、日本、等の先進国の比率はほぼ1を上回っている。他方、途上国たる ASEAN の内、②一次産品輸出が重要なブルネイやインドネシア、フィリピンのそれは1を上回っているが、③その他の ASEAN 諸国の比率は1を大きく下回る 0.3〜0.4 となっている。同表から看過すべきでないことのひとつは、GVC の参加度が先進国の場合40％台であるのに対して、一次産品輸出国を除く ASEAN 諸国の方が50％台から60％台というように高くなっていることである。このことは、ASEAN 諸国が GVC に参加する程度は高いが、GVC に参加することから得られる利益が少ないということを示唆しており、次節で議論を展開する時にも念頭に置くべき重要な点であると思われる。

## 3  AEC と RVC の関係

### 1  対 ASEAN 直接投資の動向

前出の報告書（ASEAN Secretariat and UNCTAD-DIAE 2014）によって、まず対 ASEAN 直接投資の動向について概観すると次のようになる。①近年とりわけ2009年以降対 ASEAN 直接投資が急増している。②2013年の対 ASEAN 直接投は1993年以来初めて対中国直接投資とほぼ同額となる1,220億ドルで、投資残高は１兆6,000億ドルに達した。③2013年の ASEAN の GDP は世界の３％だが、世界の FDI の８％を受け入れている。また、途上国に占める ASEAN の GDP は８％だが、途上国向け FDI の16％を受け入れている。④

1人当たりのFDI I 残高で見るとASEANの場合2000年の500ドルから2013年には2,500ドルへと5倍も増加している(*op.cit.*:3)。

　これらの事実から作成者たちは、ASEANがFDIを受け入れる努力、とりわけ多国籍企業の生産と価値連鎖にとって競争力のある立地たるよう努力していることを推測できると述べているが、ASEANの開発政策が1980年代の半ば以降－1985年のプラザ合意が大きな契機となった－外資依存の輸出指向型工業化政策（Export-Oriented Industrialization、以下EOIと略す）へと転換し現在に至っていること、およびAFTAとそれを継承するAECの主目的がFDIの導入であること、を考えると首肯できる。

表2　ASEANでの外国直接投資（FDI）の上位10カ国・地域

(単位：10億ドル、％)

| 2011年 | | | 2012年 | | | 2013年 | | |
|---|---|---|---|---|---|---|---|---|
| | FDI額 | 割合(%) | | FDI額 | 割合(%) | | FDI額 | 割合(%) |
| ASEAN | 15.2 | 16 | 日　本 | 23.8 | 21 | 日　本 | 22.9 | 19 |
| 英　国 | 12.2 | 12 | ASEAN | 20.7 | 18 | ASEAN | 21.3 | 17 |
| 日　本 | 9.7 | 10 | 米　国 | 11.1 | 10 | オランダ | 10.5 | 9 |
| 米　国 | 9.1 | 9 | オランダ | 8.7 | 8 | 英　国 | 10.4 | 9 |
| 中　国 | 7.9 | 8 | 中　国 | 5.4 | 5 | 中　国 | 8.6 | 7 |
| ルクセンブルグ | 5.6 | 6 | 香　港 | 5.1 | 4 | 香　港 | 4.5 | 4 |
| オランダ | 4.9 | 5 | ルクセンブルグ | 3.9 | 3 | 米　国 | 3.8 | 3 |
| フランス | 4.4 | 4 | フランス | 3.1 | 3 | 韓　国 | 3.5 | 3 |
| 香　港 | 4.2 | 4 | 台　湾 | 2.2 | 2 | ベルギー | 2.5 | 2 |
| 台　湾 | 2.3 | 2 | インド | 2.2 | 2 | ルクセンブルグ | 2.3 | 2 |
| 合　計 | 75.5 | 77 | | 86.2 | 75 | | 90.4 | 74 |

(注)　2012年と2013年のFDI額にはラオスは含まれていない。フィリピンの再投資収益は除外されている。
(出典)　図1に同じ。p.5.

　表2「ASEANにおける外国直接投資（FDI）の上位10カ国・地域」は、①上位10カ国・地域だけで対ASEAN直接投資の70％以上を占めていること、

②ASEAN のそれ（つまり域内直接投資）は2013年においても全体の5分の1にも満たない17%という低い水準にあること、③他方 ASEAN を除く9カ国だけで同年の57%と過半を占めていること、を示している。ASEAN 企業による域内投資が増加していること、とりわけ ASEAN の先発国が後発の CLMV 諸国への主要な投資国になってきておりそれが ASEAN 域内の連結性の強化に寄与していること、等を軽視してはならないが、現在に至るも ASEAN への直接投資の主たる担い手は ASEAN 企業ではなくて、域外の多国籍企業であることに変わりはない。

　次に、対 ASEAN 直接投資が最近急増してきている主な理由としては、① ASEAN 諸国のマクロ経済のファンダメンタルズが良好であること、②市場指向型直接投資（market-seeking FDI）が増加しているがそれは ASEAN 諸国の GDP の合計が2兆4,000億ドル（2013年）になる市場規模と中産階級（middle class）の成長によるものであること、③また効率追求型直接投資（efficiency-seeking FDI）が増加しているのは国際競争力の強化を目指しているためであるがその基礎には地域的な生産網（production network）の形成と地域的な価値連鎖（すなわち RVC）の進展があること、④ASEAN 企業の所得と現金準備が増加してきておりそれが M&A を含む ASEAN 域内直接投資の増加を支えている。ASEAN の上位50社の企業利益は、2012年の509億ドルから2013年には538億ドルへと増加し、同現金準備は2013年に1,660億ドルに達していること、⑤単一市場と生産基地の形成を目指す AEC に対する期待が高まってきている。それは投資家の関心を高め企業の投資を拡大させてきていること、および⑥ASEAN の投資環境と外資政策が改革されてきていること、の6つを挙げている（*op.cit.*: 9-10）。最後の6番目の理由を、次項の「ASEAN の投資環境と外資政策の改革」でより詳しく見てみよう。

## 2　投資環境と外資政策の改革

　ASEAN は、その投資環境を改革するために、2013-2014年の期間に限っても、①自由化、②円滑化、③促進、および④制度的協力、のための多くの措置を採り外資政策を改革してきたという。確かに、表3「ASEAN 諸国の投資環境改善のための施策—2013-2014年に実施されたもの—」が示すように

表3 ASEAN諸国の投資環境改善のための施策―2013-2014年に実施されたもの―

| | 外資法と規制の改革 | 外資導入の円滑化と促進 | BITの締結 | FTAの締結（交渉中を含む） |
|---|---|---|---|---|
| ブルネイ | | ○ | | ○ |
| カンボジア | ○ | | ○ | |
| インドネシア | ○ | ○ | ○ | |
| ラオス | | ○ | | |
| マレーシア | ○ | | ○ | ○ |
| ミャンマー | ○ | ○ | | |
| フィリピン | ○ | ○ | ○ | ○ |
| シンガポール | ○ | ○ | ○ | ○ |
| タイ | ○ | ○ | | ○ |
| ヴェトナム | ○ | ○ | ○ | ○ |

(出典) 図1に同じ。chapter 2 より作成。

ASEAN諸国は、外資法と規制の改革、外資導入の円滑化と促進、そして前節でRichard Baldwinが指摘したようにBITとFTAの締結、というように多大の努力を傾注してきている。その主目的が、外資の要求を率先して受け入れることで、外資導入のためのASEANの国際競争力を強化するためであることは言うまでもない。

最後の④制度的協力について、付言しておこう。ここで「制度的協力」というのは、外資導入のための制度をASEAN諸国が協力して作っていこうという意味であり、具体的には、AECの発足やACIAの締結を指す。AECの発足は、とりわけその第1の柱である「単一の市場と生産基地」の形成という魅力によって外資を惹きつけることを意味する。ACIAの締結とは、ASEANを「単一の投資地域」にすることを意味し、外資に対するアピールを強化することを意味する。

## 3 RVCの進展とASEAN経済統合の実態

### (1) ASEANの総輸出と付加価値の構成

ASEAN域内のRVCを直接に測定（計測）できる全体的なデータは存在し

第11章 ASEAN経済共同体（AEC）とリージョナル・バリュー・チェーン（RVC）

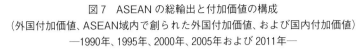

図7 ASEANの総輸出と付加価値の構成
（外国付加価値、ASEAN域内で創られた外国付加価値、および国内付加価値）
―1990年、1995年、2000年、2005年および2011年―

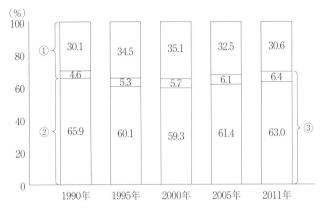

(注1) ①は外国付加価値、②は国内付加価値、③はASEAN域内で創られた付加価値、を各々示す。
(注2) 上段は外国付加価値（ASEAN内部で創られたものを除く）、中段は、ASEAN内部で創られた付加価値の内外国付加価値に含まれるもの、下段は国内付加価値、を各々示す。
(出典) 図1に同じ。p. 110.より作成。

ない。しかし、TiVAのGVCに関する説明で述べたように、国際産業連関表を利用することで推計することはできる。図7「ASEANの総輸出と付加価値の構成（外国付加価値、ASEAN域内で創られた外国付加価値、および国内付加価値）―1990年、1995年、2000年、2005年および2011年―」と表4「ASEANのGVCとRVCへの参加度：1990-2011年」がそれである。この2つの図表から次のことが分かる。

第1は、上記の5年のASEANの総輸出に占める外国付加価値（FVA）と国内付加価値（DVA）の割合（％）である。

第2に、図7では、TiVAのデータ・ベースが通常行っている分類とは異なって、FVAとDVAに加えて「ASEAN域内で創られた付加価値（value added created in ASEAN）」という概念を設け、それが「ASEAN内部で創られた付加価値（created within ASEAN）」とDVAから構成されるとしていることである。

第3に、この「ASEAN内部で創られた付加価値」はDVAには含まれず

表4 ASEAN の GVC と RVC への参加度：1990-2011年

(単位：％)

| 年 | FVA | | | DVX | | | 参加度 | | |
|---|---|---|---|---|---|---|---|---|---|
| | 合計<br>(A)=(B+C) | ASEAN<br>外部で創<br>られたも<br>の (B) | ASEAN<br>内部で創<br>られたも<br>の (C) | 合計<br>(D)=(E+F) | ASEAN<br>外部で体<br>化された<br>もの(E) | ASEAN<br>内部で体<br>化された<br>もの(F) | GVCへ<br>の参加度<br>(A+D) | RVCへ<br>の参加度<br>(C+F) | RVCと<br>GVCの<br>比率 |
| 1990 | 34.1 | 30.1 | 4.0 | 18.0 | 13.9 | 4.0 | 52.1 | 8.0 | 15.4 |
| 1995 | 39.9 | 34.5 | 5.3 | 18.2 | 12.9 | 5.3 | 58.1 | 10.6 | 18.2 |
| 2000 | 40.7 | 35.1 | 5.7 | 18.2 | 15.0 | 5.7 | 61.4 | 11.4 | 18.6 |
| 2005 | 38.6 | 32.5 | 6.1 | 18.2 | 17.4 | 6.1 | 62.2 | 12.2 | 19.6 |
| 2011 | 37.0 | 30.6 | 6.4 | 18.2 | 18.4 | 6.4 | 61.9 | 12.9 | 20.8 |

(出典) 図1に同じ。p. 115.

FVA に含まれるとしていることである。TiVA の説明ですでに述べたように、地域レベルでは FVA と DVX とは等しくなる。事実、表4が示すように「ASEAN 内部で創られた (created within ASEAN)」FVA (C) と「ASEAN 内部で体化された (incorporated within ASEAN)」DVX (F) は等しくなっている。

上記のことを踏まえて、FVA、ASEAN 内部で創られた付加価値（FVA に分類されているもの）、および DVA の関係を整理すると、以下のようになる。

①表4が示すように、FVA が「ASEAN 外部で創られた (created outside ASEAN)」FVA と「ASEAN 内部で創られた (created within ASEAN)」FVA から成っていることである。

②前者は外国からの部品や中間財の輸入を意味している。他方、後者は ASEAN 諸国が創った国内付加価値の中で ASEAN 諸国間で輸出入される部品や中間財を意味しており－したがって、FVA に分類されている－RVC の進展を示すものである。

③図7の DVA は、1国の場合の総輸出に占めるそれとは異なり、「国内 (domestic)」と表現されているが実際は ASEAN 域内で創られた付加価値を意味している。したがって、この場合「国内付加価値 (DVA)」を創るのは在 ASEAN の現地企業 (local firms) と外国企業 (foreign firms) の両者であって、ASEAN の現地企業だけによるものではないということになる。

第11章　ASEAN経済共同体（AEC）とリージョナル・バリュー・チェーン（RVC）

④DVX の内の「ASEAN 外部で体化された」DVX は、ASEAN 域内で外国企業が創り出した DVA の中で最初の輸入国を経由して第3国へ再輸出される輸出品に含まれる中間財およびサービスに体化されているものを意味する。

(2)　RVC の進展と ASEAN 経済統合の実態

本報告書の作成者達は次のように述べている。すなわち、①AEC の発足に向けて近年対 ASEAN 直接投資が急増してきている。それには ASEAN による投資環境と外資政策の改革が貢献した。その結果、ASEAN 域内に生産網が形成され RVC が進展してきている。②中間財や部品を含む製造業の ASEAN 域内貿易（輸出と輸入）は、2000年から2013年の期間に年率12％で増加してきている。③ASEAN の総輸出に占める ASEAN 域内製造業の付加価値投入額は1990年の560億ドルから2011年の5,140億ドルへとこの20年余で10倍近くも増加してきている（*ibid.*: 105）。しかし、彼らが言うように真に RVC が進展し ASEAN の経済統合の強化＝実態のある ASEAN 経済共同体（AEC）が構築されているかどうか、ここで我々の見解をまとめて示しておくことにしよう。

まず第1に指摘できることは、現在に至るも ASEAN の輸出に占める輸入の割合（つまり、FVA の割合）が高いことである。1980年代半ば以降現在まで ASEAN が採用してきている開発政策は外資依存の輸出指向型工業化政策（EOI）であるが、単に外資に依存するだけでなく輸入とりわけ先進国からの部品や中間財に対する依存度が高い。表5「ASEAN の総輸出に占める外国付加価値（FVA）の割合―1990年と2011年―」が示すように、ASEAN の全産業の FVA の割合は2011年で37％であるが、産業毎に大きな差異がある。同じく2011年を採ると、一次産業（10.1％）とサービス産業（21.9％）が全産業の平均を大きく下回っているのに対して、製造業（45.8％）は大きく上回っており、とりわけ ASEAN の二大製造業部門である電機・電子（53.5％）と輸送機器（62.5％）においては50％を越え非常に高い割合を記録している。このことは、近年の対 ASEAN 直接投資（FDI）の急増によって、FDI の輸出誘発効果が働いたことを示唆している。

第2に指摘すべきは、「国内付加価値（DVA）」に関係することである。すでにふれたように、この場合の「国内付加価値」の生産者は在 ASEAN の現地企業と外国企業の両者が含まれ、本報告書も認めているように後者が主導的

表5　ASEAN の総輸出に占める FVA（外国付加価値）の割合—1990年と2011年—

(単位：%)

|  | 1990年 | 2011年 |
| --- | --- | --- |
| 全産業 | 34.1 | 37.0 |
| 一次産業 | 7.5 | 10.1 |
| 　農林漁業 | 8.3 | 16.0 |
| 　鉱業・採石業・石油 | 7.2 | 7.4 |
| 製造業 | 44.4 | 45.8 |
| 　電機・電子 | 54.9 | 53.5 |
| 　輸送機器 | 72.7 | 62.5 |
| 　機　　械 | 47.4 | 46.2 |
| 　繊維、衣料および皮革 | 32.2 | 37.3 |
| サービス産業 | 18.6 | 21.9 |
| 　貿　易 | 24.9 | 31.3 |
| 　金　融 | 27.7 | 30.8 |

(出典) 図1に同じ。p. 114.

な役割を果たしている (*ibid*.：115)。つまり、多国籍企業による ASEAN 現地での生産＝販売活動が盛んになっていると考えられる（市場指向型直接投資）。例えば、図8「日本と米国の ASEAN への輸出と日本と米国の子会社の ASEAN での販売—1995-2013年—」が示すように、1995から2011年の期間を採ると、日米両国の対 ASEAN 輸出は1,000億ドルないしそれ以下で横ばいであり伸び悩んでいるのに対して、現地販売額は日米両国とも約1,000億ドルから日本は4,000億ドル以上へ、米国は5,000億ドル以上へと4〜5倍の急増を見せているのである。このことは、FDI の輸出代替効果が働いたことを示唆している。

　第3に、多国籍企業の子会社は、上記のように ASEAN 現地での生産＝販売を増加させるだけではない。彼らは国際競争力を高め ASEAN からの輸出を増加させている（効率追求型直接投資）。換言すれば、彼らは ASEAN 現地での生産＝販売で主導的役割を果たしているのみならず、ASEAN からの輸出の主要な担い手になっているのである。このことは、表4の DVX の「ASEAN 外部で体化されたもの」の割合が「ASEAN 内部で体化されたもの」のそれを大きく上回り（2011年を採ると約3倍）、かつ1990年の13.9%から2011年に

## 第11章 ASEAN経済共同体（AEC）とリージョナル・バリュー・チェーン（RVC）

### 図8 日本と米国のASEANへの輸出と日本と米国の子会社のASEANでの販売
―1995-2013年―

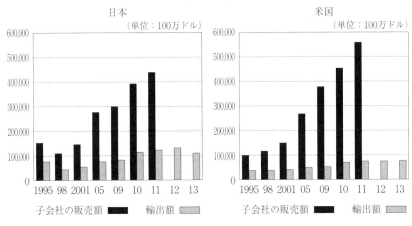

(出典) 図1に同じ。p. 117.

18.5％へとその割合を上昇させていることに反映されている。

　第4に、このようにしてASEANのGVCとRVCへの参加度は高まってきた。もともとASEANのGVCとRVCとの間には密接な関係がある。ASEAN域内で生産された中間財や最終財の大きな部分は、ASEAN外でさらに付加価値を付けるためまたは消費するために生産されており、そうした形でRVCとGVCとは結びついている。

　しかしながら第5に、GVCとRVCとは密接に結び付いているものの、両者の間には大きな差異がある。2011年を採って見ると、ASEANのGVC参加度は61.9％となっており、他方RVCの参加度は12.9％であって5分の1に過ぎない。このように両者の間に大きな格差が生じる主たる理由は、①ASEANの総輸出に占めるFVAの割合が高いこと、②ASEANのDVAの主たる生産者は多国籍企業の子会社であること、換言すればASEAN域内で生産された中間財や最終財の大きな部分は外国企業によるものであること、③他方、RVCが示すASEAN諸国間の取引は、1990年の4.0％から2011年の6.4％へと伸びてきてはいるが僅か数％であり、RVCの進展の程度は低位であり、多国籍企業が主導するGVCの中で副次的な役割を果たしているに過ぎないこと、したがって⑤ASEANへの輸入のみならずASEANからの輸出においても多

国籍企業が主導的な役割を担いASEAN現地企業のそれは限定的であること、である。

現在の多国籍企業は、東アジア大（ないし世界大）の企業戦略を展開しており、東アジアの一部を構成するASEANに対してもその視野からGVCの延伸を図っている。その結果、①GVCが産み出す利益の配分において多国籍企業とASEANとの間に不平等が生じ、②ハイテクを有する多国籍企業により国内市場の大きな部分が占拠されるためASEAN現地企業によるRVCの進展は限定的であり、③AECが発足しても域内貿易比率も域内投資比率も低位で経済統合が進まずASEANが実態のある経済共同体へと発展できていない、ということになる。その好例として、本報告書のコラム記事「タイ自動車産業におけるGVC：1990-2011年」（*ibid.*：129-130）を挙げることができよう。①この期間にタイにおける自動車産業の総生産額は340億ドルでありその内輸出が78％を占めていた。しかし、②輸出に占めるDVAは僅か25％に過ぎなかった。③輸出に占めるDVAが25％だったので、FVAは75％になる。したがって、④タイの自動車産業が輸出によって得る稼得の内75％を多国籍企業が入手することになる。⑤タイ自動車産業に登録している1,300社の内わずか4％を占めるに過ぎない52の多国籍企業の子会社が全産出の56％を生産している。⑥これらの多国籍企業の子会社は国内生産のみならず、輸入＝後方GVC参加も輸出＝前方GVC参加も支配している。FVAの27％と輸出の65％はいずれも多国籍企業の企業内取引であると推計されている。ASEANにおける自動車生産のトップランナーであるタイの自動車産業の現状がこれでは、ASEANの自動産業での域内取引や域内投資したがってRVCが低位に留まらざるをえないのも首肯できよう。こうした、多国籍企業とASEANの利益配分の現状を改善しASEANを実態のある経済共同体へと発展させるためにはどのような政策を採用すべきか。この問題について、最後の第4節「展望」で考察したい。

## 4　展望——今後ASEANが採用すべき政策

### 1　GVCの利益配分において先進国と途上国間で不平等が生じる原因

Rashmi BangaはGVCの利益配分において途上国のそれがなぜ少ないかと

問題を設定し、その原因には1）対外的な制約と2）対内的な制約があるという（Banga 2015：45-47）。

1）対外的な制約として、彼女は次の2つを挙げている。

①GVCの大部分が先進国の多国籍企業－とりわけ主導企業（lead firms）－によって形成されていることにある。多国籍企業は現地企業がGVCの高付加価値の分野に参入することを阻止したり排除したりすることができることである。

②繊維や皮革、履物のような低技術の産業部門においては多国籍企業でも付加できる価値が僅かであるため、途上国が参入しても限界がある。

2）対内的な制約として、次の3つを挙げている。

①生産と関係する制約がある。すなわち、国内企業の技術水準が低い。それが低生産性と低品質をもたらし、国際競争力を欠き国際標準を満たすことができなくなる。

②市場アクセスと関係する制約がある。すなわち、情報の欠如および市場と消費者の選好に関する認識の欠如がある。市場アクセスは、生産者の技術水準とインフラの整備に決定的に依存している。生産および市場アクセスの制約は、金融の制約と密接に関係している。

③政策と関係する制約がある。すなわち、GVCに参入しようとする政策立案者の能力と意思が欠如している。

## 2　途上国がGVCの利益配分を高めるために開発すべき能力

対外的および対内的な制約を克服するためには、以下の6つの基礎的な能力を開発する必要があり、これら6つはいずれも相互に関連しており同時的に開発していく必要がある、と彼女は言う（*op.cit.*：47-52）。

1）情報を持った生産者（informed producers）。生産者は彼らの製品を世界の消費者に届けるために情報を入手し国際競争力を高める能力を開発する必要がある。

2）技術革新とR&D。それは、GVC［の階梯］における上昇［upgrading。低付加価値段階から高付加価値段階への上昇を意味する］に貢献する。

3）技能の開発。高付加価値のRVCを形成するために技能開発において地

域協力を行うことは、GVC において上昇することと同様に、地域協力から得られる利益を極大化する上で重要な前進となる。

4) 適切なインフラと金融。

5) 適切な制度と国内の規制。適切な制度を設けて国際標準を遵守することは途上国が GVC に参入するための新たな課題になってきている。また、外資政策と国内の規制が、GVC における途上国の生産者の交渉力を改善する。外資政策と国内の規制は、GVC 内でのガバナンスと力関係を途上国の生産者に有利なように改善する上で重要な役割を果たすことができる。

6) 市場指向と市場の情報。

以上が Rashmi Banga の GVC における利益配分に関する見解であるが、それは「ASEAN 経済共同体（AEC）とリージョナル・バリュー・チェイン（RVC）」の関係を明らかにするという本稿の主旨に重要な示唆を与えてくれるものである。その理由は次のようである。

第1に、外資依存の輸出指向型工業化政策（EOI）に沿って ASEAN 経済共同体を構築するために GVC に ASEAN が参加することが利益をもたらす保証がないことである。それを実証するのが GVC の利益の配分が不平等であるという事実である。また、GVC に包摂された RVC によっては経済統合の実態がある ASEAN 経済共同体を構築できる保証もないことである。

第2に、しかし、そのことは GVC や RVC への参加を軽視ないし無視することや拒否することが ASEAN にとって政策の選択肢として適切なものであることを決して意味する訳ではないことである。

第3に、重要なことは、Rashmi Banga が強調しているように、GVC や RVC に成功裏に参加してそれが産み出す利益の配分を改善できる政策を探求し採用することである。彼女が上記の3）技能開発において「高付加価値の RVC を形成するために技能開発において地域協力を行うことは、GVC において上昇することと同様に、地域協力から得られる利益を極大化する上で重要な前進となる」と述べていることは ASEAN の地域経済協力にとっても示唆に富むものである。否むしろ、上記の6つの能力開発の－それらは相互に密接に関連しているため－全てにおいて ASEAN は地域協力の政策を今後具体化し採用することが真の ASEAN 経済共同体の構築に貢献するに違いない。

## 3　ASEAN が今後採用すべき外資政策

　ASEAN が今後採用すべき政策として、最後に外資政策を取り上げ検討することで本稿を締め括りたい。Richard Baldwin は、途上国が自国の工業化を目指し GVC に参加するためには多国籍企業による FDI を誘致する必要がある、そのためには先進国からの資本移動の自由や知的所有権の保護等の要求を受け入れるべきであり、そうした要求を盛り込んだ BIT や FTA を締結すべしと主張していた。そして、我々は ASEAN 諸国が Baldwin の指し示す方向で投資環境と外資政策の改革を行ってきたことも明らかにした（前掲、表3、参照）。

　ところで、GVC 時代の投資協定の内容はそれまでのものから大きく変化してきていることに留意する必要がある。『通商白書』（経済産業省 2015：299）は、従来の投資協定は投資財産と投資家の保護を主目的としており「投資保護協定」と呼ばれていた。しかし1990年代に入ると投資保護に加えて、投資設立段階の内国民待遇や最恵国待遇、パフォーマンス要求の禁止、外資規制強化の禁止や漸進的な自由化の努力義務、透明性（法令の公表、相手国からの照会への回答義務等）、等を盛り込んだ「投資関連協定」へと大きく変化してきたという。つまり、単なる投資保護から、外国投資に活動の大幅な自由化を認め、受入国に自由化を遵守する義務を課して規制を制限ないし撤廃する、という内容に変貌してきているのである。

　Yilmaz Akyuz（2015）は、外国直接投資（FDI）が途上国に何の利益も齎さないというのではない。むしろ、FDI の受入国の政策が FDI のインパクトを決める上で重要な役割を果たす。にも拘らず、過去20年間に FDI の自由化が急速に進行し、多国籍企業に対して途上国が採りうる政策の余地が無くなってきている。それを示す指標として BIT の締結数の増加がある。FDI に対する自由放任的なアプローチは大きな利益を齎さないのであって、良いというよりむしろ有害である。成功例は、FDI を導入できた諸国とは限らず、介入によって特定の産業（specific industries）を育成する目的で自国の産業政策（national industrial policy）を実施している諸国に見られる、と主張している（*ibid.*：1-2）。

　Akyuz は、彼の主張を GVC の問題と結び付けて以下のように述べている（*ibid.*：19-25）。

①FDI には内向き型と外向き型の2つのタイプがある。前者は国内市場での販売を、後者は海外市場での販売＝輸出、を目的にしている。後者は輸出指向型工業化政策（EOI）に適合的であり、GVC の形成を牽引する。

②GVC に参加している途上国では、FVA（総輸出に占める輸入）の割合が高い場合が多い。こうした場合、途上国は輸出指向を高めるよりも輸入の割合を減らす方が DVA を増加させて GDP や雇用等の増加に繋がる。

③DVA を増加させるためには、輸入代替を行うことである。それまで輸入していた高付加価値の部品や中間財を国内生産で代替することである。

④そのためには、途上国が産業政策を採用する必要がある。輸入代替を行い、産業政策を採用するには、自由放任の外資政策を見直す必要がある。

こうして、Yilmaz Akyuz の見解は、「外資政策と国内の規制が、GVC における途上国の生産者の交渉力を改善する。外資政策と国内の規制は、GVC 内でのガバナンスと力関係を途上国の生産者に有利なように改善する上で重要な役割を果たすことができる」という Rashmi Banga のそれと一致する。それはまた、Robert H. Wade（2015）が言うようにグローバル経済危機後の開発戦略再検討の中で途上国の政策立案者は産業政策に注目すべしという最近の方向とも合致する。

ASEAN は、1980年代半ばに外資依存の輸出指向型工業化政策（EOI）に転換し、その開発戦略の路線上に AFTA を締結し AEC を発足させて、今日に至っている。この政策が継続されてきた根底には外資の導入こそ ASEAN の経済発展の鍵を握るという「神話」があった。しかし、「現実」は－GVC や RVC への参加が示すように－利益の不平等な分配であり、実態のある ASEAN 経済共同体の形成に成功していないということであった。ASEAN は今、地域協力機構の構築という設立の本旨に立ち返って加盟10カ国が一致協力して、その開発戦略と外資政策を見直すべき時に来ていると言えよう。

【注】
1）「市場統合の新理論」については、Robson 1998：chapter 7 The new economics of market integration, 等参照。
2）西口 2016b。
3）本報告書は、ASEAN Investment Report Series、の第2番目のものである。このシ

第11章　ASEAN経済共同体（AEC）とリージョナル・バリュー・チェーン（RVC）

リーズは、ASEAN 事務局とUNCTAD（国連貿易開発会議）の「投資と企業の部門（Division on Investment and Enterprise：DIAE）」が協力して行っているプロジェクトであり、両機関の協力は2012年から始まった。これまでに、ASEAN Secretariat and UNCTAD-DIAE（2013；2014；2015）、の３つの報告書が刊行されている。本シリーズの準備と執筆という中心的な役割を担っているのは、UNCTAD-DIAE に所属する Kee Hwee Wee と Hafiz Mirza の両氏である。なお、第１番目の報告に関しては、両氏がその紹介論文を発表している（Wee and Mirza 2014）。

4） 本稿では Richard Baldwin と Rashmi Banga の見解を対置して以下考察していくが、ここで GVC 研究の動向についてふれておきたい。Neilson, Pritchard and Yeung 2014 の優れたサーベイ論文がいうように、GVC 研究は2010年代に新しい局面に入った。無論 GVC 研究のテーマは多岐に亘るが、その嚆矢と目されている研究がいわゆる「世界システム論」に属する Gary 等（1994）によって始められたこともあり、南北間の価値の不平等な配分に焦点が当てられてきた（Kaplinsky 2000、Gereffi, Humphrey and Sturgeon 2005、小井川 2008、小池 2010、等、参照）。Rashmi Banga の見解はこの系統を汲む新しい研究ということができる。他方、2010年代に入ると世界の主要な国際機関（OECD, WTO, UNCTAD, 等）が果たす役割が大きくなる。これらの機関は、まず付加価値貿易（Trade in Value Added, TiVA）の計測とデータベースの作成を行い、それを踏まえて GVC に参加することの意義と途上国の開発政策に対する新たな提言を行っている（OECD, WTO and UNCTAD [2013]、等参照）。Richard Baldwin の見解はこの系統を汲む代表的な研究と言える。

5） DVX（Domestic Value Exported）という術語は、上記の OECD-WTO（2016）では使用されていない。同様の説明を行っている、ASEAN Secretariat and UNCTAD-DIAE（2014：109）から筆者が引用したものであることをお断りしておきたい。

6） Richard Baldwin は GVC ではなくて GSC（Global Supply Chain）という術語を使用しているが、両者の語意はほぼ同じであるので、本稿では GVC を用いることをお断りしておきたい。

7） この TiVA Database には ASEAN 10カ国の内ラオスとミャンマーのデーターは含まれておらず、ASEAN 8カ国のみのそれが掲載されていることを付言しておきたい。

【参考文献】
日本語文献
石川幸一・朽木昭文・清水一史編著『現代 ASEAN 経済論』（2015）文真堂。
浦田秀次郎・牛山隆一・可部繁三郎編著（2015）『ASEAN 経済統合の実態』文真堂。
エスカット，ユベール・猪俣哲史編著（2011）『東アジアの貿易構造と国際価値連鎖——モノの貿易から「価値」の貿易へ』アジア経済研究所。
小井川広志（2008）「グローバル・バリュー・チェーン（GVC）分析の展望——世界システム、アップグレード、ガバナンスの概念をめぐって」『経済学研究』第58巻第３号。
大泉啓一郎・副島功寛（2015）「ASEAN 経済共同体発足を見据えた域内サプライチェーンの拡充——タイにおけるサイエンスシティの構築と意義と可能性」『環太平洋ビジネス

情報 RIM』Vol. 15, No. 56。
経済産業省（2015）『通商白書』。
小池洋一（2010）「グローバル・バリュー・チェーンと開発」『立命館経済学』第58巻第5・6号。
西口清勝（2014）「ASEAN 域内経済協力の新展開とメコン地域開発」西口清勝・西澤信善編著『メコン地域開発と ASEAN 共同体──域内格差の是正を目指して』晃洋書房、第 1 章。
─────（2016a）「ASEAN 共同体の成立と域内経済協力（その 1 ）」、『立命館経済学』第 64巻第 4 号。
─────（2016b）「ASEAN 共同体の成立と域内経済協力（その 2 ）」、『立命館経済学』第 64巻第 6 号。
三浦有史（2016）「ASEAN 経済共同体（AEC）の行方──日中の狭間で揺れる 6 億人市場の帰趨」『JRI レビュー』Vol. 3, No. 33。

英語文献

Akyuz, Yilmaz (2015) "Foreign Direct Investment, Investment Agreements and Economic Development: Myths and Realities," *South Centre Research Paper*, No. 63, October, Geneva, Switzerland.

ASEAN Secretariat (2008) *ASEAN Economic Blueprint*, Jakarta, Indonesia.

───── (2015a) *A Blueprint for Growth ASEAN Economic Community 2015: Progress and Key Achievements*, Jakarta, Indonesia.

───── (2015b) *ASEAN Integration Report 2015*, Jakarta, Indonesia.

ASEAN Secretariat and UNCTAD-DIAE (2013) *ASEAN Investment Report 2012: The Changing FDI Landscape*, ASEAN Secretariat, Jakarta, Indonesia.

───── (2014) *ASEAN Investment Report 2013-2014: FDI Development and Regional Value Chain*, Jakarta, Indonesia.

───── (2015), *ASEAN Investment Report 2015: Infrastructure Investment and Connectivity*, Jakarta, Indonesia.

Baldwin, Richard (2012a) GLOBAL SUPPY CHAINS: WHY THEY EMERGED, WHY THEY MATTER, AND WHERE THEY ARE GOING, *CTEI Working Papers*, Centre for Trade and Economic Integration (CTEI) at the Graduate Institute of International and Development Studies, Geneva, Switzerland, July 2012.

───── (2012b) "WTO 2.0: Global governance of supply-chain trade," *CEPR Policy Insight*, No. 64, December, Centre for Economic Policy Research (CEPR), London, UK.

Banga, Rashmi (2015) "Measuring value in global chains," *Transnational Corporations*, Vol. 21, No. 3, UNCTAD, Geneva, Switzerland.

Chia, Siow Yue (2013) "The ASEAN Economic Community: Progress, Challenges, and Prospects," *ADBI Working Paper Series*, No. 440, October, Manila, the Philippines.

Chia, Siow Yue and Michael G. Plummer (2015) *ASEAN Economic Cooperation and Integration: Progress, Challenges and Future Directions*, Cambridge University Press.

第11章　ASEAN経済共同体（AEC）とリージョナル・バリュー・チェーン（RVC）

Gereffi, Gary and Miguel Korzeniewicz eds.（1994）*Commodity Chains and Global Capitalism*, Westport, CT : Preager.
Gereffi, Gary, John Humphrey and Timothy Sturgeon（2005）"The Governance of Global Value Chains," *Review of International Political Economy*, Vol. 12, No. 1.
Inomata, Satoshi（2013）"Trade in Value Added : An East Asian Perspective," *ADBI Working Paper Series*, No. 451, December, Manila, the Philippines.
Kaplinsky, Raphael（2000）"Globalisation and Unequalisation : What Can be Learned from Value Chain Analysis?," *Journal of Development Studies*, Vol. 37, No. 2.
Lamy, Pascal（2013）"Global value chains, interdependence, and the future of trade," *CEPR's Policy Portal*, 18 December, Centre for Economic Policy Research（CEPR）, London, UK.
Neilson, Jeffrey, Bill Pritchard and Henry Wai-chung Yeung（2014）"Global value chains and global production networks in the changing international political economy : An introduction," *Review of International Political Economy*, Vol. 21, No. 1 February.
OECD -WTO（2013）OECD -WTO Database on Trade in Value-Added : Preliminary results, 17 January.
──── （2015）Trade in Value Added（TiVA）.
──── （2016）Global Value Chains "Trade in value-added and global value chains : explanatory notes", 28 January.
OECD, WTO and UNCTAD（2013）*Implications of Global Value Chains for Trade, Investment, Development and Jobs*.
Robson, Peter（1998）, *The Economics of International Integration*, Fourth Edition, Routledge, London and New York.
Wade, Robert, H.（2015）"The Role of Industrial Policy in Developing Countries," in Calcagno, Alfredo and others eds., *Rethinking Development Strategies after the Financial Crisis*, Vol. 1 : *Making the Case for Policy Space*, UNCTAD, United Nations, New York and Geneva.
Wee, Kee Hwee and Hafiz Mirza（2014）"The Changing FDI Landscape in ASEAN," *Transnational Corporations*, Vol. 22, No. 1, UNCTAD, Geneva, Switzerland.

# 第12章
# アメリカの東アジア回帰
―― 成果、原因、影響

<small>チャン・チェンジィァン</small>
張　振江

　オバマがホワイトハウスの主となってから、とくに2011年秋以降に生じたオバマ政権の対外政策における1つの顕著な変化こそ、アメリカがアジア太平洋地域に一層踏み込む姿勢を強めたことである。ここ数年を振り返ると、アメリカは明確な戦略的リーダーシップを確立しただけでなく、一連の有効な政策を打ち出し実施した。例えば、外交では国家間の新たな協力関係を広げたこと、軍事では伝統的な同盟関係を強めたこと、経済では積極的に環太平洋パートナーシップ協定（以下、TPP）の交渉を積極的に推進して初歩的な完成を見たことなど、枚挙に遑がない。さらには、アメリカは「アジア・リバランス」を一層広げる姿勢をとっており、例えば、オセアニアとインド洋は既にアメリカのアジア太平洋戦略の中に組み込まれている。本稿では、まずアメリカの東アジア回帰政策の登場とそこで得た成果について論述し、この政策が登場した背景と原因を分析したうえで、この戦略の将来的な発展可能性およびその挑戦性と問題性を提示し、最後に、この戦略の中国および台湾海峡関係に対する影響について重点的に分析する。

## 1　政策とその成果

　アメリカの東アジア回帰政策には、「アジア回帰」（back in Asia）、「アジア太平洋回帰」（back to Asia-Pacific）、アジアへの「リバランス」（rebalancing）化、「太平洋機軸」（pivot to Pacific）など、複数の呼称がある。本稿で論ずる対象が東アジア諸国に限定されることから、以下では「東アジア回帰」に呼称を統一する。この政策を説明した代表的な人物は、アメリカの前国務長官ヒラリー・

クリントンである。2009年7月下旬に ASEAN の会議に参加した際、早くもヒラリーは、アメリカは「アジアに回帰する」べきだと宣言した。その後、国務省の様々なレベルの官僚が、アメリカの東アジア回帰について、幾度も様々な表現で提起した。2011年11月、ヒラリーはハワイのイースト・ウエスト・センターで「アメリカの太平洋世紀」と題して演説し、その後、この演説原稿が『フォーリン・ポリシー』誌に掲載されることで、アメリカの東アジア回帰政策に関する代表作となった。ヒラリーは演説の中で明確に「政治の未来はアジアが決めることになる。アフガンやイラクではない。したがって、アメリカが（このたびの）行動の中心となるだろう」と述べている。

この戦略的な政策宣言の導きの下で、アメリカは積極的に東アジア回帰の道を歩み始め、外交、軍事、経済などの領域で注目すべき成果を勝ち取った。

外交では、アメリカはジョージ・ブッシュ政権時の ASEAN 主導による一連の会議への消極的態度を一新し、国務長官、国防長官などの高級官僚が積極的に ASEAN 関連会議に参加するようになった。2010年10月下旬、ヒラリー・クリントンは意気揚々と東アジアを2週間歴訪し、前後してベトナム、カンボジア、マレーシア、パプアニューギニア、ニュージーランド、オーストラリアなどを訪問した。ベトナムでは、ヒラリーはオブザーバー国代表の身分で ASEAN 首脳会議に出席し、アメリカの ASEAN 首脳会議加入を成功させ、ASEAN 首脳会議の構成員を「10＋6」から「10＋8」に変化させた（アメリカと同時にロシアも加入した）。ASEAN 首脳会議への加入は、アメリカが既存の東アジア地域における協力体制に制度的に入り込むという一大成果となった。アメリカの政府関係者は、ヒラリーの今回のアジア太平洋歴訪の目的はアメリカと太平洋近隣国とのより緊密な連携の強化を追求することにあり、同時に、アジアの大国との「冷静かつ建設的な外交関係」を発展させることにあると述べている。ヒラリーの歴訪は、オバマ政権がアジア太平洋国家との関係を強化していくという明確なシグナルだったと言える。アメリカの吸引力と圧力という硬軟両様の措置の下、多くのアジア太平洋諸国もアメリカに歓迎を示すと共に、これに伴って自国の対外政策を調整し始め、アメリカをアジア太平洋に関わる事業に引き入れようとさえしている。最も顕著なのは、アメリカと東南アジア諸国との関係の急速な強化であり、2009年にアメリカは「東南アジア

友好協力条約」に署名し、1年後のASEAN首脳会議参加のために基盤を固めた。また、アメリカと東南アジア諸国は年度ごとにアメリカ・ASEAN首脳会議を開くことを確定した。2012年末、アメリカは、さらに、専らASEANとの経済関係の強化を目的とするE3計画 (US-ASEAN Expanded Economic Engagement) を提起した。[4] 伝統的な東南アジアの同盟国との外交関係を強化するだけではなく、幾つかの伝統的に敵対している国との関係をも改善し、とくに、アメリカとミャンマーの関係は実質的な前進が図られた。

　軍事では、アメリカと伝統的な同盟国である日本、韓国、フィリピン、シンガポール、オーストラリアとの関係がより一層強化された。例えば、アメリカはオーストラリア、シンガポール、フィリピンなどで駐留軍と武器配備の強化を行っている。[5] 同時に、アメリカは軍事協力が可能な新たな盟友との関係を発展させており、とくにベトナムとは、2012年6月3日から5日まで、国防長官パネッタがシンガポールで開かれたアジア安全保障会議（シャングリラ対話会）に出席した後、ベトナムに3日間にわたる訪問を実施し、期間中パネッタはカムラン湾の元米軍基地を視察し、また、ベトナムのグエン・タン・ズン首相、フン・クアン・タイン国防部長と前後して会見を行い、両国の軍事協力の見通しについて検討した。パネッタは、これによりベトナム戦争終結後にカムラン湾を初めて訪問したアメリカの国防長官となり、このことはアメリカとベトナムの軍事協力が全面的に活発化する前ぶれと見なされた。[6]

　アメリカがアジア太平洋地域で獲得した最も顕著な成果は、経済の領域である。冷戦末期のAPEC初期から新世紀までに、シンガポール、韓国とそれぞれ自由貿易協定に署名していたように、アメリカは一貫して経済の領域から東アジア地域に参入しようと企図していたのである。しかし、真の意味での突破は、2009年以来アメリカが主導するTPP交渉のプロセスにおいてだった。TPPの前身は「太平洋3カ国間経済緊密化パートナーシップ」(Pacific Three Closer Economic Partnership, 略称P3-CEP) であり、これはチリのラゴス大統領、シンガポールのゴー・チョクトン首相、ニュージーランドのクラーク首相により、2002年にメキシコのロス・カボスのAPEC会議において共同で提起されたものである（ただし、APECの議事には属していない）。その後、3カ国が交渉を開始し、ブルネイが2005年4月に第5回交渉に加わった。4カ国は最終的に

2005年6月3日に交渉をまとめ上げて協定に署名する。正式名称は「環太平洋戦略的経済連携協定」(The Trans-Pacific Strategic Economic Partnership Agreement) といい、「P4」と略称された。この協定は2006年5月28日から発効し、2006年から4カ国間で相互貿易関税の90％の廃止を、さらに2015年には全ての関税の撤廃を取り決めた。協定の本文は20章196条から成り、各章の標題は、冒頭条項、一般的概念規定、貨物貿易、原産地規定、関税手続き、貿易救済措置 (trade remedies)、衛生植物検疫措置 (sanitary and phytosanitary measures)、貿易の技術的障害 (technical barriers to trade)、競争政策 (Competition Policy)、知的財産権、政府調達、サービス貿易、一時的入国 (Temporary Entry)、透明性、紛争解決体制、戦略的パートナーシップ、管理と制度の条項、一般条項、一般的例外、最終条項となっている。内容から見て、この協定内容はかなり全面的なものであるが、主要には協定国が人口も経済規模も相対的に小さい（いずれも人口1600万人未満）国家であることから、この協定は国際的範囲における多大な注意を引き起こしてはいなかった。

　だが、アメリカの加入が予想された未来を完全に変えた。2008年2月、アメリカ政府はP4諸国と金融サービス業界を開放する初歩的な交渉を試み、9月に同協定に参加する取り組みを正式に発動させると宣言した。オバマ政権がホワイトハウスの主となってから停滞気味ではあったが、2009年11月以降、交渉を正式に再開したのである。アメリカの介入とリーダーシップはすぐに国際社会の注目を集め、次第に多くの国家がこのプロセスに加わるようになった。2010年3月15日、ペルー、オーストラリア、アメリカが共にP4諸国と初のTPP交渉を始め、「環太平洋戦略的経済連携協議」は「環太平洋パートナーシップ協議」と改称した。その後、マレーシア、ベトナム、メキシコ、カナダ、日本が相次いで加入し、参加国は12カ国に広がり、5年半に及ぶ20回余りの交渉を経て、2015年10月5日、アメリカのジョージア州アトランタで行われた閣僚会議で遂に基本的な合意がまとめられた。2016年2月4日に、12カ国がオークランドで正式にTPP協議に署名した。現在の経済試算によると、参加12カ国を合わせると全世界の経済総量の40％を占めており、1万8000種類近くに及ぶ商品に対する関税の低減または減免を表明したことに加え、TPPは多くの関税以外の内容をも包括しており、「全面的」「広範囲」「高水準」と言う

べきなのである。[9]

## 2 原因の分析

アメリカの東アジア回帰の動機を分析する前に、これと関連する2つの問題について理解しておく必要がある。第1に、「回帰」とは相対的な概念だということである。なぜならアメリカは実際には東アジアから離れたことがなく、たとえ冷戦終結や反テロ対策に追われた時期であっても、アメリカは依然として、例えばAPEC設立の呼びかけといった活動には積極的に参与していたからである。ただ、冷戦時期のアメリカの東アジア、東南アジアにおける軍事戦略に対する注目度と介入度と比べると低下していると言うしかないので「回帰」と表現されるのだが、実際にアメリカもこうした言い方については絶えず修正しており、東アジア回帰は、例えば、「アジア太平洋リバランス」、「アジア太平洋機軸」などと言い換えてもいるのだ。第2に、オバマ政権のこうした戦略に関する明示化は2011年秋だったが、この戦略は、過去数年間にすでに展開していた政策行動に対する1つの総括であり、未来におけるアメリカの戦略調整に対する1つのガイドラインでもあることを公表した点である。実際に、ジョージ・ブッシュ政権の後期にはすでに東アジア回帰への歩みを始めていた。現在のオバマ政権は、こうした戦略と政策調整をさらに強化し明示化したに過ぎないのである。

アメリカの東アジア回帰には、国内、世界、地域という3つのレベルにおける背景、原因、動機が存在している。

国内レベルの直接的原因はアメリカの経済状況が改善されたこと、即ち輸出の促進、就業の増加、経済の繁栄にあった。この点は、アメリカの通商代表がTPP加入を宣言した演説の中でも明白に表れている。「アメリカ通商代表部がこの計画を実施し始めた時、我々は、アメリカの労働者、農民、農場主、製造業者、サービス業者などが過去とは異なる挑戦に直面していると認識していた。まさに、これにより環太平洋パートナーシップ計画は、我々のために現有の貿易協定の不十分な点に対応するものを提供できるのであり、21世紀の貿易協定の前進のために基準を設定するのである。」「TPPの枠組みの下における

高水準の区域貿易協定はアメリカ国民の就業と経済繁栄を援助し得るものであり、これもまさに貿易の目的と約定なのである。」この目的は、近年、国際金融危機の影響の余波がまだ消えておらず、アメリカ国内の経済が依然として不景気であるという背景において、さらに人心を奮い立たせ、民衆を団結させ、政府の威光を高めることができる点にある。

　世界レベルの背景は、アメリカの貿易政策の多国間主義から二国間主義やリージョナリズムへの転換である。第二次世界大戦以来、GATT の創設および戦後の世界経済におけるリーダー的役割により、アメリカ政府は国際貿易体系における多国間主義を一貫して堅持し主導して、二国間やリージョナリズム的性格の貿易協定に反対してきた。しかし、冷戦後に大国によるコントロールが弱まったことで、それぞれの地域レベルでの各種の協力、とりわけ欧州経済共同体の刺激は、アメリカを APEC や1994年にカナダ、メキシコと打ち立てた北米自由貿易協定（NAFTA）へ加入せざるを得ないように追い込んだ。しかし、世界貿易機関（WTO）の成立に伴い、アメリカは再び多国間主義への関心を強め、WTO が提起するドーハ開発ラウンドを積極的に計画し主導した。不幸なことに、ドーハ開発ラウンドの過程は困難で進展を見ず、世界的規模で二国間またはリージョナリズム的な貿易協定が雨後の筍の如く発展してきており、もし現在、自由貿易協定を持つあらゆる国家を１つにつなげれば、全世界はまさにきちんと区分けのできない一塊のヌードルとなってしまい、ある経済学者の言うところの自由貿易協定の「ヌードル（スパゲティ）ボウル現象」が生じるのも無理はない。こうした背景の下で、世界経済大国としてのアメリカは、貿易多国間主義は世界経済の覇権を握るための手段となるが、アメリカの対外経済政策の主流イデオロギーだとも言えるのである。しかし、世界の潮流の新たな発展と国家間競争の圧力の下で、ゆっくりと歩まざるを得なかったが、遅ればせながら同様の政策を開始したのだった。特殊な盟友としてのイスラエルと1985年に、またカナダとメキシコが1994年に北米自由貿易圏を成立させた時にアメリカと二国間自由貿易協定に署名したことを除いて、現在アメリカと正式に実施している二国間自由貿易協定は全て、新世紀になって漸く始まったものである。

　このように、TPP はアメリカが二国間主義とリージョナリズムに向かう新

たな発展だと言える。実際に、ジョージ・ブッシュ政権後期にはTPP加入の交渉を始めることはすでに決定していたものの、経済理念と主張が異なる民主党のオバマがホワイトハウスの主となってから、共和党政権のこうした貿易政策に大いに疑問が呈されて、これらの二国間的な自由貿易協定のプロセスは公然と停止が叫ばれた。しかし、間もなく、オバマ政権はジョージ・ブッシュの受け売りを始めたのだった。いわゆる党派間の争いや思想理念は、グローバル経済発展の潮流およびアメリカ経済の国内発展と国外競争の需要への奉仕を改変することができなかったのだ。実は、ジョージ・ブッシュは2006年に「アジア太平洋自由貿易圏（Free Trade Area of Asia-Pacific）」の概念を提起したことがあり、これをAPECの長期的目標に組み入れることにも成功した。日本、オーストラリアなどの同盟国から積極的な反響があったものの、容易に看取できる実際の運用の難度と政治の実現不可能性により、この戦略構想は実行し難かった[14]。そのため、TPPはかなりの程度で、アジア太平洋自由貿易圏戦略を実行する具体的な政策となったのだ。

地域のレベルでの重要な背景は、アメリカと日増しに発展する東アジア地域協力（East Asian Regionalism）関係である。東アジア地域協力とは、主に冷戦以降、とくに1997年の東南アジア金融危機以降に東南アジア諸国と日中韓3国（10＋3）が発展させてきた地域協力を指し、2005年の第1回東アジアサミット（East Asian Summit）の開催までに、インド、オーストラリア、ニュージーランドもこの過程に加わった（10＋6）。東アジア協力の発展に対し、アメリカは初めは注目していなかったが、9.11事件以降に新たな戦略的重点が存在するようになったことで、東アジアサミット以降に漸く重視し始めたのである。そのため、アメリカの東アジア回帰には、東アジア協力に対する戦略的背景があり、また、戦術レベルでの計算も少なくないのである。

戦略的レベルでは、アジア太平洋自由貿易圏戦略を結合させることで、TPPが、アメリカが東アジア協力関係をこじ開ける梃子であることは容易に看取でき、最終的な目的は環太平洋の配置を利用して、現在の東アジア協力関係を弱体化し、アメリカ自身が参与する合法性および未来のアジア太平洋が東アジア地域における主導力量でないことを確保する点にある。このことは、その後アメリカのTPP署名を釈明した時にオバマが、「中国のような国に世界

経済のルールを書かせるわけにはいかない ("we can't let countries like China write the rules of the global economy")」と大胆な発言をしたことに余すところなく示されている。ここ十数年来ますます発展する東アジア協力に直面して、アメリカは当初の無視あるいは軽視から、すでに正面から向き合う道を歩み出しているのである。オバマ政権のTPP計画を例にとると、アメリカ通商代表部の公式ウェブサイト上にTPPについて専門的に論じた文書が掲載され、そこには「アメリカのアジア太平洋における競争」の内容が示されている。その中で「ロバート・スコーブルの2001年のある研究は、アメリカを排除した東アジア自由貿易圏の静態が効果を軽視しているので、アメリカは毎年250億ドルの輸出の損失があり得ることを示している」と提起している。アメリカのTPP加入宣言と同時に発表された談話の中で、オバマは「東アジアサミットは現代的な挑戦に対応する過程でその役割を発揮していくに従って、アメリカはより正式な方法でこれと接触することを期待している」と述べた。このことから見れば、アメリカのTPP計画が東アジア協力関係を直接対象としているという、その考えと意図はメディア上に生き生きと表現されたと言えよう。

　戦術レベルでは、TPPはアメリカが東アジア協力関係に参入し、アジア太平洋地域配置を主導する近道だと言える。アメリカと東アジア地域の二国間貿易協定の道は決して平坦ではない。東アジア地域では、現在アメリカはシンガポールと韓国とのみ正真正銘の二国間貿易協定を締結している。タイ、マレーシアとの交渉は早くも発動されていたが、成果を得るのは困難な状況にあった。TPPが2008年9月に舞台に登場した後、オーストラリア、ペルー、ベトナム、マレーシアなどが積極的に呼応し、その凝集効果もすでに生じ始めており、日本の参入に伴い、より多くの東アジア諸国がその後に続くに違いないと信じたのである。アメリカ商工会議所は、現在アジア太平洋地域における150余りの特恵貿易地区戦略の中で(実際にはすでに175カ所で発効、20カ所で批准待ち、50カ所が交渉中)、アメリカが参入しているものは極めて少なく、TPPがあってのみ、「アメリカが積極的に同地域に参入できる手段を確保できるのだ」と表明している。

## 3　今後起こりうる調整

アメリカの東アジア回帰戦略の根本目標は2つある。1つは、アメリカのアジア太平洋における持続的な存在感とアジア太平洋経済の急激な発展から得られる利益を確保することである。もう1つは、アメリカのアジア太平洋地域における指導的地位の確保と維持である。この点について言えば、アメリカは、たとえポストオバマ時代のアジア太平洋戦略であっても大きな変化は生じ得ないであろう。それどころか、より堅固にし拡大する兆しが現れるに違いない。

まず、アメリカは伝統的な同盟国との関係を一層深化させるであろう。なぜなら、それがアメリカのアジア太平洋地域における存在感と発展の基礎を確保することになるからである。とくに軍事の領域では、例えば、オーストラリア、シンガポール、フィリピンの駐留軍や設備、各種軍事演習などを引き続き増加させる。この基礎の上で、アメリカは新たな協力相手を探し求めるであろう。例えばインド、インドネシア、ベトナム、ミャンマーなど、これらの新たなパートナーとは軍事上の協力と参加以外にも、経済と公共外交などの手段を用いて関係を向上させるであろう。例えば、アメリカとミャンマーの関係の発展は、とりわけ注目を集めよう。実際、アメリカの外交問題評議会（CFR）の専門家は習近平指導下の中国の新外交に対して、「地域の同盟国と外交、経済、軍事での協力を強めること」、「アジアにおける軍事的影響力を拡大して地域の平和と安定を確保すること」、「日本、韓国、オーストラリア、フィリピン、インドを導いて各々の間の協力関係を強化すること」、「地域内外の国家と自由貿易、地域安全保障、自由航行などの鍵となる議題において前進を勝ち取ること」などを継続しなければならないとすでに明確に提起している。[19]

次に、アメリカは調和と一致をより強めたアジア太平洋政策を打ち出すであろう。周知のように、アメリカの政治システムと構造は外交政策を多重に制約する。しかし、国会、ホワイトハウス、国防省、国務省がすでに協調を強めている兆しは見えている。例えば彼らは2013年予算の面では一致して国防支出の全体的削減を決定すると同時に、アメリカのアジア太平洋における支出予算は維持ないし増加したのである。[20]このほか、アメリカがアジア太平洋で「ソフト

パワー」を系統的に発揮すべきだと呼びかけている専門家も存在する。[21]

　最後に、アメリカはその眼中のアジアとアジア太平洋の地理的範囲をより一歩拡大させるであろう。最も顕著な変化は、南アジア地域、とくにインド洋沿岸のアジア諸国をその戦略範囲に含めたことである。東アジアに関わる実務を具体的に担う国務長官代理が、いかに太平洋とインド洋を結合してアメリカ外交の展開の中に組み入れるかといったことまで公言したのは、アメリカ戦略思考の「次の挑戦」を意味するであろう。アメリカ国会はすでに太平洋、東アジア、南アジアを融合した連合小委員会を組織し、関連する戦略問題について研究と意見聴取を始めている。そしてここ2年、アメリカとインドの軍事協力も明らかに増え始めており、このことはアメリカのアジアリバランス戦略を南太平洋地域に広げる計画がすでに進行していることを示している。[22]注目に値することは、地勢政治の概念として「インド－太平洋」が、すでにアメリカとアメリカの同盟国の政策と学界に出現し始めている点である。2012年にオーストラリア国防省が出版した『アジアの世紀におけるオーストラリア』白書（Australia in the Asian Century）では「インド－太平洋」の概念を使用しており、[23]2013年の国防白書では「インド－太平洋」との記述がなんと58回も登場してきており、明らかに中国とインドが台頭してグローバル大国および東アジア政治経済の要となったことにより、「インドと太平洋の単独戦略帯としての出現」が形成されつつあるのだ。[24]日本でも2013年の国防白書の中で9回にわたって「インド－太平洋」の概念に言及している。[25]2013年9月24～26日、日本の外務省はインド洋と太平洋沿岸の一部の国を招いて「いかに海上の交通安全を確保するか」と題する国際シンポジウムを開催した。ジブチ、イエメン、バングラデシュ、スリランカ、ケニア、インドネシア、マレーシア、ミャンマー、フィリピン、タイ、ベトナム、トンガ、パプアニューギニアの13カ国が出席し、「もしこれらの諸国が1つの線、即ち『アデン湾―ベンガル湾―マラッカ海峡―南シナ海』がつながれば、明らかに、インド洋と太平洋をつなぐ一筋の海上航路となり、これは中国、韓国、日本を含む東アジア地域の鍵となる海上経済貿易路線である。」日本の安倍晋三首相は9月25日にアメリカのあるシンクタンクで講演し、「今後、日本はアメリカと共に、インド洋と太平洋の世紀を築き上げなければならない」と述べた。[26]したがって、アメリカとその同盟国

が太平洋とインド洋をアジア太平洋戦略全体の中へと整合させることが未来の1つの趨勢になるだろう。

## 4 影　　響

　世界が日増しに「地球村」と化しているグローバル化時代にあって、冷戦後の国際体制で唯一の超大国となったアメリカは、そのいかなる行動も全て世界各地及び各国に直接的な影響を及ぼしている。国家、地域、世界というレベルからアメリカの東アジア回帰の影響を簡単にまとめておこう。

　国家（ここでは東アジア諸国に限定する）のレベルで言えば、アメリカの回帰は各国に新たなチャンスとチャレンジをもたらした。実際、ここ数年の東アジア地域における国際情勢は変動が激しく、その主たる原因が、多くの国家がアメリカの回帰の機会を利用して自国の対外政策を調整していること、目的が自国の国家利益を維持し拡大すること、その現れ方がアメリカおよび中国などの大国との関係の変化と調整にあることが、明確に看取できる。注意すべきは、筆者が一昨年に提起したように、大国との関係を利用して一国の私利のみを追求し、地域全体あるいは世界の安定と秩序を省みない中小国家を防止しなければならないということである。[27] 国家のレベルにおけるもう1つの重要な分野は中国であり、現在の国際体制の中で急速に台頭している国家として、中国は自国と世界に対して、歴史上前例のない難題をもたらしている。中国とアメリカ両国の力の対比が栄枯盛衰する国際関係構造の中で、アメリカの東アジア回帰は、その動機の如何を問わず、客観的には中国に現実的圧力と認知的圧力をもたらしている。アメリカ政府もたびたび中国を抑制する戦略意図はないと言明しているが、中国の理解はそうではない。中国とアメリカ両国が相互に猜疑の目を向け、加えてアジア太平洋諸国がそれぞれ自国の利益を計算していることが、アジア太平洋地域全体の情勢に極めて大きな波乱と調整を出現させている。[28]

　地域のレベルから考えてみよう。冷戦後に出現した東アジア地域協力に関して言えば、いかに弁明するかを問わず、アメリカの回帰は客観的には東アジアの協力関係を弱体化させ分化させる効果をもたらした。現在は対等に振舞って

第12章　アメリカの東アジア回帰

いる 10＋3 と 10＋8 は良い例証であり、東アジア諸国がアメリカの回帰に対して異なる態度をとっていることを示している。TPP と東アジア地域包括的経済連携（RCEP）はもう 1 つの事例であり、東アジア地域にはすでに多くの自由貿易協定が存在しているにもかかわらず、アメリカの政治、軍事、経済の進入はアジア諸国にそれぞれ異なる選択を引き起こさせ、地域全体の協力が東アジアとアジア太平洋という 2 つの異なるタイプとモデルを作り上げた。このほか、アメリカの回帰はとくに東南アジア諸国にチャンスを提供した。もともと中国の台頭によって大国が競って味方に引き入れようとする対象となっていた ASEAN が、さらに大国の「人気者」となったことで、例えば、どの国が東アジアサミットに参加するかの決定権は中国にも日本にもなく、ASEAN が設定する条件に存在するようになったのである。[29]

アメリカの東アジア回帰の国際レベルでの影響は、以下の点にある。第 1 に、全体的な実力の有限性によって、アメリカの戦略調整は、例えばその伝統的な同盟国であるヨーロッパとラテンアメリカ地域に対する軍事力の配置や内容に関して相対的な削減を引き起こすかも知れず、またこれにより当該地域の国家間の関係に変化を及ぼすかも知れない。第 2 に、アメリカの東アジア回帰に伴い、東アジア地域が次第に世界の政治、経済、軍事、外交の要になることである。「アジア太平洋の世紀」という表現が生まれてすでに久しいが、アメリカの回帰は疑いもなくこのグローバルな情勢の進展を加速させることであろう。最後に、アメリカの東アジア回帰によって引き起こされる中国とアメリカの関係の変化と調整がもたらす世界的な意義と影響である。現代の国際関係体制の中の 1 つのリーダー国家と 1 つの台頭しつつある国家としての中国とアメリカという両国関係のグローバルな意義は言うまでもなく、例えば学術界が G2、「中米国」などと呼ぶことにもそれが現れている。[30]

アメリカの東アジア回帰は、一面では中国とアメリカの間に存在する全局的な問題を東アジアや中国の周辺に直接的に推し広め、また一面では元々は中国との二国間、あるいは地域性に属する問題をただちに地域性あるいはグローバルな問題にしてしまう可能性がある。しかし、中国とアメリカの関係は結局のところいかに発展するか、また周辺や全世界の国際環境にどのような具体的影響を及ぼすか、ということは、いずれもアメリカの東アジア回帰に伴う変化に

よって、世界の人々が括目して待つ重大な問題となるであろう。中国に関して言えば、現在は両極端の心理状態を避けなければならないであろう。1つは、アメリカの東アジア回帰の陰謀と敵意を深読みしすぎることで、もしそうすれば浮足立ってしまい、自らが敵を作り出す路へと自らを向かわせることになろう。もう1つは、アメリカの立場を過度に「理解」して、アメリカの東アジア回帰とその他の諸国がこれを利用して客観的には中国に圧力と挑戦をもたらすことを過小評価することである。これについて言えば、アメリカの東アジア回帰は平和的発展の中にある中国にとって重大な試練であり、チャンスでもあればチャレンジでもあるということである。アメリカの動機をいかに見極め、そして自国の横暴をいかに押さえるかによって、中国、アメリカ、東アジア、そして世界の歴史的なチャンスともなろう。結局は、中国の平和的台頭は前例に乏しい偉大な実践であり、この過程ではアメリカは単なる外来の要素に過ぎず、真に歴史と奇跡を創造するのは中国人民自身なのである。

## 【注】

1) Hillary Clinton, "Back in Asia—the US steps up its re-engagement", *Strategic Review, the Indonesia Journal of Leadership, Policy and World Affairs*, August 2011, pp. 120-127. http://www.sr-indonesia.com/this-months-issue/exclusive-interview/72-back-in-asia-the-us-steps-up-its-re-engagement
2) Hillary Rodham Clinton, "America's Pacific Century", East-West Center, Honolulu, HI, November 10, 2011. http://www.state.gov/secretary/rm/2011/11/176999.htm ; http://www.foreignpolicy.com/articles/2011/10/11/americas_pacific_century?page=0,1.
3) 王光厚「美国与東亜峰会」『国際論壇』、2011年第6期
4) Fact Sheet: The U.S.-ASEAN Expanded Economic Engagement (E3) Initiative, http://www.whitehouse.gov/the-press-office/2012/11/19/fact-sheet-us-asean-expanded-economic-engagement-e3-initiative
5) Mark E. Manyin, et al., "Pivot to the Pacific? The Obama Administration's 'Rebalancing' Toward Asia", *Congressional Research Service*, March 28, 2012. http://www.fas.org/sgp/crs/natsec/R42448.pdf
6) 「美国国防部長高調訪問越南　両国軍事合作昇温」http://military.people.com.cn/GB/18072987.html
7) 協定前文はニュージーランド外務貿易省の公式ウェブサイトで閲覧できる。 http://www.mfat.govt.nz/downloads/trade-agreement/transpacific/main-agreement.pdf
8) Paula Oliver, "US trade move big news for NZ: Clark", The New Zealand Herald,

第12章　アメリカの東アジア回帰

Sep 23, 2008. http://www.nzherald.co.nz/nz/news/article.cfm?c_id=1&objectid=10533623

9) TPP交渉の経過と協定の内容については、アメリカ通商代表部の公式ウェブサイトを参照。https://ustr.gov/tpp/

10) United States Trade Representative Ron Kirk, "The United States and APEC Partners in Global Trade Today", APEC CEO Summit 2009, Summit Keynote Address, http://www.apec.org/apec/news___media/speeches/141109_ceosummit_kirk.html

11) 張振江『従英鎊到美元：国際経済覇権的転移（1933-1945）』、特に第1章、pp. 27-57を参照。

12) しかし、1985年の自由貿易協定は全面的なものではなかったため、イスラエルとアメリカは、1996年と2004年にも「農産品貿易協定」に署名しており、同協定は2009年12月に再度延長された。

13) それらの国家をピンイン順（発音表記のアルファベット順）に並べると（括弧内の年月は協定発効時期）、オーストラリア（2005年1月）、バーレーン（2006年8月）、チリ（2004年1月）、コスタリカ（2004年8月）、ドミニカ共和国（2004年8月）、エルサルバドル（2004年8月）、グアテマラ（2004年8月）、ホンジュラス（2004年8月）、ヨルダン（2001年12月）、モロッコ（2006年1月）、ニカラグア（2004年8月）、オマーン（2009年1月）、ペルー（2009年2月）、シンガポール（2004年1月）である。アメリカはまた2006年11月にコロンビアと、2007年6月に韓国と、2007年6月にパナマと二国間自由貿易協定に署名したが、まだ批准、実施はしていない。詳細はアメリカ通商代表部の公式ウェブサイトを参照。 http://www.ustr.gov/trade-agreements/free-trade-agreements

14) 張振江「亜太自由貿易区：美国戦略与中国応対」『世界経済与政治』、2009年第4期。

15) The White House Office of the Press Secretary, "Statement by the President on the Trans-Pacific Partnership", October 05, 2015. https://www.whitehouse.gov/the-press-office/2015/10/05/statement-president-trans-pacific-partnership

16) "Increasing U.S. Exports, Creating American Jobs: Engagement With The Trans-Pacific Partnership", http://www.ustr.gov/about-us/press-office/fact-sheets/2009/november/ustr-fact-sheet-trans-pacific-partnership

17) オバマが東京で発表した演説（前文）、2009年11月14日。 http://www.whitehouse.gov/files/documents/2009/november/president-obama-remarks-suntory-hall-chinese.pdf

18) AUSTRALIA 15-19 Mar 2010 Negotiations begin for Trans-Pacific Strategic Economic Partnership, http://www.newsahead.com/preview/2010/03/15/australia-15-19-mar-2010-negotiations-begin-for-trans-pacific-strategic-economic-partnership-/index.php

19) Robert D. Blackwill & Kurt M. Campbell, "Xi Jinping on the Global Stage: Chinese Foreign Policy under a Powerful but Exposed Leader", Council Special Report No. 74, February 2016. http://www.cfr.org/china/xi-jinping-global-stage/p37569

20) Mark E. Manyin, et al., "Pivot to the Pacific? The Obama Administration's 'Rebalancing' Toward Asia", *Congressional Research Service*, March 28, 2012. http://www.

fas.org/sgp/crs/natsec/R42448.pdf
21) Richard C. Bush III, "On the Eve of Obama's Inauguration: American Soft Power in Asia", *SERIES : Brookings Northeast Asia Commentary*, http://www.brookings.edu/research/opinions/2009/01/asia-bush
22) Mark E. Manyin, et al., "Pivot to the Pacific? The Obama Administration's 'Rebalancing' Toward Asia", *Congressional Research Service*, March 28, 2012. http://www.fas.org/sgp/crs/natsec/R42448.pdf
23) Commonwealth of Australia, 2012, Australia in the Asian Century（White Paper）, October 2012, p. 74. http://www.asiaeducation.edu.au/verve/_resources/australia-in-the-asian-century-white-paper.pdf
24) Australia Government Department of Defense, Defense White Paper 2013, http://www.defence.gov.au/whitepaper2013/docs/WP_2013_web.pdf
25) Ministry of Defense, "Defense of Japan, 2013", p. 97, p. 98, p. 99. http://www.mod.go.jp/e/publ/w_paper/e-book/2013/index.html#99/z
26) 龐中鵬「警惕日本在印度洋太平洋画的那条線」http://opinion.huanqiu.com/opinion_world/2013-10/4412782.html
27) 張振江「警惕中美関係中的『漁翁』」『羊城晩報』、2011年10月20日　http://www.ycwb.com/ePaper/ycwb/html/2011-10/20/content_1235962.htm
28) 2012年4月初め、北京大学国際戦略研究センターが公表した王緝思と李侃如の共同報告「中美戦略互疑：解析与応対」は良い例証である。詳細は　http://zhongdaonet.com/specialStrategictrust/　参照。
29) 張振江「東盟応当感謝中国的四個理由」『羊城晩報』、2011年5月12日。http://www.ycwb.com/ePaper/ycwb/html/2011-05/12/content_1109935.htm
30) 「中米国」という語句はハーバード大学の歴史学及び金融学の教授ファーガソンが提起したもので、興味深いのは数年後にファーガソンが発表した論文で中米国の終結を指摘したことである。Niall Ferguson, "Team 'Chimerica'", *The Washington Post*, 2008-11-17 参照。

（訳：菊地俊介）

# 第13章

# アメリカと東アジア経済の一体化
―― 国際政治経済学の視角

<small>チェン・イーピン</small>
陳　奕平

　冷戦後、国際政治経済情勢の変化、とくにグローバル経済のローカル化の出現とアジア金融危機の衝撃に直面して、東アジア国家は積極的に地域協力を展開し、喜ばしい進展を勝ち取っており、東アジアサミットの招集はその1つの証明である。グローバル覇者として、アジアで巨大な政治経済利益を持つアメリカは東アジアの一体化が進む中でどのような役割を果たすことができるのか。そしてアメリカはどのように東アジアの一体化と向き合うのか。中国とその他の東アジア国家はいかに対応すべきなのか。これらがまさに本稿で検討する内容である。

## 1　東アジア経済の一体化のプロセス

　東アジア経済の一体化は ASEAN 諸国、とくにマレーシアの提案に端を発する。冷戦終結後、欧米は排他的な貿易集団を相次いで組織し拡大しており、また中国、インド、ベトナムなども対外開放を急速に進めるようになっており、これが外向型経済の長期的な発展と欧米を主たる輸出先とする ASEAN 諸国の経済に対して強烈な衝撃を生み出した。これに対し、ASEAN は2つの方向の戦略を採用した。1つは ASEAN を拡大し、東南アジア経済共同体を構築し、地域経済協力を強化し、積極的に ASEAN の貿易自由化を推進し、集団の力で世界経済の集団化の挑戦と中国、インド、ベトナムなどの国との競争に向き合うというものである。もう1つは、ASEAN も東アジア経済協力に尽力することであり、マレーシアのマハティール首相が1990年12月に提起した「東アジア経済協議体」("East Asia Economic Group")構想は、「東アジア国家も

独自の経済共同体をつくらなければならない」、「それによって、アメリカ、ヨーロッパの影響力に対抗する」ことを提唱した。[1]

　1997年のアジア金融危機の期間、ASEAN 諸国はアメリカから時宜にかなった援助を受けなかっただけではなく、国際通貨基金（IMF）の援助を申請したインドネシア、タイなどの国は過酷な条件を受け入れることを迫られ、大きな代価を払った。このため ASEAN 諸国は一層積極的に東アジア経済協力を推進することとなった。そして日韓両国は地域の安全保障、地域経済の安定と各自の東アジアにおける影響力を考慮して、その他の東アジア諸国との協力を求めた。中国も同じく積極的に東アジア経済協力を支持した。1つは自国と東アジア地域の安定の持続を確保するため、もう1つは世界構造の多極化という目標を実現するためであり、同時に、これによって世界に向かって「責任ある大国」というイメージを広げるためである。[2]このため、東アジア13カ国の首脳が1997年末に初の非公式会合（2000年より「非公式」という言葉は削除した）を行い、「10＋3」体制を構築した。その後、グローバル経済の衰退と「9.11」事件の影響により、また中国経済も急成長の勢いを持続していることで、東アジア経済協力は加速した。21世紀に入ってから、「10＋3」体制と「10＋1」体制に加えて、「10＋3」会議期間に開催する中日韓の3国の会議体制で、東アジア地域協力の基本的な枠組みが形成され、基本的にマハティールが最初に打ち立てた東アジア経済フォーラムの構想が実現した。

　2004年11月29日、ラオスの首都ヴィエンチャンで開かれた ASEAN 首脳会議は、2005年より「10＋3」体制を「東アジア首脳会議」と改め、初回の首脳会議はマレーシアで開催し、開催期間も2年に1度にするよう改め、さらに2007年には中国大陸が主催することを合意した。2005年12月14日、第1回東アジア首脳会議はマレーシアの首都クアラルンプールで開催し、ASEAN の10カ国、中国、日本、韓国、インド、オーストラリア、ニュージーランドなど16カ国の国家元首あるいは政府首脳が出席し、出席した各国の指導者は「東アジア首脳会議に関するクアラルンプール宣言」（"Kuala Lumpur Declaration on the East Asia Summit"）に署名した。東アジア首脳会議の正式な開催は東アジア国家が東アジア経済共同体の目標を達成するための重要な一歩となった。

## 2　東アジア一体化の進展過程におけるアメリカの重要性

　東アジア一体化の急速な進展は、あたかもアメリカが排除されているかのような印象を与えており、その顕著な例はアメリカが東アジア首脳会議に未だに参加要請されていないことである。東アジア一体化の進展はアメリカを置き去りにしていくことができるのであろうか。私はやはり、経済の面から見ても、あるいは政治と軍事の面から見ても、東アジアはアメリカから決別することは不可能だと考える。

　まず、経済の面から見ると、東アジア諸国は20世紀90年代以来、次第に市場多元化の戦略を採るようになり、欧米市場への依存を弱めているとはいえ、全体的にみると東アジア諸国のアメリカに対する経済依存は依然として大きい。輸出を例に取れば、1990年から2004年に、日本以外の東アジア諸国と東南アジア10カ国の対アメリカ輸出が輸出総額に占める比率は、それぞれ23.7％と19.6％から18.8％から15.6％に下降しているが、依然として対EUの16.0％と14.6％よりも高いのだ（表1参照）。

　また、投資の面から見ると、アメリカは同様に、アジア太平洋地域以外からの直接投資の主要な来源である。1990年から2004年までの間に、アメリカがアジア太平洋諸国と地域に対して行った直接投資は647.16億ドルから3901.1億ドルに増加しており、そのうち日本、シンガポール、韓国、香港と中国大陸での投資はそれぞれ802.46億、569億、437.43億、173.32億、154.3億ドルに達する（表2参照）。

　次に、政治と軍事から見ると、アメリカはアジア太平洋地域の日本、タイ、台湾、オーストラリアとの同盟関係を一貫して維持しているのみならず、アジア太平洋地域で膨大な駐留軍を維持しており、幾つかの東アジア諸国に一定の「安全保障の傘」を提供している。目下、アメリカは日本と韓国にそれぞれ4.5万人、3.7万人の駐留軍を擁しており、アメリカ第3海軍陸戦隊遠征部隊は沖縄に、アメリカ第7艦隊司令部と第5航空隊司令部もそれぞれ横須賀と横田に設置されている。[3] 日本と韓国の駐留軍以外にも、アメリカは東南アジアのタイ、シンガポール、フィリピン、さらにはマレーシアとインドネシアとも長期

## 第Ⅲ部　リージョナル・ガヴァナンスと地域統合

### 表1　東アジア諸国の輸出先（輸出総額に占める割合（%））

| 輸出先<br>生産地 | 中国 | | | 日本 | | | アメリカ | | | EU | | |
|---|---|---|---|---|---|---|---|---|---|---|---|---|
| | 1990年 | 1995年 | 2004年 | 1990年 | 1995年 | 2004年 | 1990年 | 1995年 | 2004年 | 1990年 | 1995年 | 2004年 |
| 東アジア | 7.3 | 11.9 | 15.5 | 12.5 | 12.3 | 9.6 | 23.7 | 20.0 | 18.8 | 15.4 | 13.9 | 16.0 |
| 中国 | — | — | — | 14.7 | 19.1 | 12.4 | 8.5 | 16.6 | 21.1 | 10.0 | 13.6 | 18.1 |
| 香港 | 24.8 | 33.3 | 44.0 | 5.7 | 6.1 | 5.3 | 24.1 | 21.8 | 17.0 | 18.5 | 15.3 | 14.0 |
| 韓国 | 0.0 | 7.0 | 19.7 | 18.6 | 13.0 | 8.6 | 28.6 | 18.5 | 17.0 | 14.8 | 13.3 | 15.0 |
| モンゴル | 11.4 | 16.4 | 47.8 | 17.6 | 9.9 | 3.9 | 2.0 | 5.5 | 17.9 | 20.5 | 15.0 | 21.5 |
| 台湾 | 0.0 | 0.3 | 19.9 | 12.6 | 11.8 | 7.7 | 32.8 | 23.7 | 16.5 | 17.4 | 12.7 | 13.0 |
| 東南アジア | 1.9 | 2.7 | 7.5 | 18.3 | 13.9 | 12.0 | 19.6 | 18.7 | 15.6 | 15.8 | 14.7 | 14.6 |
| カンボジア | 0.4 | 1.5 | 1.1 | 7.6 | 1.9 | 3.5 | 0.0 | 1.4 | 55.9 | 5.0 | 14.5 | 25.9 |
| インドネシア | 3.2 | 3.8 | 6.4 | 42.5 | 27.1 | 22.3 | 13.1 | 13.9 | 12.3 | 12.0 | 15.2 | 12.6 |
| ラオス | 9.1 | 2.8 | 2.1 | 7.1 | 1.7 | 1.3 | 0.1 | 1.7 | 0.6 | 9.4 | 10.9 | 28.6 |
| マレーシア | 2.1 | 2.6 | 6.7 | 15.3 | 12.5 | 10.1 | 16.9 | 20.8 | 18.8 | 15.4 | 14.4 | 12.6 |
| ミャンマー | 8.1 | 11.3 | 5.9 | 6.9 | 7.1 | 5.2 | 2.3 | 6.6 | 0.0 | 6.9 | 6.1 | 15.8 |
| フィリピン | 0.8 | 1.2 | 6.7 | 19.8 | 15.8 | 20.1 | 37.9 | 35.8 | 18.2 | 18.5 | 17.7 | 17.2 |
| シンガポール | 1.5 | 2.3 | 8.6 | 8.8 | 7.8 | 6.4 | 21.3 | 18.3 | 13.0 | 15.0 | 13.9 | 14.5 |
| タイ | 1.2 | 2.9 | 7.4 | 17.2 | 16.6 | 14.0 | 22.7 | 17.6 | 16.1 | 22.7 | 16.1 | 14.9 |
| ベトナム | 0.3 | 6.4 | 9.0 | 13.5 | 26.0 | 13.6 | 0.0 | 3.0 | 20.2 | 6.8 | 12.6 | 23.6 |

（出典）The Asian Development Bank (ADB), *Asian Development Outlook 2004*, Statistical Appendix, Table A11 "Direction of Exports (% of total)", p. 287 ; *Asian Development Outlook 2006*, Statistical Appendix, Table A11 "Direction of Exports (% of total)", p. 321.

### 表2　アメリカのアジア太平洋諸国地域における直接投資：1990-2004年

（単位：百万ドル）

| | 1990 | 1995 | 2000 | 2004 |
|---|---|---|---|---|
| アジア太平洋 | 64,716 | 122,712 | 207,125 | 390,101 |
| 日本 | 22,599 | 37,309 | 57,091 | 80,246 |
| オーストラリア | 15,110 | 24,328 | 34,838 | (D) |
| 中国 | 354 | 2,765 | 11,140 | 15,430 |
| 香港 | 6,055 | 11,768 | 27,447 | 43,743 |
| 台湾 | 2,226 | 4,293 | 7,836 | (D) |
| 韓国 | 2,695 | 5,557 | 8,968 | 17,332 |
| インド | 372 | 1,105 | 2,379 | 6,203 |
| インドネシア | 3,207 | 6,777 | 8,904 | (D) |
| マレーシア | 1,466 | 4,237 | 7,910 | 8,690 |
| ニュージーランド | 3,156 | 4,601 | 4,271 | 4,481 |
| フィリピン | 1,355 | 2,719 | 3,638 | 6,338 |
| シンガポール | 3,975 | 12,140 | 24,133 | 56,900 |
| タイ | 1,790 | 4,283 | 5,824 | 7,747 |
| その他 | 356 | 830 | 2,746 | (D) |

Dは公開会社でない株式会社のデータのため一時的に非公開となっているもの。
（出典）U.S. Census Bureau, *Statistical Abstract of the United States : 2006*, "Foreign Commerce and Aid", table 1283, p. 827.

にわたる軍事協力関係にある。アメリカと東アジア諸国の同盟関係と軍事協力関係は、必然的にこれら東アジア諸国の対外経済政策を含む外交戦略にも影響を及ぼす。例えば、まさにアメリカの圧力と反対を理由に、日本はマレーシアのマハティール前首相が提起した東アジア経済グループ構想（EAEG）に反対し、また同じくアメリカの強い反対のために、日本が1997年の金融危機の時に提案した「アジア通貨基金」計画も最終的には実現されなかった。そしてシンガポールのリー・シェンロン首相は北京での講演で、アジアで開放的な地域の枠組みを着実につくり上げようと呼びかけたが、その意図は明らかに排他的な東アジア一体化が衝突を引き起こすことを懸念したものであり、これはアメリカ人の考え方にもとより合致したものであった。

## 3　東アジア一体化に対するアメリカの態度の変遷

### 1　アメリカにとっての東アジアの重要性

　アメリカは東アジア諸国にとって極めて重要であるが、同様にアメリカにとっても東アジアは極めて重要であると言える。

　まず、経済の面から見ると、東アジア諸国はアメリカの重要な貿易相手国であり、投資先である。貿易の面では、1989年から2005年までの間に、アメリカの APEC 諸国への輸出総額はアメリカの対外輸出総額の73.22％を占めている。そのうち日本、中国、韓国、ASEAN 諸国（以下、「10＋3」諸国と略称）が24.38％を占める。同時期に、アメリカの APEC 諸国からの輸入総額はアメリカの輸入総額の80.28％である。そのうち「10＋3」諸国は38.51％を占めている（表3参照）。

　サービス貿易面でも、アジア太平洋地域は同じくアメリカにとって重要な貿易相手である。アジア太平洋諸国がアメリカの対外サービス貿易の中で占める比率は下降しているところがあるとはいえ、アジア太平洋諸国に対するアメリカのサービス貿易輸出は依然としてアメリカの対外サービス貿易総輸出の4分の1を占めている（表4参照）。

　次に、軍事安全保障戦略から見ると、アジア地域はアメリカのグローバル戦略にとって非常に重要な一環となっている。アメリカがそのグローバル利益構

### 表3 アメリカと東アジア諸国の貿易状況 (1989-2005年)

(単位:10億ドル;百分比)

|  | 1989 | 1995 | 2000 | 2005 | 1989-2005年合計 |
|---|---|---|---|---|---|
| アメリカ輸出入総額 | 668.99 | 1114.60 | 1703.00 | 2070.45 | 21758.09 |
| 輸出総額 | 289.39 | 484.97 | 689.52 | 782.23 | 8999.08 |
| 輸出総額% | 100.00 | 100.00 | 100.00 | 100.00 | 100.00 |
| APEC | 73.42 | 75.82 | 73.35 | 73.40 | 73.22 |
| 10+3 | 27.62 | 29.10 | 22.74 | 22.31 | 24.38 |
| 日本 | 15.41 | 13.26 | 9.46 | 7.08 | 10.44 |
| 中国 | 2.01 | 2.42 | 2.36 | 5.35 | 2.99 |
| 韓国 | 4.66 | 5.24 | 4.05 | 3.54 | 3.98 |
| ASEAN | 5.55 | 8.18 | 6.87 | 6.34 | 6.97 |
| 輸入総額 | 379.60 | 629.63 | 1013.48 | 1288.22 | 12759.01 |
| 輸入総額% | 100.00 | 100.00 | 100.00 | 100.00 | 100.00 |
| APEC | 80.82 | 81.53 | 80.15 | 82.43 | 80.28 |
| 10+3 | 39.54 | 40.58 | 36.99 | 40.70 | 38.51 |
| 日本 | 24.65 | 19.63 | 14.46 | 10.72 | 15.63 |
| 中国 | 3.16 | 7.24 | 9.87 | 18.90 | 10.77 |
| 韓国 | 5.20 | 3.84 | 3.98 | 3.40 | 3.70 |
| ASEAN | 6.53 | 9.87 | 8.68 | 7.68 | 8.41 |

(出典) U. S. Department of Commerce, International Trade Administration, TradeStats Express (online database), available at <http://tse.export.gov>.

### 表4 アメリカの対外サービス貿易の変化:1992-2003年

(単位:億ドル;%)

|  | アメリカ輸出 | | | | アメリカ輸入 | | | |
|---|---|---|---|---|---|---|---|---|
|  | 1992年 | 1997年 | 2000年 | 2003年 | 1992年 | 1997年 | 2000年 | 2003年 |
| 全世界総額(億ドル) | 1640.2 | 2386.4 | 2844.1 | 2940.8 | 1033.5 | 1518.8 | 2085.6 | 2282.2 |
| 全世界% | 100.0 | 100.0 | 100.0 | 100.0 | 100.0 | 100.0 | 100.0 | 100.0 |
| アジア太平洋 | 29.6 | 30.8 | 27.9 | 26.4 | 24.9 | 25.6 | 24.8 | 21.2 |
| 日本 | 15.5 | 14.2 | 11.7 | 10.1 | 10.2 | 8.9 | 8.3 | 7.6 |
| オーストラリア | 2.1 | 2.1 | 2.0 | 2.0 | 2.2 | 1.8 | 1.7 | 1.4 |
| ニュージーランド | 0.5 | 0.5 | 0.4 | 0.3 | 0.5 | 0.5 | 0.6 | 0.5 |
| 中国 | 1.0 | 1.5 | 1.8 | 2.0 | 1.0 | 1.5 | 1.6 | 1.7 |
| 香港 | 1.4 | 1.5 | 1.3 | 1.1 | 1.4 | 2.0 | 2.1 | 1.3 |
| 台湾 | 1.9 | 2.0 | 1.7 | 1.7 | 1.9 | 2.2 | 2.0 | 2.2 |
| 韓国 | 2.1 | 3.0 | 2.6 | 2.9 | 2.0 | 3.0 | 2.2 | 1.9 |
| インド | 0.7 | 0.7 | 0.9 | 1.3 | 0.6 | 0.8 | 0.9 | 1.0 |
| ASEAN 5箇国* | 3.2 | 4.1 | 3.9 | 4.0 | 2.5 | 3.6 | 2.7 | 2.3 |

*ASEAN 5箇国は、インドネシア、マレーシア、フィリピン、シンガポール、タイを指す。

(出典) U. S. Department of Commerce, Bureau of Economic Analysis, "U. S. International Services: Cross-Border Trade 1986-2003, and Sales Through Affiliates, 1986-2002", http://www.bea.doc.gov/bea/di/1001serv/intlserv.htm.

造に挑戦する7つの大きな焦点と認識している問題、即ち、中東問題、バルカン問題、インド・パキスタンのカシミール問題、朝鮮半島問題、台湾問題、南シナ海問題、イラク問題の中で、そのうち6つはアジアに存在し、さらに3つは東アジアに存在する。同時に、アメリカのラムズフェルド国防長官はかつて、ソ連の解体に伴いアメリカがヨーロッパで直面する軍事脅威は大幅に低下し、ヨーロッパ大陸で戦争が勃発する可能性はアジア太平洋地域に比べてはるかに低いと度々表明してきた。したがって、近年アメリカはそのグローバル軍事戦略を調整し始め、次第に関心を向ける重点をヨーロッパからアジアに移しつつある。戦略の調整は主に以下の2つの方面に表れている。1つは、軍事力の配置の調整である。2004年、アメリカは62基のAGM-86空射巡航ミサイルをグアムに移し、一部のB-52爆撃機もすでにグアムに駐留させており、海軍の若干の原子力潜水艦の基地も以前グアムに移した。もう1つは、軍事同盟体制の強化と新しい軍事協力関係の発展である。アメリカは日本、オーストラリア、フィリピンなどの国との軍事同盟関係を強化するほか、東南アジアのシンガポール、インドネシアなどの国とも軍事協力関係を発展させ、アメリカ主導の広範囲に及ぶ多国間での防衛と安全保障協力体制を樹立している[5]。

## 2　アメリカにおける学界の見方

　東アジアの協力関係は、結局アメリカにどのような影響をもたらすのであろうか。アメリカの学界ではこれに対して異なる見方が存在している。1つには、東アジアの協力関係の進展はアメリカに重大な影響を及ぼすという意見がある。ワシントンにある進歩的政策研究所のエドワード・グレッサー（Edward Gresser）は、中国がリードするアジア（少なくとも東アジア）はまさに「11兆ドルを持つEUのような連合体（an integrated union）[6]」を形成しつつあると認識している。別の意見としては、東アジアの協力関係はまだ初歩的段階にあり、しかも多くの難題に直面しているため、アメリカに対する影響は心配するに及ばないというものである。アメリカンエンタープライズ研究所のクロード・バーフィールドは、アジアは国際舞台における1つの重要な経済的力量を形成しつつあるとはいえ、政治、経済、社会、ひいては歴史認識をめぐる多くの問題に直面していると見る[7]。

アメリカの対策については、アメリカの専門家たちは以下のような幾つかの観点を提示している。

第1に、アメリカの戦略問題研究所（CSIS）太平洋フォーラム主席のラルフ・コッサ（Ralph A. Cossa）を代表とする学者の観点で、東アジアの多国間の協力を慎重に支持するというものである。但し「10＋3」の東アジア共同体への転換と「東アジア地域主義」に対しては警戒すべき点があるという。その支持する理由は、「『10＋3』などはアメリカを排除するものであるとはいえ、東アジアの多国間体制はより広範囲に、政治、経済と安全保障の領域での協力を有効に促進し得るものであり、アメリカの安全保障の目標を達成するための援助となるから」というものである。そして慎重な態度をとる理由は、「東アジアの多国間協力はアメリカの二国間同盟や、アメリカが東アジアにおける安全保障で中心的な役割を果たすこと、アメリカがAPECに加わっていることに対して脅威を及ぼし得るものではないからだ」という。

第2に、アメリカの著名な学者フランシス・フクヤマ（Francis Fukuyama）及びアメリカの戦略問題研究所日本問題研究員ドウィン・ストゥールらの観点で、「東アジアの民主的な自由貿易体系」をアメリカが主導して樹立すべきであり、「日本、韓国、インド、オーストラリアなど、アメリカと価値観を共有する国と経済的一体化を強化し、機が熟するのを待って、中国なども参入可能にしていく。民主国家間で経済関係と安全保障関係を強固にし、東アジア諸国の発展モデルとする」というものである。

第3に、アメリカのシャーリーン・バーシェフスキー（Charlene Barshefsky）前通商代表と進歩的政策研究所のエドワード・グレッサー所長らに代表される観点で、「アジア連盟」からの新たな挑戦に積極的に向き合うべきだというものである。彼らは、「アメリカは総合的な一連の政策を打ち立ててこの新たな挑戦に向き合わなければならず、中でも重要なのが、中国自身の成長と、中国がアジア再編の過程で中心的な役割を果たすこと、及びアジアが世界経済の中でさらに大きな役割を果たすことの3点を拠り所として対中国経済関係を調整することであり、グローバル経済体系、とくにG8、国際通貨基金、APECを徹底的に改革することである」という。またカート・キャンベル前国防長官補佐官は、アメリカは次の東アジア首脳会談への出席の実現に向けて努力すべき

だと考えており、何故ならそれは「オーストラリア、ニュージーランド、日本がアメリカのためにその舞台で応援することができるからだ」という。

第4に、ピーターソン国際経済研究所のフレド・バーグステン（Fred Bergsten）所長の観点で、東アジア一体化過程は間もなく「アジア太平洋自由貿易地域」と融合するだろうと認識するものである。バーグステンによると、「『東アジア共同体』の構築は東アジアと世界に巨大な利益をもたらすと同時に、世界経済に対する大きな衝撃でもあり、アメリカの利益を損ねるものでもある」という。したがって、アメリカの最善の選択は、「APECという舞台を利用し、『アジア太平洋自由貿易地域』の樹立を通して、『東アジア自由貿易地域』との協調的な発展を実現し、これによってアジアの環太平洋部分を『アジア太平洋』に融合させ、東アジア地域の一体化と外部世界の一致性を実現する」ことであるという。[8]

## 3 アメリカ政府の態度と行動

東アジアの協力関係に対するアメリカ政府の態度は、以下のような変化過程を経てきている。

### (1) 汎太平洋経済協力を提唱するも、アメリカ排斥を意図した東アジア協力に反対する

冷戦終結後、EUとの競争に直面して、アメリカは積極的に汎太平洋経済協力を提唱してこれに対処した。冷戦終結後の一定の期間、東アジア経済貿易政策に対するアメリカの重点は、アジア太平洋経済協力機構（APEC）を樹立して汎太平洋経済協力を促進することにあったと言える。しかし同時に、東アジア諸国がアメリカを排斥しようとする行動に対してアメリカは非常に警戒し、マレーシアのマハティール首相が提唱した東アジアグループ（EAEG）計画にも強く反対したように、東アジア地域がEUのような地域経済組織になることを懸念した。

### (2) 二国間自由貿易協定によって東アジア一体化に対処する

21世紀に入り、東アジア一体化の進展が加速するのに伴い、とくに中国とASEANの自由貿易地域建設の急速な展開は、アメリカに地縁経済競争の圧力を感じさせ、幾つかの行動を開始させた。具体的には、相次ぐ「ASEAN協力計画」、「ASEAN企業構想」の打ち出し、一部の東南アジアの国との「二国間

貿易及び投資協定」の協議、シンガポールとの自由貿易協議の締結、タイなどその他の ASEAN 諸国との類似の協議の準備などであり、東アジアにおける経済利益と戦略利益の確保を進めた。

(3) 外交行動を全面的に展開し、アジアがこぞって「脱アメリカ化」する情勢を阻止する

当面の東アジア首脳会議を含む東アジア一体化の進展に対して、表面的にはアメリカは「成り行き次第」("wait and see")の態度をとっているかのようである。例えばある学者はこう述べている。「ワシントンが台頭している東アジア共同体に高度に注目しているという観点から離れることは、時期尚早である。……この共同体の多くの参加者がアメリカと共通の価値観を持ち、アメリカと同じ関心を持ち、アメリカが引き続き存在して東アジアとの交際を深める価値を重視しさえすれば、この新たな共同体が最終的に変容しようとしまいと、あるいは、いつ、どのように変容しようと、アメリカに脅威を及ぼす方向には進むことはあり得ないだろう。」[9]

しかし実際には、アメリカは東アジア一体化、とくに東アジア首脳会議の進展に一貫して関心を注いでいる。アメリカが注目している内容は、以下を含んでいる。誰が東アジア首脳会議をリードするのか、首脳会議の構成、首脳会議のメンバーとなる基準、首脳会議の使命、目標および優先的に検討される事項などである。[10]

アメリカは東アジア一体化の進展に対して一貫して警戒心を抱いており、東アジア首脳会議の排他性に対してはさらに不満を抱いている。2004年8月、アメリカのパウエル国務長官は日本のメディアの取材に対して、東アジア地域の一体化の進展はアメリカの影響力を削ぐことはできないと述べた。彼は日中韓と ASEAN が共に推進する「東アジア共同体」構想に対して意見を表明する際に、「もしアメリカと地域各国との二国間関係がいかなる面でも壊されないならば、各国は自由にその組織に入ることができる」と述べている。パウエルの発言はアメリカ政府が初めて東アジア地域の一体化に関して発表した公式見解と見なされた。[11]同年12月、国務院の政策計画責任者ライスが東京で行った講演では、アメリカは東アジアに権益を持っているが、アジアでは目下、「アメリカを排除して対話を進めようと企図する機構と新たな協力（枠組）の構築」が推進されており、東アジア首脳会議は「まさに、このような構想の1つ」で

あると指摘した。

　2005年2月、アメリカの新任国務長官ライス（Condoleeza Rice）は、シンガポールのジョージ・ヨー外相のことを取り上げてアメリカの不満を表明した。ジョージ・ヨーはライスとの会談の後に記者に向かって、アメリカは「東アジア首脳会議が内向的で排外的な（inward looking and exclusive）組織になろうとしていることに重大な注意を払っている」と漏らした。その後間もなく、ライスは3月19日に上智大学でアメリカのアジア政策について講演した際に、「開放と選択」及び「太平洋共同体（"Pacific Community"）」についてとくに取り上げた。ライスは、「アジアと太平洋共同体の未来は、開放と選択という二大テーマが基礎となるだろう。私たちは開放された世界の構築を支持するものであり、閉鎖された社会、閉鎖された経済は望まない。私たちはあらゆる国家に対して開かれた共同体の構築を支持するものであり、排他的な強国クラブを望まない。各国が選択し、決定しなければならないのは、開放的な共同体の構成員となるのかどうか、また相応の責任ある選択を受け入れるのかどうかである。アメリカと日本はすでにそのような選択に踏み切っている」と述べた。

　しかし、アメリカのアーミテージ（Richard Lee Armitage）前国務副長官を含む一部の官僚は、かつて東アジア共同体構想（東アジア首脳会議の開催を含む）に公然と反対していた。アーミテージらから見れば、アメリカが反対する理由は3つある。第1に、中国が次第に増加させている経済と政治の影響力が、アメリカの参加がない東アジア共同体に、中国の当該地域における勢力範囲を形成あるいは拡大させることになり、これによりアメリカの東アジアにおける交渉政策に損害をもたらすこと、第2に、東アジア共同体はアメリカのアジアにおける二国間「車軸とスポーク（bilateral "hub-spokes" systems）」体系の柔軟性に対する挑戦となり、これにより安全保障と経済関係面における交易コストが増すこと、第3に、東アジア共同体が尊重するアジア統治モデルが、威力と権勢を振るう政権の民主的転換を遅らせる口実になり得ること、である。アメリカ人は、大西洋共同体は「民主国家共同体」であると重ねて強調するが、その言外の意味は、多くのアジアの国々が民主国家ではなく、共同体を構築する条件を備えていないということであり、それをアジアで大西洋モデルを導入し拡大することを拒否する口実としているのである。

第Ⅲ部　リージョナル・ガヴァナンスと地域統合

　アメリカは東アジア首脳会議の進展に関心を向けているだけではなく、相応の外交行動もとっており、アジアが共同して「脱アメリカ化」する趨勢を阻止しようとしている。2005年11月15日から、アメリカ大統領ブッシュの日本、韓国、中国、モンゴルなどへの1週間の訪問が始まった。ある論評は、「ブッシュの今回のアジア訪問はアジア外交を改めて構築する旅だとも言える」と認識している。アメリカのハドリー国家安全保障問題担当大統領補佐官の言葉を借りれば、「ブッシュの今回の外遊の目的は2つある。第1に、アメリカがアジアにおける事態に関心を持ち続け、参与し続ける姿勢を明らかに示すこと、第2に、アメリカがアジアの経済と安全保障問題で一層重要な役割を果たすことを望んでいると示すことである」となる。ワシントンのブレーンたちも、「アメリカは日本やオーストラリアなど、価値観を共有する国との関係を一層強化するだけではなく、アメリカが参加するAPECの活力をより一層奮い立たせる必要がある」と考えている。[15]

　アメリカの具体的な外交行動は、さらに次の点を含んでいる。①日本、オーストラリアやアジア同盟国との関係を強化すること。アメリカは在日米軍調整の中間報告で、「日米同盟関係の目標が、日本の防衛やアジア・太平洋地域の平和と安全の維持にとどまらず、テロ対策や大量破壊兵器の拡散防止、人道・復興支援といった全世界的な『国際安全保障環境の改善』にまで拡大したことを正式に宣言」した。②APEC会議で、ブッシュ大統領はアジアを源とし全世界に脅威を与えた鳥インフルエンザ対策問題を共同提案として提出した。③アメリカは「他国の首脳が大胆な行動をとるように呼びかけ、世界貿易機関（WTO）の新多角的貿易交渉（ドーハ・ラウンド）の順調な進展を援助したほか、知的財産権の保護、域内の安全保障と貿易の自由化などの促進に向けた措置を主体的に実施した。」④ブッシュは東アジア首脳会議の中堅的な勢力——ASEANを構成する諸国のうちAPECの構成員である7箇国の首脳と共同会談を実施し、協力強化の共同声明を発表し、「政治・安全保障、経済、社会・開発の3分野で包括的に協力することを表明」し、「双方が政治、経済、社会、文化等の領域で全面的協力が進むことへの希望を表明した。」また、「アメリカがこうしたASEANとの関係強化の試みを進めた理由は、明らかに、アメリカが『不在』の間に、隠然とした力を用いて対抗し、東南アジアで地歩

を固めつつあった中国に対する巻き返しのためである」との分析もある。[16]

アメリカの憂慮と遊説に接し、ASEAN の一部の国はアメリカのために開放的な地域主義を提唱し始めた。2005年10月25日、シンガポールのリー・シェンロン首相は北京での「中国の新アジアにおける平和的発展」と題した講演の中で、中国の平和的発展は三大戦略に依拠していると述べた。それは、アメリカ、日本、インドなどの大国と ASEAN との関係を適切に処理すること、その他のアジア諸国と共同で開放的な地域の枠組みを構築すること、世界システムと相互に促進し合う関係を強化すること、である。第2の戦略、即ちアジアで次第に形成しつつある開放的な地域の枠組みとは、リー・シェンロンの意図としては、排他的な東アジア一体化が衝突を引き起こすことに対する懸念であることは明らかである。リー・シェンロンは、「もし世界が排他的な国家グループ、あるいは相互に対立する勢力範囲に分裂すれば、衝突する局面を免れることは困難である。したがって戦略的な角度から分析すると、アジアにもし開放的な枠組みがあれば、アメリカ、EU、その他の諸国に参入させることで、中国とその他諸国の関係を安定化させる助けにできるであろう」と述べた。また、彼は、「アメリカの当該地域における経済と安全保障で果たしている役割は、短期間では他国が取って代わることは困難で、中国もアメリカが継続的に当該地域で積極的かつ建設的な役割を果たすことを理解し、歓迎するであろう」とも指摘した。[17]

## 4　中国とその他の東アジア諸国の政策選択

アメリカの東アジア一体化への関心、憂慮、積極的介入に対し、筆者は我が国とその他の東アジア諸国は以下の政策の選択を試みることができると考える。

①東アジア一体化は安定した大国関係を必要とする。中国、日本、韓国、アメリカなどの大国間の協力、とくに中国とアメリカの関係の安定が欠かせない。中国はすでに自らがアメリカの地位に挑戦することはあり得ないと何度も表明しており、アメリカが東アジア一体化の中で積極的な役割を果たすことを歓迎している。2005年11月、中国外交部アジア局の崔天凱局長はブリーフィングで、東アジア

首脳会議の構想は ASEAN 諸国がアジア金融危機の後に提起したもので、ASEAN を主体として提唱された地域協力の1つの過程であると表明した。中国は東アジア首脳会議を利用してアメリカを排除していないことを暗に示したのである。崔天凱は、「全ての過程は開放的であり、私たちはすでに 16 の構成国を持っているが、来年の今頃は 17、18カ国、あるいはより多くの国が加入しているかは分からない。しかし、その可能性はかなり高く、例を挙げると、ロシアはすでに TAC（友好協力条約）に署名している。これは開放的な過程なので、私たちはいかなる国の参与と貢献も歓迎する、ASEAN が設定した3つの条件に適合しさえしていれば。」と述べている。また、「私たちはアメリカがこの過程に対して興味を示していることを理解しており、私たちはアメリカが建設的な貢献を生み出すことを歓迎する。アメリカが首脳会議に参加するか否かについては、まずアメリカ自身が決定しなければならず、それから ASEAN が決定する」とも述べた。中国の東アジア首脳会議問題での態度表明は賢明であると私は考える。アメリカは中国が国際社会に溶け込むのを看取し、中国に対して積極的な接触と変化を促す戦略を採ろうとしているとはいえ、中国が対抗の道を歩み、アメリカの覇権に挑戦することを懸念しており、そのため中国に対しては抑制の手を打ち、積極的に中国周辺地域で包囲網を築こうとしている。例えばアメリカは、日本や台湾との軍事協力を強化するのみならず、絶えずインドとの関係を深め、さらにモンゴルとの関係強化も積極的に推進している。これは自ずと中国に懸念を抱かせ、中国とアメリカの間の不信感を引き起こし、地域の安定と平和に危害を及ぼす。実際、ASEAN 諸国もアメリカの牽制戦略に対して度重なる批判を加えている。まさにシンガポールのリー・クアンユー公共政策学院のキショール・マブバニ院長が述べているように、「今日の世界秩序の主要なデザイナーとしてアメリカは、真っ先に中国が進歩的国家に仲間入りすることを祝賀すべきである。なぜなら、北京が今後もワシントンのルールを順守し続け、平和と安定がいきわたりさえすれば、1つの社会であり1つの経済主体であるアメリカは中国文明の復興から大きな利益を受けることが可能になる。……しかし不思議なのは、アメリカは、現在中国が安定に向けて進めている努力を、他のどの国よりも破壊していることである。」また、マブバニは、中国に対する目下のアメリカの政策は一貫性を欠いており、アメ

リカの意図に対する中国の不信感を引き起こしていると認識している。そのため、彼は、「現在とは、ワシントンと北京の間で全面的な新たな相互理解を達成させ、緊迫感の中に注入する時期となっているのだ。……誤解を取り除こうとするなら、アメリカの政策決定者たちは中国人に代わって彼らの行動が中国に及ぼす全面的影響について考え理解しなければならない」と呼び掛けている[19]。

②東アジア一体化は各方面が受け入れる「安全運転ドライバー（"comfortable driver"）」を必要としている。アメリカが東アジア首脳会議に多大な関心を向けている１つの重要な理由は、中国が東アジア首脳会議をリードすることへの懸念であり、中国がアメリカの覇権に挑戦し、かつての日本のように必死にアメリカをアジアから排除しようとすることへの懸念である。2005年11月、ブッシュ大統領のアジア訪問に随行したホワイトハウス国家安全保障会議アジア担当のグリーン上級部長が取材を受けた際、米中間の協力の要素は日に日に増していることを認めながらも、「米中関係には戦略的競争の要素もある」として、「国際社会で増大し続ける中国の役割は、イスラム国（IS）とテロリズムと並んで、国際関係における最大の変数の１つだ」と考えている[20]。アメリカは中国とロシアの接近、上海協力機構の成立、東アジア首脳会議の招集へ向けた中国の積極的な推進のいずれに対しても深く憂慮しており、中国が率先してアメリカに挑戦しつつあると見ている。そのため、中国が先頭に立ってアメリカを刺激することは全力で避けるべきであり、例えば東アジア一体化の初動段階ではASEANに「決定的な指導的役割」を発揮させ、「リーダー役」を務めさせることこそが適切な政策提言であろう[21]。この面ではASEANが「ドライバー」の役割を務めたいという希望を満たし、中国とASEANの関係を深めることで、アメリカの憂慮はある程度解消できよう。

③中国は実際の行動の中でアメリカと東アジア諸国に建設的な役割を果たすことを示さなければならない。目下、国際的には、中国の発展の前途に対する論争の焦点は、主要には中国は平和的に発展できるかどうか、中国は現状維持国家なのか挑戦国家なのか、良性の権力（benign power）なのか挑戦性に富む力量の問題上にあるのかなどに集中している。実際に、アメリカと大多数の東アジア諸国はみな中国が国際社会に溶け込み、同時に中国が国際舞台で現存の国際規範を

遵守するように促している。ASEAN地域フォーラム（ARF）を例にとると、ASEANとアメリカはいずれも中国がこの舞台で社会化され、建設的な役割を果たす姿を見たいと望んでいる。シンガポールのゴー・チョクトン前首相はかつて、ARFは「中国に接触するという社会化理論の効果と前途を検証する実験場」を提供し、「ARFは中国が安全保障の領域で社会化に向かう能力を検証する場」であると述べた。アメリカの東アジア太平洋担当のロス国務副長官は1997年に香港の世界経済フォーラムで、「中華人民共和国がARFやAPECといった地域体制に溶け込むよう促すことだけが、中国人の行動の近代化を励ますことができ」、そして「規範を遵守する中国は、規範を造り出し（強制的に）実施する中国とは異なる」状況を形成するのに役立つと述べた。さらに、アメリカ太平洋軍のマギー前総司令も、地域フォーラムを通して中国に接触することの重要性を認め、「彼らの意図を探り、私たちの誤解を解消」することができるという。アメリカと一部のASEAN諸国は中国が国際規範を遵守し、建設的な役割を果たすことを希望しているのに、中国はなぜ好機を利用して行動しないのか、なぜ責任ある大国イメージを確立しようとしないのかと思っている。中国は近年、多国間システムの活動へ積極的に参加し推進しており、アメリカを含む多くの国々から賞賛を受け始めている。

　④東アジア諸国は東アジア一体化の適切な開放性を表明すると同時に、東アジア一体化の地域的特色も堅持すべきであり、東アジア諸国は地域経済発展に向けて自らのために調整する権利を持つ。当該地区に属する幾つかの共通の問題に直面しても、大国は参与しようもないし参与したくないとすれば、東アジア諸国は自力で協議し解決しなければならない。1997年にアジアで金融危機が勃発した後、日本はアジア通貨基金計画を提案したもののアメリカの強烈な反対に遭って実現しなかったが、その後日本を含む東アジア諸国は一貫していかに地域金融協力を通して地域的な金融危機を防止するか、懸命に模索している。2000年5月、中国、日本、韓国とASEAN（略称「10＋3」）の財務責任者がタイのチェンマイで合意に達し、ASEAN構成国と中国、日本、韓国の間で二国間通貨スワップ取極（BSA）の締結に合意して金融危機を防ぎ、地域金融の安定と協力を促進したことで、「チェンマイ・イニシアティブ」と呼ばれる。その後、「10＋3」構成国は「チェンマイ・イニシアティブ」で確立した原則的枠組みに基づき、

相次いで一連の二国間通貨スワップ協議に署名し、2003年12月末までに全体で275億ドルの規模に達した。2003年6月2日、東アジア・太平洋地区中央銀行責任者会議組織（EMEAP）の11の中央銀行と通貨当局が同時に以下の布告を発表した。正式にアジア債券基金を始動し、当初規模は10億ドルとし、各国の中央銀行が準備金を使用して米ドルを引き受ける。アジア債券基金設立の主な目的は、「経済危機を克服しつつあるアジア諸国の地球最大国に対する依存を減少」させ、アジア通貨の安定を維持することにある。アジア債券基金の正式な発動は、「東アジア金融協力の枠組みは既に象徴的な協力から、より実質的で現実的な協力の領域に発展している」ことを明確に示した[25]。この事例からは、アメリカの反対に直面したとしても、アジア諸国が自らの努力と協議を経ることにより、地域経済協力の面で局面の打開が可能であることを、我々は看取できる。

⑤「アジア的価値観（"Asian Values"）」と西洋的価値観の論争を乗り越え、イデオロギーが東アジア一体化にもたらす影響を回避する。世界中でアメリカ式の民主主義を推進することが、一貫してアメリカ外交政策の重要な内容の１つであった。建国以来、アメリカ人は「明白なる使命（Manifest Destiny）」と呼ばれる使命感を抱き続けており、対外的にアメリカの民主主義と社会的価値観を輸出して、最終的には全世界でアメリカ式の民主制を実現し、アメリカ統治下の大同世界を確立しようとしてきた[26]。アメリカの民主主義拡大戦略は自ずと幾つかの開発途上国の主張と衝突する。20世紀中期以降、日本とアジアの「４つの小さな龍」が巨大な経済成果を勝ち取ったことにより、多くの人々がその原因を分析した際に認識したことは、１つの要因は儒家思想を源とするアジア的価値観の役割であった。例えば、シンガポールのトミー・コー前駐米・国連大使は、東アジアと東南アジア諸国は自らの経済的成功を特殊な伝統と制度に帰因すると捉え、「東アジア諸国は自らの社会と政治を調整して、自らの歴史、文化、特殊な状況に適応させる権利を持つべきだと考えている」と述べている[27]。シンガポールとマレーシアを代表とする東アジアの幾つかの開発途上国は「アジア的価値観」を積極的に支持、提唱し、アメリカ式の民主主義と社会的価値観を中心とする西洋的価値観に対抗している。当面の状況について言えば、東アジア諸国は、以下のことを表明すべきであろう。東アジア各国の歴史、文

化、政治形態はそれぞれ異なっており、もし「アジア的価値観」と西洋的価値観の論争に捕らわれるならば、東アジア一体化の進展、ひいては東アジアの共同に重大な影響を及ぼすであろう。東アジア諸国は「アジア的価値観」と西洋的価値観の論争を乗り越え、寛容の基礎の上で具体的な協力を展開していこうではないか。

## 【注】

1) 「芮成鋼専訪馬来西亜前総理馬哈蒂爾」 http://www.cctv.com/english/20040114/101987.shtml
2) 趙春明、張訳「APEC 与東亜次区域経済合作乍前並官与発展──東亜与美国的博弈分析」『亜太経済』、2005年第6期
3) 「美軍全球軍力部署態勢 総人数超過35万」 http://news.xinhuanet.com/world/2004-08/17/content_1804090.htm
4) 陳奕平『依頼与抗争──冷戦後東盟国家対美国戦略』、北京：世界知識出版社、2006年7月、pp. 97-106 参照。
5) 王振西「美国新軍事戦略初露端倪」 http://www.chinamil.com.cn/site1/jsslpdjs/2005-01/13/content_117778.htm
6) Edward Gresser, "The Emerging Asian Union? China Trade Asian Investment, and the New Competitive Challenge." Policy Report, May, 2004. Progressive Policy Institute, Washington, D.C., p. 2. available at http://www.ppionline.org/ppi_ci.cfm?knlgAreaID=108&subsecID=127&contentID=252629.
7) Edward Gresser, "The Emerging Asian Union? China Trade Asian Investment, and the New Competitive Challenge." Policy Report, May, 2004. Progressive Policy Institute, Washington, D.C., p. 2. available at http://www.ppionline.org/ppi_ci.cfm?knlgAreaID=108&subsecID=127&contentID=252629.
8) 翟崑「美国的回応」 http://star.news.sohu.com/20051129/n240822346.shtml
9) Ralph A. Cossa, Simon Tay, and Lee Chung-min, "The Emerging East Asian Community: Should Washington be Concerned?" *Issues & Insights*, No. 8, Pacific Forum CSIS, Honolulu, Hawaii, Aug., 2005, p. viii, http://www.csis.org/pacfor/issues/.
10) Ralph A. Cossa, Simon Tay, and Lee Chung-min, "The Emerging East Asian Community: Should Washington be Concerned?" p. v.
11) 鮑威爾「東亜一体化不可削弱美国」 http://jczs.sina.com.cn/2004-08-13/1736217226.html
12) Bruce Vaughn, "East Asian Summit: Issues for Congress", Congressional Research Service Report for Congress, December 9, 2005, p. 2.
13) Condoleeza Rice, "Remarks at Sophia University"（March 19, 2005）http://www.state.gov/secretary/rm/2005/43655.htm.

14) Cf.: JIMBO Ken, "Emerging East Asian Community? Political Process", in The Japan-US-Asia Dialogue Conference Papers, "An East Asian Community and the United States", June 22, 2006, Toranomon Pastoral Tokyo, Japan. p. 22. www.ceac.jp/e/pdf/060622.pdf
15) 冨山泰「米国がアジア外交再構築」『世界週報』2005年12月13日。
16) 同上。
17) 葉鵬飛「李総理在中共中央党校以華語演講：中国落実和平崛起　有頼於三大策略」、シンガポール『聯合早報』（電子版）、2005年10月26日　http://www.zaobao.com/sp/sp051026_510.html。
18) シンガポール『聯合早報』、2005年12月1日　http://www.zaobao.com/gj/zg051201_501.html。
19) 前掲注18)
20) 前掲注15)
21) 曹雲華「論東亜一体化進程中的領導権問題」『東南亜研究』、2004年第4期
22) Goh Chok Tong, keynote address to US- ASEAN Business Council annual dinner, Washington D.C., reprinted in *The Straits Times* (Singapore), June 15, 2001.
23) Stanley O. Roth, Remarks at Closing Plenary Session of the World Economic Forum, Hong Kong, 15 October 1997. Cf. Evelyn Goh, "The ASEAN Regional Forum in United States East Asian Strategy," *Pacific Review*, Vol. 17, No. 1, 2004, pp. 54-55.
24) Statement of Admiral Richard Macke, USN, Commander in Chief, Pacific Command, to the Hearing of the House Committee on International Relations, Asia and Pacific Subcommittee on "US Security Interests in Asia", 27 June 1995. Cf. Evelyn Goh, "The ASEAN Regional Forum in United States East Asian Strategy", p. 55.
25) 高海紅「従清邁倡議到亜洲債券基金」『国際経済評論』、2004年第5-6期：「聯防金融危機　中日韓拡大貨幣互換規模」　http://info.finance.hc360.com/2005/05/30093429648.shtml
26) 王暁徳『美国文化与外交』、北京：世界知識出版社、2000年
27) シンガポール　トミー・コー著、李小剛訳『美国与東亜：衝突与合作』、pp. 128-129.

（訳：菊地俊介）

# 第14章

## グローバル・ヘゲモニー言説の生産
——知識ブランドとしての"競争力"と東アジアへの（再）脈絡化

ナイ-リン・サム

### 1 序　文

　「競争力（コンピティティブネス）」という言葉は古くから政策形成者の関心のまとであった。だが、その意義が急速に広がったのは、この20年のことに過ぎず、新自由主義的グローバル化によって世界の組織化が加速したことによる。メディアのヘッドライン、政策談話、公式文書、コンサルタントの報告、国民（間）の概要において「競争力」という言葉がキャッチフレーズとされ、将来の経済イメージが形成されている。だが、「競争力」という言説の批判的検討のみならず、政策コンサルタントにおいて、どのように使われているかについての検討が求められている。本章では、とりわけ影響力の強いマイケル・E. ポーター（Porter）とハーバード・ビジネス・スクールの同僚たちの意見について検討し、そのモデルが1990年代以降に、どのように「知識ブランド」としてヘゲモニー化することになったかについて論述する。本論は3節からなり、第1節では、この30年から40年間における競争力の言説を3つの局面に分け、その展開過程を整理する。その際に、ポーター・モデルの形象（イマージナリー）を中心に据えるのは、新自由主義経済の戦略と政策の形成という点で「知識ブランド」の展開に大きな影響を与えたからである。第2節では、この知識ブランドがどのように広がり、知的装置（例えば、ベンチマーキング・レポート、インデックス、メタファー）によって、また、権力の関連技術によって多様な規模で、どのように再脈絡化されることになったかについて、とりわけ、リージョナル・ナショナル・ローカルなアクターによって東アジアにおいて、どのように再脈絡化されることになったかについて検討する。そして、第3節では、アジア・太平洋地域において新自由主

義的資本主義の政策が再設定されるに際して、競争力という知識ブランドがどのように浮上することになったかについてコメントを付すことで結ぶことにする。

## 2 グローバル・ヘゲモニー言説の生産
――知識ブランドとしての"競争力"

政策の言説の生産と宣伝には長い歴史がある。近代の諸例となると、いわゆるアダム・スミスのレッセ・フェール政策から植民地レジームへの移行を(Crowder 1978)、また、近代化理論から冷戦政策の体制化を挙げることができる(Latham 2000)。だが、「知識ブランド」の理論と政策としてパラダイム化されることになったのは近年のことにすぎず、時空間の圧縮と加速というグローバル時代に至って、政策の迅速化が求められたことを背景としている。現在の政策市場においては、多くの補完的で競合的な「知識ブランド」が存在している(例えば、センの発達ケイパビリティ・パラダイム、生産のグローバル化におけるジェレフィの「グローバル商品連鎖」、フロリダの都市再生における「創造的階級」)。この節では、1960年代以降の3つの局面において重複する形態で浮上した「競争力」の言説に焦点を据え、この言説が理論から政策パラダイムへと、さらには、知識ブランドへと、どのように進展したかを明らかにする(表1を参照のこと)。

第1局面は理論的パラダイムの展開期にあたり、新自由主義的競争力が構想化されている。このパラダイムでは、部分的であるにせよ、シュンペーターの知識体系に依拠してイノヴェーションの創造的破壊性や企業家的競争の美徳が強調されるとともに、新自由主義の視点から市場諸力が競争力の主要な活性剤であることが力説されている(Schumpeter 1934)。戦後ブームの終焉と主要な新技術の登場(とりわけ、情報とコミュニケーションの技術)を踏まえ、また、彼の理論を援用することで技術革新とイノヴェーションが長期の経済力学の中心であるとされた。この局面では、競争力の役割として技術と組織の改革、企業の研究開発(R&D)、パテントの役割、競争力と貿易政策の分野が挙げられ、その意味が学術論文において紹介されている(e.g., Posner 1961; Vernon 1966; Freeman 1982)。

第2局面において、こうした理論的論述はナショナルな地理経済学的競争力

表1 「競争力」の展開における3つの重複する局面：
1960年代以降のヘゲモニー政策の言説

| 「競争力の文化」の展開における重複局面 | 主要な言説と実践の表現 | 主要な著者と研究機関 |
| --- | --- | --- |
| 局面1<br>理論的パラダイム | 技術、イノヴェーション、ナショナルな競争力研究のモノグラフとペーパー | シュンペーター、ポスナー、ファーノン、フリーマンなど |
| 局面2<br>政策パラダイム | 競争力政策、競争力コミッション、白書、技術政策 | 産業競争力のコミッション、競争力カウンシル、OECD、EUなど |
| 局面3<br>マネジメント／コンサルタント知識と知識ブランド | ダイアモンド・モデル、クラスター、クラスター・チャート、インデックス、パイロット・プロジェクト、ワークショップ、訓練コース | ポーター、ハーバード・ビジネス・スクール、モニター・グループ、世界経済フォーラムなど（表2も参照のこと） |

　の諸問題をめぐる政策の言説に翻案され、競争力の枠組みにおいて、イノヴェーションと技術駆動力型成長の視点から政策が語られている（この展開の2つの概括については次を参照のこと。Dosi and Soete 1988：Fagerberg 1966)。この事態は1980年代に浮上している。これは、日本と東アジアに比べてイギリスとアメリカが低成長と高失業を、また、高インフレと技術的－経済的後退を経験している局面にあたる（D'Andrea Tyson 1988)。こうした経済的変化のなかで、ヨーロッパとアジアの急速な経済成長と比較してアメリカの「競争力が低下している」と見なされ、レーガン政権は1983年に「産業競争力委員会」を、また、1988年に「競争力評議会」を設置することで、これに対応している。この両機関は産業界・労働界・学界のリーダーから構成されていて、国民的競争力が全国規模の政策の言説と公共意識の中心に据えられることになった。

　こうして、シュンペーター主義的競争力論が主要パラダイムとして浮上したのであるが、これと並んで、経営理論とビジネス研究においても競争力のパラダイムが広まるなかで、その支持基盤も強化されることになった。これが第3の局面にあたると見なし得るのは、「競争力は正当である」というマネジメント／コンサルタントの知識が新しい政策パラダイムに組み込まれることになったからである。この考えはビジネス・スクールの教授（例えば、マイケル・E.

ポーター）やコンサルタント企業とシンクタンクの専門家によって提示されている。こうした専門家層は超国民的規模の知識―政策界で重要な役割を務めていた。また、問題解決能力が必要であるとする点では意見を共通にし、「市場力のある」意味形成モデルを設定していた。ポーターの論述は知識ブランドの開発の典型例にあたる（競争力の分野において、これほど波及したわけではないにせよ、次も含まれる。Thurow 1992；Reich 1991）[1]。

ポーターはハーバード・ビジネス・スクールの教授で、企業と産業の競争力の分析の点で有名なコンサルタントでもある。それだけに、その政策分野の著作は早くから注目されていた（Porter 1980；1985．彼はレーガン政権の諮問委員会の当初の委員でもあった）。彼の企業レベルのアプローチは、後に、ナショナルとリージョナルなレベルの研究にも応用されている。また、彼の『諸国民の競争優位（*The Competitive Advantage of Nations*）』（1990年）はベストセラーであって、10カ国の産業について研究し、ある国民が、すべてとは言えないにせよ、なぜ一部の産業において成功したかについて、また、一部の産業が、なぜ他にまして豊かな競争力を持ち得たかについて説明している[2]。

この研究を基礎に、彼は相互作用型「ダイアモンド・モデル」を作成している（図1を参照）。このモデルは競争力の展開を促進する要因として、需要条件、要因条件、企業戦略、構造と対抗、関連および支援産業を挙げるとともに、決定的とは言えないにせよ、他の要因として「機会（チャンス）」と「統治」によって補完されることになるとしている。また、ポーターは、こうした要因が同時進化することで「繁栄のミクロ経済基盤」が生まれ、ナショナルな企業が競争優位を実現し、維持し得るとする。さらには、「クラスター」という概念をもって「企業の競争と協同、サプライヤー、サービス供給者、協力機関の地理的集中」について説明し、ミクロ基盤がクラスター化すると最強の機能を発揮し得ると述べている[3]（Porter 1990）。ポーターのダイアモンドからすると、こうした4つの要因が集中することで相互作用が高まり、生産性、成長、雇用が、したがって、競争力が高められることになる。

だからといって、ポーター・モデルが批判されていないわけではない（例えば、次がある。Thurow 1990；Rugman 1991；Dunning 1992；Rugman and D'Cruz 1993；O'Malley and C. Egeraat 2000）。だが、クラスター・アプローチは「空間

図1　ポーターの国民的優位のダイアモンド・モデル

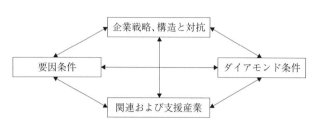

（出典）Porter, 1990: 127.

的集積」と「産業特区」の主要な議論であるとされ、検討に付されることも多かったし、政策集団においては、地域発展とローカル・レベルの開発を構想するための主要なモデルのひとつとして繰り返し浮上している。例えば、イギリス政府の「ローカル・ガヴァメントの改善と発展機構（IDeA）」はポーターの構想に特別のウェブサイトを置き、「多くの競合的で類似の構想を認め得るにせよ、ポーターの理論は標準的な"産業基準"となり続けた」と述べている。[4]

こうして、ポーターの理論が「産業基準」とされることになったが、これは、部分的であるにせよ、次の視点から説明され得ることである。①ハーバード大学と HBS によって一般化と品質が保証されたこと、②「競争力」の一般性と単純性や柔軟性によって、経済戦略にかかわるアクター間の連携の可能性が設定され、その多様な解釈や頻繁な再生と構成の方向が提起されたこと（Thomas 2003）、③この知識体系がグローバル・リージョナル・ナショナル・ローカルな規模で多様な諸機関による推進され、普及したこと（表2を参照）、④理念－政策ネットワークにおいて、また、相互間において、とりわけ、名士と権威的学界（例えば、ポーター）や有名な研究集団の、さらには、ビジネス・メディアとジャーナルの支援を受けて威信が高まったこと、[5]⑤グローバルな情報時代において、短期政策が求められ、経済再編が必要とされるなかでナショナル／リージョナルな再工学型解決法として既成の政策アドバイスの役割を果たし得たこと（例えば、クラスター基盤戦略）、⑥コンサルタント型政策業務において高給の職歴となり得たこと、⑦ハーバード関係機関によって「クラスター・アプローチ」が普及したこと（コンサルタントと名士型産業については次を参照のこと。Huczynski 1996；Collins 2000；Jackson 2001；Clark and Fincham 2002）。

このアプローチは、1988年にポーターがレーガン政権の「競争力評議会」の

第14章 グローバル・ヘゲモニー言説の生産

委員に任命されたことで一般化し、2001年にハーバード・ビジネス・スクール（HBS）が「戦略と競争力研究所」を設置したことで現実味を帯びることになった。この研究所はポーターを所長とし、主として、ネーションとリージョンや都市の、また、企業の競争力の戦略的意味について研究している（Snowdon and Stonehouse 2006：163）。そのウェブサイトによれば、この国際的研究機関は「ポーター教授を草分けとし、その成果をグローバルなレベルで研究者と実務家に広げることを目指している」(http://www.isc.hbs.edu/)。この研究所の課題はポーター・モデルの普及と浸透を期すことにあり、HBS関係の諸機関の設立（例えば、バルセロナの「競争力研究所」やシンガポールの「アジア競争力研究所」）や関連戦略企業の設置（例えば、「モニター・グループ」や「オンザ・フロンティア・グループ」）に具体化され、その課題の実現が期されることにもなった。専門技術と企図との一体化が求められることで、ポーターのクラスター基盤型戦略は個別の諸国（例えば、カナダ、デンマーク、ニュージーランド、ポルトガル、スウェーデン、スイス、日本、韓国）やリージョン／都市（アトランタ、ローヌアルプ、バルト海、シンガポール、香港／珠江デルタ）にも柔軟に導入されている。また、「オンザ・フロンティア・グループ」のような戦略企業はこの戦略を、いわゆる「成長市場」（例えば、メキシコ、ペルー、ボリビア、ルワンダ）にも援用している。[6]

　ハーバード関係機関のみならず、この知識ブランドは（ポーター理論とは必ずしも言えないにせよ）国際機関（例えば、「世界経済フォーラム」と「国連産業開発機構」）や地域銀行（例えば、アジア開発銀行）によって、また、国民的機関（例えば、「アメリカ国際開発機構」と「アジア競争力研究所」）や都市行政／開発機関によって採用され、援用されてもいる（表２を参照）。こうした知識ネットワークは他のビジネス・スクール、コンサルタント会社、商業会議所、シンクタンク、研究所、実業界とマスメディア、タウン・ホール集会、昼食会、協議会（例えば、研究会と講演会）の場によって補完されているだけでなく、有名なコンサルタントがメディアやイベントを盛り上げる役割も果たしている（Huczynski 1996；Jackson 2001）。こうしたマネジメントの知識集団は次々と広がり、開発国と途上国において政策ネットワークが張り巡らされることでアイデア起業家、戦略家とコンサルタント、世論形成ジャーナリスト、主要な政策立案

者、経営者の共鳴を得ることで信頼性を高めるとともに、彼らによって関連言説に翻案され、まとめられることで市場化してもいる。その主要な装置として、書籍、便覧、レポート、インデックス、スコアボード、データーベース、開発便覧、クラスター・プラン、ベスト・プラクティス、訓練計画を挙げることができる（表2と表3を参照のこと）。こうした研究所と機関やアクターは目的を異にしているだけに、実質的効果の点では対立と矛盾も浮上し得るにせよ、新自由主義の言説と実践として競争力を強化するという点では課題を共通にしている。これは単一のトップ・ダウン型のグローバルな企図に、いわんや、新自由主義型の「陰謀」に発するというより、偶発的収斂の、また、構造的一対化や手なれた鋳直し作業の所産であると言える。それだけに、その再生産と効果には心もとないものがあるだけに、多くの場や規模で調整と「修正」

表2　研究機関と言説の諸例：多様な規模の競争力との連関

| 規　模 | 関連研究機関の諸例 | 競争力の言説／機関の諸例 |
|---|---|---|
| グローバル／国際的 | 世界経済フォーラム<br><br>マネジメント開発研究所<br>競争力研究所<br><br><br>国連産業開発機関（UNIDO） | ・グローバル競争力レポートとグローバル競争力インデックス<br>・世界競争力年鑑と世界競争力スコアボード<br>・クラスター・イニシアティブ・データーベース<br>・クラスター・イニシアティブ・グリーンブック（2003年）<br>・クラスターとネットワーク開発プログラム（2005年） |
| リージョナル | アジア開発銀行<br><br>アフリカ連合<br>インターアメリカ開発銀行 | ・アジア開発概要（2003年）Ⅲ、途上諸国の競争力<br>・汎アフリカ競争力フォーラム（2008年）<br>・小規模企業の競争力：クラスターとローカルの開発（2007年） |
| ナショナル | アメリカ国際開発機構（USAID）<br>日本国際協力機構（JICA） | ・アフリカ・グローバル競争力イニシアティブ（2006年）<br>・戦略的投資アクション・プラン（競争力／SME、2005年） |
| ローカル／都市 | 多数の（インター）都市競争力プロジェクトとプラン | ・香港アドヴァンティジ（1997年）<br>・OECDの国際都市競争力会議（2005年）<br>・リメーキング・シンガポール（2008年） |

（出典）筆者作成、上述の諸機関のウェブサイト情報に依拠（2014年7月29日にアクセス）。

が必要とされてもいる（第3・4節を参照のこと）。

　場所と規模を異にしつつも、ポーターが提示した競争力の概念は政策コンサルタント集団においてブランド名を徐々に得ることになり、「注目度」を高くし、普及することになった。商業ブランドと同様に（Lury 2004：Schroeder and Morling 2005）、知識ブランドは人間性の合理性と非合理性の両面を帯びている。ポーターの競争力の「ダイアモンド／クラスター」モデルのようなブランドはHBSの研究者や政策エリートによって評価され、優れた政策アドバイスであり、再工学化の手法であって、個人の経歴を高めるものであると見なされた。また、このブランドは、情報のグローバル化時代において、情緒的には、プライドと不安や脅威について、あるいは、成長と衰退と結びついた社会的緊張について論じているにせよ、経済再編の強い圧力を背景としている。こうした合理的・非合理的効果が作用することで、ブランドをヘゲモニー化しようとする争いが起こらざるを得ない。この脈絡からすると、知識ブランドは、「世界クラス」の名士と学会やコンサルタントによってヘゲモニー的意味を帯び得る商標であると見なされたことになる。というのも、彼らは、経済界について特有の知識の持ち主であることを自称し、これを超国民的政策レシピーとしてプラグマティックに翻案し、社会的緊張と矛盾やジレンマに対処する手段であると位置づけるとともに、社会経済の再編を巡るプライドと脅威や不安にも訴え得たからである。

## 3　知識ブランドの展開と東アジアへの再脈絡化
　　──レポート、インデックス、クラスター、チェーン

　この種のブランドが超国民的規模で周流するにあたっては、安定的で柔軟な枠組みが設定され、グローバル・リージョナル・ナショナル・ローカルな条件の変化にも耐え得るものにし、再脈絡される必要がある。「再脈絡化（recontextualization）」という言葉は、バーンスタインが教育分野におけるイデオロギー機能の研究で使っている。彼は、主体が教育上の言説を選択し、再配置し、あるいは、焦点を変えたり、組み換えるように、この方法を他の言説分野にも応用することで既存の社会関係を適合的で、再確認し得るものとすべきであると指摘している（Bernstein 1996：47）。この概念は、個別の脈絡において、

どのような主張が適切であるかに関する一般的規制原則や特別ルールを設定することで、さらに深められている（Bernstein 1996：116-117）[7]。バーンスタインに依拠することで、今や、2つの場と規模において、「競争力」の概念がどのように再脈絡化されているかを考察し得ることになった。第1は、「世界経済フォーラム」がベンチマーキング・レポートとインデックスをグローバルに適用するという視点から、これをどのように設定しているかという問題である。第2は、アジア・リージョンにおける経済概要レポートが「クラスター」と「チェーン」といったメタファーをどのように使っているかという問題である。こうした知的装置は、それぞれ、固有の評価－規制ルールと権力のミクロ技術を内在していて、個人を規律し、諸国とその人々を方向づけている（表3を参照のこと）。

表3 「競争力」の形成に占める2つの知識装置と知的技術

| 知識装置／手段 | 意味形成に占める知的技術 | 主要な制度的場／アクター |
|---|---|---|
| ベンチマーキング・レポートとインデックス作成 グローバル競争力レポート 成長とビジネス競争力インデックスおよびグローバル競争力インデックス | 成果と評価の技術 | 世界経済フォーラム |
| クラスターとチェーン・メタファーの作成 アジア開発概要（2003年）Ⅲ 途上諸国の競争力 その他のレポート（表6を参照のこと） | 結節点とリンクのメタファー 成果の技術 | アジア開発銀行 その他の機関（表6を参照のこと） |

## 1 グローバル規模について──ベンチマーキング・レポートとインデックスの作成

部分的であるにせよ、グローバル管理論（Murphy 2008）やグローバル・ベンチマーキングが台頭するなかで、「競争力」のナラティブはベンチマーキン

第14章　グローバル・ヘゲモニー言説の生産

グ・レポートやインデックスのような情報化装置の開発と結びつくことになった（Larner and Le Heron 2004：212-232）。本論が「グローバル競争レポート」を対象とするのは、このレポートが「世界経済フォーラム（WEF）」によってジュネーブで公刊され、「グローバル競争力インデックス」が生まれることになっただけでなく、ポーター（および、ハーバードの関係者）と深く結びついてもいるからである。ネオ・フーコ主義の視点からすると、このレポートは「競争力」を理解するための言説装置の役割の位置にあたることになる。その2004-5年版は、このレポートを「経済成長の障害を確認するとともに、ベンチマーキングのユニークな手段となることで経済政策の改善案の設定に資する」ものであるとしている。また、その目的は、部分的であるにせよ、「インデックス」と「ベスト・プラクティス」のような知識化の手段をもって諸国を競争型アクターにすることにあるとしている。こうした手法は評価と成果の言説において、規律力と統治力との一対化機能を帯び得ることになる。

　より特徴的には、インデックスという方法は競争力の原則や用語に傾かざるを得ないということである。2000年にWEFは「ビジネスの競争力インデックス（BCI）」を、また、ポーターとサックスなどの著作に依拠して「成長型競争力インデックス」を作成している。前者はポーターの競争力のミクロ経済要因を前提とし、後者はサックスとマッカーサーの持続可能な経済成長過程論に依拠している（表4を参照）。2004年から09年にWEFモデルは、2度、改訂されている。これは競争力の駆動力に関する最近の考えを総合するためであった（表4を参照）。ザビエル・サラ・I. マルタンが新版の「グローバル競争力インデックス（GCI）」を作成するために、ミクロ要因とマクロ要因とを総合することを求められたことを受けて、「ビジネスと成長の競争力」に変更されている。さらには、2008年にGCIは「新グローバル競争力インデックス」に改訂されている。これは、単一の尺度を作成するためにポーターを中心とするチームによって編まれたものである。この新版は競争力の駆動力として、生産性、基金、マクロ経済競争力、ミクロ競争力を挙げている（詳細については「グローバル競争力レポート（2008-9年）」の43-64頁を参照のこと）。

　インデックスの構成は精緻化しているが、その知的装置の課題は諸国の数値化にある。というのも、競争力の諸要因の存在／欠如を評価のルールとし、諸

第Ⅲ部　リージョナル・ガヴァナンスと地域統合

**表4　世界経済フォーラムとその競争力インデックスの展開（2000-14年）**

| 年 | 主要な開発者 | インデックスの名称 | インデックスの構成 |
|---|---|---|---|
| 2000-4年 | マイケル・ポーター、ハーバード・ビジネス・スクール出身 | ビジネス競争力インデックス（BCI）* | ・「ダイアモンド」モデルを基礎とする繁栄のミクロドライバー |
| 2000-4年 | ジェフリー・サックスとジョン・マッカーサー、ハーバード大学出身 | 成長競争力インデックス | ・生産性（例えば、技術）を基礎とする持続的経済成長理論 |
| 2005-8年 | マイケル・ポーター、コロンビア大学のザビエル・サラ・I. マルタンが助成 | グローバル競争力インデックス（GCI） | ・競争力をミクロ・マクロ要因に拡大（例えば、研究機関、マクロ安定性、技術的対応など） |
| 2008年〜 | マイケル・ポーターがチームを編成、メルセデス・デルガド、クリスチャン・ケテルス、スコット・スターンを含む | ニューグローバル競争力インデックス | ・GCIに変更<br>・競争力を生産性・贈与・競争力のマクロ・ミクロ要因に拡大 |

*「ビジネス競争力インデックス」は、2002年までは「ミクロ経済競争力インデックス」と、それ以前は「現在のカレント競争力インデックス」と呼ばれていた。
（出典）『グローバル競争力レポート』、とくに、2008-9年版を基礎に筆者が作成（http://www.weforum.org/pdf/GCR08/Chapter%201.2.pdf、2014年7月27日にアクセス）

　国を点数化しているからである（表4と表5を参照）。そのインデックスはかなり短期の資料に依拠しているに過ぎないにせよ、国際的な私的機関によってグローバルな統計値であるとされ、学界や政策コンサルタント集団に流布している。諸国はインデックス指標や数値によって序列され、これが規律手段（ないし、ペーパーによるパノプティコン）となることで監視機能を果たしている。諸国の序列化は徐々に進み、経済的成果から相互に、また期間ごとに、あるいは、いずれかを基礎に比較されている（表5を参照のこと）。また、年度ごとの修正版が公刊されているので、周期的監視と観察機能の役割を果たし、地位と序列の変動を明らかにすることで諸国の実績が評価されている。このインデックスは諸国を序列化するとともに、競争レースにおける上昇国と下降国とを区別するという効力を発揮している。
　表3からもわかるように、こうした成果は諸国を競争力に服せしめ、どのよ

うな選択肢や「ベスト・プラクティス」が望ましいとするかを提示することで、経済・社会政策の圧力下に置いている。いずれの諸国が低序列や流動的地位にあるかが可視化されることで競争力が強化される。こうした序列化の言説は官僚とシンクタンクやジャーナリストにしげく活用され、満足度や需要と要求を、また、経済再編を巡る論争の手段とされている。例えば、アクターたちは、このインデックスにおける地位の低下を引き合いに出すことで「空洞化」の脅威や徴候であると、あるいは、いずれかであると指摘する。だから、政府と企業やコミュニティが、あるいは、個人までもが圧力に服することになるし、競争の主体や経済的カテゴリー（例えば、企業家やキャッチアップ経済）も世界の序列競争に参加しなければならないと、あるいは、少なくとも直接的対抗者を凌ぐべきであると判断するようになる。

表5　世界経済フォーラムとその競争力のランク付け：
アメリカと一部のアジア諸国（2004-15年）

|  | インデックス（2014-5年） | ランク（2014-5年） | ランク（2004-5年） |
|---|---|---|---|
| アメリカ | 5.5 | 3 | 2 |
| シンガポール | 5.6 | 2 | 7 |
| 日　本 | 5.5 | 6 | 9 |
| 香　港 | 5.5 | 7 | 29 |
| 韓　国 | 5.0 | 26 | 21 |
| 台　湾 | 5.3 | 14 | 4 |
| マレーシア | 5.2 | 20 | 31 |
| 中　国 | 4.9 | 28 | 46 |
| インド | 4.3 | 71 | 55 |
| インドネシア | 4.6 | 34 | 69 |

（出典）世界経済フォーラム『グローバル競争力レポート（2007-15年）』

　この言説は規律力にすぎないものではない。というのも、「ベンチ」空間を共通にする諸国を比較し、自らの地位を高め、先導力をつけようとすることで競争力の強化にしのぎを削らざるを得ないからである。権力の技術からすると、WEFのベンチマーキング・レポートは規律と統治力とを結合し、イン

デックスによって外から規制することでクラスターを形成し、FDIを高めることになる。さらには、SME／教育／持続的発展などを期すことで競争力を強化する方向へと誘導する。

## 2 東アジアのリージョナルとローカルな規模について
### ――キャッチアップ、クラスター、チェーンのメタファーによる構成

リージョナル規模からすると、2000年代の初期より「競争力」と「開発」の言説を結合しようとする傾向が強まっている。この節はアジアに焦点を据え、アジア開発銀行（ADB）、シンガポールの「アジア競争力研究所（ACI）」、戦略企業といったリージョナルなアクターによって競争力の言説が再脈絡化されている2つの方法について概括する（表3と表6を参照のこと）。第1に「キャッチアップ競争力」という考えについて、第2に「クラスターとチェーン」のメタファーと関連プラクティスの両者について検討する。ADBは世界銀行のリージョナル版であって、「開発」の視点から「競争力」を再脈絡化している。『アジア開発概観（2003年）』の第2節は、技術開発とイノヴェーションの展開の諸段階という視点からポーターに触発された理念について述べている。その指摘からすると、アジアの新工業経済（NIEs）は創発型設備工業化（OEM）を軸としていて、標準的な単純商品を開発諸国に輸出していることになる。この方向が求められているのは、固有のデザイン型工業化（ODM）と固有のブランド型工業化（OBM）によって開発諸国を模倣し、その「キャッチアップ」を期すべきであると考えられているからである。

「キャッチップ型競争力」の目標とヴィジョンは「道程と行程」というメタファーによって表現されている。「道程」というメタファーによって、東アジアNIEsの方向が提示されるとともに、（固有の内的階統制を帯びつつ）前進する「遅滞者」というイメージが与えられる。だから、技術のイノヴェーションと市場主義的制度化が今後の方向として展望されているのである。シンガポールは輸出志向型のMNCに先導され、FDIを駆動力とする成長モデルであるとされる。これは産業クラスターとポーター型クラスターの形成を中心とするパラダイムであって、他のアジアの標準モデルとなり得るとされる（例えば、タイの「コンピューター・ディスクドライブ」のクラスター）。

第14章　グローバル・ヘゲモニー言説の生産

『概観』において、こうしたクラスターの位置づけは「グローバル価値連鎖（GVCs）」という概念によってグローバル市場と結びつけられている。これは、表現を異にしているにせよ、グローバル資本主義の研究に広く見られることでもある（Gereffi and Korzeniewicz 1994）。ここで、サブコントラクター／サプライヤーとグローバル・バイヤーとの相互間の不均等な関係について論ずる紙幅はないが、「グローバル価値連鎖」という言葉は、次の引用にもうかがい得るように、市場機会からアジアの企業と「クラスター」がどのような利益に与り得るかについて検討するための用語とされている。

> GVCs によって、企業はグローバルな生産ネットワークに参入することが容易となり、グローバル化の恩恵に与ることで技術を高め、国際市場に接近し得ることになる。また、GVCs はオプションの範囲を広げることになるので、企業は、持続的競争力の視点からグローバル市場で活動し得ることにもなる。……ローカルなバイヤーや製造業者の集積状況がすでに形成されている場合には、GVCs に参入することは容易となり、新規の参入者は既存のプレーヤーから学び得ることになる。さらには、既存のローカルな企業や MNC の子会社から、参入者がスピンオフとして新しく登場し、新しい CVC 連鎖を形成することも起こり得る。そして、成功したクラスター外の諸国や企業グループにあっては、GVC に接近することが困難な場合も起こり得る（http://www.adb.org/documents/books/ADO/2003/ part3s_3-5.asp.　2009年1月26日にアクセス）。

「便益」と「機会」の供与という視点から、「GVCs」に参加すると「クラスター」に与り得るし、企業はグローバル市場にアクセスすることで「技術の階梯を昇る」機会に恵まれるとする。こうして、アジアが世界市場と張り合い得るというイメージを新たに提示するとともに、「結節点と連鎖」というメタファーに訴えることで「クラスター」と「グローバル・チェーン」との相互関係が設定されている。より特定的には、「クラスター」は「結節点」であり、GVCs と鎖状化することで発展の駆動力となり得るとしている。

『2003概観』に認め得るように、「経路－旅程」と「結節点－連鎖」とを結びつけることで「キャッチアップ型競争力」を基礎とするリージョナルなアイデンティティの形成とその方向が提示されている。これはナショナルな政策にとどまらず、日常生活にも影響する。というのも、「経路」というメタファー

表6　アジアのクラスター化と組織化：機関と実践

| 機 関 | 空間的中心 | 実 践 | ワークショップ、レポート、クラスターのテーマ |
|---|---|---|---|
| アジア開発銀行研究所（および、ベトナム産業政策と戦略研究所） | アジアにおける超国民的経済（例えば、ベトナム） | 政策セミナー、ワークショップ、訓練、先行プロジェクト、技術援助など | 『クラスター基盤型産業開発ワークショップ』（2006年）<br>• ベトナム：ソフトウェア／ICT、果実、セラミック、産物（米、コーヒー、胡椒、ゴムなど） |
| アジア競争力研究所（シンガポール） | アセアン諸国 | レポート、情報収集、訓練コース（大学院生、管理職を対象）など | 『シンガポールのリメーキング』に関するカントリー・レポート（2008年）<br>• 石油化学、輸送、兵站、金融・情報の技術、生物薬剤学 |
| エンライト・スコット・アンド・アソシエイト会社（香港） | 香港と珠江デルタ | コンサルタント・レポート、会議、セミナー、ニュー・ブリーフィング、昼食会など | 『香港アドバンティジ』（1997年）に関する都市レポート<br><br>• ビジネスと金融サービス、輸送と兵站、電燈の工業化と貿易、財産と建築、観光<br><br>『香港とPRD：経済交流』に関するレポート（2003年）<br>• 珠江デルタ：電器／電子製品、ソフトウェア、玩具、家具、電気通信製品、プラスチック、衣類、港湾業、セラミックなど |

（出典）いくつかのウェブサイトを基礎に筆者が作成。http://www.abdi.org/conf-seminar-papers/2007/04/04/2226.vietnam.cluster.dev/（2008年12月8日にアクセス）、および、http://www.spp.nus.edu.sg/ACI/home.aspx と http://www.2022foundation.com/index.asp?party=project1（2009年1月26日にアクセス）

は目標（目的実現）へ向けた運動であるだけに、「介入手段」を媒介とすることでクラスターを展開するための指針となり得るからである。世界銀行が「知識の銀行」であるという自己規定に即して、ADBは、とりわけ「ADB研究所（ADBI）」のマネジメントを使って、このリージョンの経済的力量の構築を組織している。「展開力の構築」は行政手段であるにせよ、特定の目標と場所を定めて訓練するための知識も含まれている。他の政策立案機関や地域政府と、また、戦略企業とサービス志向型NGOと一体化しつつ、ADBIはこうした知

識体系を組織し、クラスター・プログラム、戦略プラン、先行プロジェクト、技術助成スキーム、政策ワークショップ、訓練コースといった言説プラクティスによってクラスターの構築を目指している。表6は、一部であるにせよ、クラスターの形成に関する諸機関と関連言説を明示するものであって、その実践と空間に焦点を据えている。例えば、ADBI は「過渡期の経済」（例えば、中国、ベトナム、カンボジア）を、また、「アジア競争力研究所」は ASEAN 諸国を対象としている。そして、エンライト・スコット・アンド・アソシエイト会社のような戦略企業は香港／珠江デルタを注視している。ベトナムを例にすると、ADBI は地方開発局（例えば、ベトナムの「産業開発と戦略研究所」）とパートナーシップを結んでいるだけでなく、国際機関（例えば、UNIDO）から財政的支援も受けて、クラスターの形成を助成している（例えば、「2006 クラスター基盤型産業開発ワークショップ」）。これは、上級官僚のセミナー／訓練コースであり、産業クラスターの潜在的可能性を評価し、特定地域における成果の最大化を期すための戦略的活動プランを練るためである（表6を参照のこと）。

## 4　結　論

この論文では「知識ブランド」という概念を使ったのは、ヘゲモニーとその生産を理解するために極めて重要な言説メカニズムを検討するためである。というのも、知識ブランドは知識－助言－政策集団において、制度と組織の、また、言説力の点で、その超国民的表現を凝縮していると見なし得るからである。この点で、知識は、また、分散しているだけでなく、特定の結節点を軸に集約されてもいて、その地点は、言説的にも物質的にも左右される。本稿ではハーバード関連の知識ブランドの競争力に視点を据え、その生産と再脈絡化がアジアとどのように結びついているかについて論じた。新自由主義のもとで、こうした言説は（超）国民的政策分野や日常生活にも浸透している。日常的で一般的プラクティスは知的装置（例えば、ベンチマーキング・レポート、インデックス、数値、図表、ベスト・プラクティス、概観、先行プロジェクト、政策セミナー、訓練）の機能によって、また、これと結びついた権力技術（成果と評価）によって競争的主体や常識を形成することになる。こうしたヘゲモニー言説の形状は

特定の場や規模に限定されるわけではなく、典型的には、リージョナル・ナショナル・ローカルなレベルで周流し、展開するとともに再脈絡化されてもいる。その立案はWEFの「グローバル競争力レポート／グローバル競争力インデックス」にとどまらず、アジア開発銀行、研究機関、シンクタンク、戦略企業、商業メディアによるクラスター開発プログラムに及んでいる。その知的装置と技術は広く場と規模に及ぶ方向にあり、現在の新自由主義政策の展開と結びついている。その装置には多様な規律と統治術が混在しているにせよ、レポートとインデックスと、また、クラスターとチェーンの構成要素と接合している。わけでも、こうした技術が開発政策の中心となることで、空間と政策や住民の（再）編成という点で、その常識と日常の合理性／意識を再構成している。東アジアの「キャッチアップ」型開発主義において、空間と政策や住民は競争力の要因に脱構築されるとともに、輸出の推進、FDI、MNCs、開発援助、競争クラスター、グローバル連鎖を媒介として規律され、世界市場に統合されている。この種の叙述と筋立てによって周辺化した集団もある。また、驚くべきことでもないが、労働組織、社会運動、地域共同体型集団、消費者活動の抵抗を呼び、平等化とローカル・コミュニティの保護を、さらには、労働者と家族を重視する政治を求めることにもなる（Sum and Jessop 2013：296-352）。

【注】
1）　競争力の3つの見解については次を参照のこと。Harris and Watson 1993.
2）　この10カ国とは、デンマーク、ドイツ、イタリア、日本、スウェーデン、スイス、イギリス、アメリカ、韓国、シンガポールである。
3）　クラスターは「クラスター・チャート」によって可視化されていて、輸出統計を基礎にローカル産業を特定し、ダイアモンド・モデルを使って特定の事例を検証し、ユニークなクラスターのプールを設定する。
4）　ポーター・モデルがリージョンの開発にどのような意味をもっているかという点の詳細な論述については次を参照のこと。 http://www.idea.gov.u//idk/core/page.do?pageId=8507296（2009年7月31日にアクセス）。
5）　「エコノミスト」の『マネジメント理念と名士ガイド』を編んだヒンドルは、ポーターをクラスター形成論の名士であるとしている。
6）　多様な目的とプロジェクトやクラスター・イニシアティブの詳細については、「競争力研究所（The Competitiveness Institute）」のウェブサイトを参照のこと。
7）　バーンスタインについて、また、マネジメント思考の再脈絡化の詳細については次を

参照のこと。Thomas (2003).
8) パルグレーブ・マクミラン社が2004-5年の「グローバル競争力」の出版社で、そのウェブサイトにおいて、このレポートは「ユニークなベンチマーキングの手段」であるとしている。次を参照のこと。http://www.palgrave.com/products/title.aspx?PID=270902 (2009年8月6日にアクセス)。
9) 香港と珠江デルタの事例の詳細については次を参照。Sum (2010). また、要請があればこれに応える。
10) このワークショップに関する情報はアジア開発銀行のウェブサイトで閲覧することはできないが、当初は次でアクセスできた。*http://www.abdi.org/conf-seminar-papers/2007/04/04/2226.vietnam.cluster.dev/* (2009年12月8日にアクセス)

## 【参考文献】

Bernstein, B. (1996) *Pedagogy, Symbolic Control and Identity*, London: Taylor and Francis.

Clark, T. and R. Fincham eds. (2002) *Critical Consulting: New Perspective on Management Advice Industry*, Oxford: Blackwell.

Collins, D. (2000) *Management Fads and Buzzwords: Critical-Practical Perspectives*, London: Routledge.

Crowder, M. (1978) *Colonial West Africa*, London: Taylor and Francis.

D'Andrea Tyson, L. (1988) "Competitiveness: An Analysis of the Problem and a Perspective of Future Policy," in Starr, M. ed., *Global Competitiveness, Getting the U.S. Back on Track*, New York: W. W. Norton, pp. 95-120.

Dosi, G. and L. Soete (1988) "Technical Change and International Trade," in Dosi, G. ed., *Technical Change and Economic Theory*, London: Pinter.

Dunning, J. (1992) "The Competitiveness of Countries and the Activities of Transnational Corporations," *Transnational Corporations*, 1(1): 135-168.

Enright, M., E. Scott and D. Dodwell (1997) *The Hong Kong Advantage*, Hong Kong: Oxford University Press.

Enright, M., E. Scott and K-M. Ng (2005) *Regional Powerhouse: The Greater Pearl River Delta and the Rise of China*, London: John Wiley & Sons.

Fagerberg, J. (1996) "Technology and Competitiveness," *Oxford Review of Economic Policy*, 12(3) 39.

Freeman, C. (1982) *Economics of Industrial Innovation*, London: Pinter.

Gereffi, G. and Korzeniewicz, M. (1994) *Commodity Chains and Global Capitalism*, Westport, CT: Praeger.

Global Competitiveness Reports (2004-9) http://www.weforum.org/en/initiatives/gcp/Global%20Competitiveness%20Report/index.htm, accessed on 6th August 2014.

Harris, R. and W. Watson (1993) "Three Versions of Competitiveness: Porter, Reich and Thurow on Economic Growth and Policy," in Courchene, J. and D. Purvis eds., *Productivity, *Growth and Canada's International Competitiveness*, Ontraio : John Deutsch Institute for the Study of Economic Policy.

Hindle, T. (2008) *Guide to Management Ideas and Gurus*, 3rd edition London : The Economist Books.

Huczynski, A. (1996) *Management Gurus : Who Makes Them and How to Become One*, London : Routledge.

Jackson, B. (2001) *Management Gurus and Management Fashions*, New York : Routledge.

Jessop, B. and N-L. Sum (2006) *Beyond the Regulation Approach*, Cheltenham : Edward Elgar.

Larner, W. and R. Le Heron (2004) "Global Benchmarking: Participating 'At A Distance' in the Globalizign Economy," in Larner, W. and W. Walters eds., *Global Governmentality*, London : Routledge, pp. 212-232.

Latham, M. (2000) *Modernization as Ideology*, Chapel Hill : University of North Carolina Press.

Lury, C. (2004) *Brands : the Logos of Global Economy*, London : Routledge.

Murphy, J. (2008) *World Bank and Global Managerialism*, London : Routledge.

O'Malley, E. and C. Egeraat (2000) "Industry Clusters and Irish Industrial Manufacturing : Limits of the Porter View," *Economic and Social Review*, 31(1) : 55-79.

Porter, M. (1980) *Competitive Strategy : Techniques for Analyzing Industries and Competitors*, New York : Free Press.

―――― (1985) *Competitive Advantage : Creating and Sustaining Superior Performance*, New York : Free Press.

―――― (1990) *Competitive Advantage of Nations*, Basingstoke : Macmillan.

―――― (1991) "America's Green Strategy," *Scientific American*, 264 : 168.

Porter, M. and C. van der Linde (1995) "Green and Competitive : Ending the Stalemate," *Harvard Business Review*, 73(5) : 121-134.

Posner, M. (1961) "International Trade and Technical Change," *Oxford Economic Papers*, 13(1) : 323-341.

Reich, R. (1991) *The Work of Nations*, New York : Knopf.

Rose, N. and Miller, P. (2008) *Governing the Present*, Cambridge : Polity.

Rugman, A. (1991) "Diamond in the Rough," *Business Quarterly*, 55(3) : 61-4.

Rugman, A. and J. D'Cruz (1993) "The Double Diamond Model : Canada's experience," *Management International Review*, 33(Special Issue 2) : 17-39.

Schroeder, J. and S. Morling eds. (2005) *Brand Culture*, London : Routledge.

Schumpeter, J. (1934) *The Theory of Economic Development*, Cambridge MA : Harvard University Press.

Snowdon, B. and G. Stonehouse (2006) "Competitiveness in a Globalized World : Porter on the Microeconomic Foundation of Competitiveness of Nations, Regions and Firms," *Journal of International Business Studies*, 37 : 163-175.

Sum, N-L. (2010) "A Cultural Political Economy of Transnational Knowledge Brands: Porterian "Competitiveness" Discourse and its Recontextualization in Hong Kong/Pearl River Delta," *Journal of Language and Politics* vol. 9, no. 4: 546-573.

Sum, N-L. and B. Jessop (2013) *Towards a Cultural Political Economy*, Cheltenham: Edward Elgar.

Thomas, P. (2003) "Recontextualization of Management," *Journal of Management Studies*, 40(4): 775-801.

Thurow, L. (1990) "Competing Nations: Survival of the Fittest," *Sloan Management Review*, 32(1): 95-97.

―――― (1992) *Head to Head*, New York: Morrow.

Vernon, R. (1966) "International Trade and International Investment in the Product Cycle," *Quarterly Journal of Economics*, 80(2): 190-207.

(訳：中谷義和)

## あ と が き

　「刊行の辞」が紹介しているように、本書は立命館大学人文科学研究所付置の「グローバル化と公共性」プロジェクト・チームの研究を基礎としている。このプロジェクトは2005年春に発足し、一定の成果を残し得たことをもって、2016年4月に「グローバル化のなかの東アジア」研究会に発展的に継承されている。

　その間、2007年3月にランカスター大学（英国）と共同研究会を開催し、2009年3月には『グローバル化の現代──現状と課題』と題する叢書（全2巻、御茶の水書房）を発刊している。その後、曁南大学（中国）・中央大学（韓国）の参加も得て、2008年3月に「グローバル化と国民国家の行方」と題する国際シンポジュームを開催し（於、立命館大学）、東日本大震災の2011年度を除いて、毎年、輪番形式でこのシンポジュームを開催してきている。

　本書は、2015年3月14・15日に「新自由主義的グローバル化と現代東アジアの社会経済構造の変容」と題する国際シンポジュームを開催した折に（於、立命館大学）、積年の成果をまとめることで合意し、これを踏まえて14本の論文を所収することになった。

　以上のように、本書は長い国際的・学際的研究の営為の成果であり、その間に歴代の研究所長をはじめとする多くの職員の援助を受けている。また、堀雅晴教授（立命館大学法学部）は、数年、本プロジェクト・チームの研究代表者を務めてくださっているし、国際シンポジュームの開催にあたっては立命館大学産業社会学部とコリア研究センターの協力も得ている。とりわけ、篠田武司教授（産業社会学部）は研究ネットワークの形成と本プロジェクトの運営に積極的に取り組まれていたが、本書の上梓を見ることなく、2014年11月13日に急逝された。本書を篠田先生の御霊前に捧げ、ご冥福を祈りたい。

　最後になったが、本書の出版にあたっては立命館大学のみならず、曁南大学（中国）と中央大学（韓国）から助成を受けたことを記して感謝の意を表する。また、学術出版が困難な折に本書の出版を快諾下さったことについては、法律

文化社の田靡社長をはじめ、同社の皆様にも深く感謝する。

2016年9月25日

中 谷 義 和

## 編著者・訳者紹介 （執筆順、※は編者）

### ＜編著者＞

| | | |
|---|---|---|
| ※中谷　義和（なかたに　よしかず） | 立命館大学名誉教授<br>・同大学人文科学研究所上席研究員 | まえがき、第１章、あとがき |
| ※朱　恩佑（チュ　ウヌ） | 中央大学社会学部教授 | まえがき |
| ※張　振江（チャン　チェンジィアン） | 暨南大学国際関係学院教授 | まえがき、第12章 |
| ボブ・ジェソップ | ランカスター大学社会学部特別教授 | 第２章 |
| 申　光栄（シン　グァンヨン） | 中央大学社会科学部教授 | 第３章 |
| 荘　礼偉（チュアン　リーウェイ） | 暨南大学国際関係学院教授 | 第４章 |
| 松下　冽（まつした　きよし） | 立命館大学特任教授 | 第５章 |
| 鄧　仕超（ドン　シーチャオ） | 暨南大学国際関係学院講師 | 第６章 |
| 李　秉勲（イ　ビョンフン） | 中央大学社会科学部教授 | 第７章 |
| 李　娜栄（イ　ナヨン） | 中央大学社会科学部教授 | 第８章 |
| 櫻井　純理（さくらい　じゅんり） | 立命館大学産業社会学部教授 | 第９章 |
| 小澤　亘（おざわ　わたる） | 立命館大学産業社会学部教授 | 第10章 |
| 西口　清勝（にしぐち　きよかつ） | 立命館大学名誉教授 | 第11章 |
| 陳　奕平（チェン　イービン） | 暨南大学国際関係学院教授 | 第13章 |
| ナイ－リン・サム | ランカスター大学政治・哲学・宗教学部講師 | 第14章 |

### ＜訳者＞

| | | |
|---|---|---|
| 中谷　義和 | 上記 | 第２章、第７章、第14章 |
| 呉　仁済（オ　インジェ） | 大谷大学非常勤講師 | 第３章、第８章 |
| 菊地　俊介（きくち　しゅんすけ） | 立命館大学BKC社系研究機構<br>客員研究員 | 第４章、第６章、第12章、第13章 |

### ＜中国語監訳者＞

| | |
|---|---|
| 宇野木　洋（うのき　よう） | 立命館大学文学部教授 |

＊中央大学：Chung-Ang University（韓国）
　暨南大学：Jinan University（中国）
　ランカスター大学：Lancaster University（英国）

立命館大学人文科学研究所研究叢書第20輯

## 新自由主義的グローバル化と東アジア
──連携と反発の動態分析

2016年12月1日 初版第1刷発行

| 編者 | 中谷義和・朱 恩佑<br>張 振江 |
| --- | --- |
| 発行者 | 田靡純子 |
| 発行所 | 株式会社 法律文化社 |

〒603-8053
京都市北区上賀茂岩ヶ垣内町71
電話 075(791)7131 FAX 075(721)8400
http://www.hou-bun.com/

＊乱丁など不良本がありましたら、ご連絡ください。
　お取り替えいたします。

印刷：㈱冨山房インターナショナル／製本：㈱藤沢製本
装幀：谷本天志

ISBN 978-4-589-03799-2
© 2016 Y.Nakatani, Eunwoo Joo, Zhenjiang Zhang
Printed in Japan

**JCOPY** 〈(社)出版者著作権管理機構 委託出版物〉

本書の無断複写は著作権法上での例外を除き禁じられています。複写される場合は、そのつど事前に、(社)出版者著作権管理機構(電話 03-3513-6969、FAX 03-3513-6979、e-mail: info@jcopy.or.jp)の許諾を得てください。

ガイ・スタンディング著／岡野内正監訳
## プレカリアート
―不平等社会が生み出す危険な階級―
A5判・310頁・3000円

不安定で危険な階級「プレカリアート」。底辺に追いやられ、生きづらさを抱えている彼／彼女らの実態を考察し、不平等社会の根源的問題を考える。不安定化する社会の変革の方法と将来展望を提起する。

高橋 進・石田 徹編
## 「再国民化」に揺らぐヨーロッパ
―新たなナショナリズムの隆盛と移民排斥のゆくえ―
A5判・240頁・3800円

ナショナリズムの隆盛をふまえ、国家や国民の再編・再定義が進む西欧各国における「再国民化」の諸相を分析。西欧デモクラシーの問題点と課題を提示し、現代デモクラシーとナショナリズムを考えるうえで新たな視座を提供する。

岡部みどり編
## 人の国際移動とEU
―地域統合は「国境」をどのように変えるのか？―
A5判・202頁・2500円

欧州は難民・移民危機にどう立ち向かうのか。難民・移民への対応にかかわる出入国管理・労働力移動・安全保障など、諸政策の法的・政治的・経済的問題を実証的かつ包括的に考察する。

広島市立大学広島平和研究所監修／吉川 元・水本和実編
## なぜ核はなくならないのかⅡ
―「核なき世界」への視座と展望―
A5判・240頁・2000円

核廃絶が進展しない複合的な要因について国際安全保障環境を実証的かつ包括的に分析し、「核なき世界」へ向けての法的枠組みや条件を探求するとともに、被爆国・日本の役割を提起する。

ウォード・ウィルソン著
黒澤 満日本語版監修／広瀬 訓監訳
## 核兵器をめぐる5つの神話
A5判・186頁・2500円

「日本の降伏は原爆投下による」、「核には戦争を抑止する力がある」など、核兵器の有用性を肯定する理論が、史実に基づかない都合のよい〈神話〉に過ぎないことを徹底検証する。核廃絶のための科学的な論拠と視座を提供する。

―― 法律文化社 ――

表示価格は本体(税別)価格です